EL PLACER
SEXUAL
ORDENADO POR DIOS

El Placer Sexual
Ordenado por Dios

Dr. Ed Wheat y Gaye de Wheat

GRUPO NELSON
Una división de Thomas Nelson Publishers
Desde 1798

NASHVILLE   DALLAS   MÉXICO DF.   RÍO DE JANEIRO   BEIJING

EL PLACER SEXUAL ORDENADO POR DIOS

Copyright © 1980 por la Editorial Betania
P.O. Box 141000, Nashville, TN 37214-1000

Publicado originalmente en inglés con el título de
INTENDED FOR PLEASURE
Copyright © 1977 por Dr. Ed Wheat y Gaye de Wheat
Publicado por Fleming H Revell Company
Old Tappan, NJ 07675, E.U.A.

Versión castellana: M. Francisco Liévano R.

ISBN 0-88113-320-5
ISBN 978-0-88113-320-2

A menos que se indique lo contrario, todas las citas bíblicas
fueron tomadas de la Versión Reina-Valera, revisión de 1960,
© 1960 Sociedades Bíblicas Unidas.

Parte del material que se usa en los capítulos 4 y 11 sobre
anatomía básica y anticoncepción se tomó directamente de los
cassettes del doctor Wheat que llevan como título: "La técnica
sexual y los problemas sexuales en el matrimonio", que fue
publicado con permiso en forma similar en el libro *El acto
matrimonial* por Tim LaHaye y Beverly de LaHaye, publicado
en español por la Editorial CLIE, Tarrasa, España.

El material sobre los músculos pubococcígeos del capítulo 6
aparece con permiso de la casa Zondervan Corporation.

Expreso mi aprecio a la Ortho Pharmaceutical Corporation, de
Raritan, NJ, E.U.A. por su bondadoso permiso para incorporar
materiales de su obra *Understanding Conception and Contra-
ception* (Comprensión de la concepción y la anticoncepción),
en el texto de los capítulos 4 y 11.

Las ilustraciones fueron adaptadas de los dibujos que se hallan
en un folleto titulado *Female Pelvic and Obstetrical Anatomy
and Male Genitalia* (Anatomía femenina pélvica y obstétrica
y genitales masculinos), de la Schering Corporation. Se usan
con permiso.

Printed in U.S.A.

E-mail: caribe@editorialcaribe.com

23ª Impresión
www.caribebetania.com

Dedicado a Ed Wheat, Padre, y a Gladys Gibson de Wheat, cuya abnegación, devoción, simpatía, generosidad e integridad permanecieron durante 50 años como un bello cuadro del genuino amor que Dios produce en el corazón humano.

Contenido

PREFACIO

Este libro, *El placer sexual ordenado por Dios*, aparece casi inesperadamente; no porque hubiera querido escribir un libro, sino porque tenía una información que comunicar, la cual podría cambiar dramáticamente vidas, matrimonios, hogares y familias. Como un médico de familia que creo en la Biblia y la enseño en Springdale, Arkansas, durante los últimos años me he hallado cada vez más involucrado en la actividad de consejero matrimonial, por causa de que las necesidades han sido muy grandes. Esto me ha llevado a hablar sobre el tema y ofrecer orientación en iglesias, universidades, seminarios y otros sitios de reunión. Luego, hace varios años, recibí una petición de parte de los dirigentes cristianos tradicionalistas para que produjera una serie de cassettes sobre el tema de la técnica del sexo y los problemas sexuales en el matrimonio, para ser usados por el mundo cristiano.

Como resultado de la amplia distribución de estas cintas magnetofónicas, diariamente han llegado cartas a mi oficina, procedentes de creyentes que han oído los cassettes y desean discutir sus problemas específicos con un consejero bíblicamente orientado que tenga el conocimiento médico para ayudarles. El contenido de este libro ha sido diseñado para responder a esas preguntas y para hacer frente a las necesidades que tan frecuentemente aparecen en el matrimonio. Tanto los principios bíblicos como las soluciones médicas para los problemas del ajuste sexual se discuten aquí detalladamente, y se dan específicas instrucciones al lector: la misma clase de instrucciones que le daría si llegara como paciente a mi consultorio.

Descubro que un sorprendente número de parejas simplemente están pasando por alto lo que Dios tuvo en mente para ellos. Algunos se sienten infelices y activamente buscan respuestas. Otros tratan de lograr el contentamiento, mientras allá adentro sienten vagos anhelos de experimentar aquella clase especial de relación que nunca han tenido con sus cónyuges. A la mayoría de estas parejas cristianas nunca se les ha enseñado realmente lo que dice la Biblia con respecto al sexo, ni tampoco se les ha dicho, desde el punto de vista médico, cómo disfrutar plenamente lo que Dios diseñó para el marido y su esposa.

De modo que este libro se escribió para toda persona casada o próxima a casarse, que esté buscando una explicación exacta desde el punto de vista médico, con respecto al sexo en el matrimonio, dentro de la estructura de las enseñanzas bíblicas. Aunque el tema se discute muy francamente y con precisión médica, se trata a la vez en forma tan sagrada y cuidadosa como la misma Biblia trata el asunto del sexo dentro del matrimonio. La promesa de satisfacción sexual está a disposición de cualquier marido y de cualquier esposa que decida entrar en el plan de Dios para su matrimonio; y el propósito de este libro es el de indicar el camino hacia esa satisfacción.

Mi querida esposa, Gaye, ha trabajado estrechamente conmigo en mi actividad de consejero matrimonial, ofreciendo seminarios, preparando la serie de cassettes, y ahora escribiendo este libro. A través de estas páginas queremos comunicar a cada lector nuestro propio sentimiento de admiración y regocijo por lo que Dios puede hacer en el matrimonio cuando se le encomienda a El, y cuando el marido y la esposa poseen tanto las actitudes como la información necesarias para una relación feliz. ¡Le comunicamos a usted lo que nosotros mismos hemos descubierto!

Al comenzar, tenga presente, por favor, un hecho importantísimo: Dios mismo creó el sexo para nuestro deleite. Fue El el que nos dio ese don para nuestro placer.

Ed Wheat, Doctor en Medicina
Springdale, Arkansas

RECONOCIMIENTOS

Gaye y yo queremos dar las gracias a muchas personas, a quienes estimamos mucho, las cuales como equipo ayudaron a este ocupado médico familiar a preparar *El placer sexual ordenado por Dios* para su publicación. Nuestro más profundo aprecio a Gloria Okes de Perkins, cuya pericia como escritora y editora fue invalorable para nosotros y dicisiva para la producción de este libro. No sólo apreciamos inmensamente su habilidad, sino también su amor cristiano y su preocupación por las necesidades de los demás. Pasamos muchas horas felices con Gloria y su maravilloso esposo, orando y trabajando juntos en todas las fases del manuscrito.

Expresamos nuestro agrdecimiento a Richard Nilsen y Linda de Nilsen, Jerry Knode y Sandi de Knode, y a Henry Taylor, quienes hicieron cuidadosas investigaciones y reunieron material para este libro; a nuestra hija, Merry Ann, y a Susan Vanderwater, quienes amablemente mecanografiaron estas páginas vez tras vez; y a Kayda Grace, doctora en Medicina, quien leyó las pruebas desde el punto de vista médico, y también me prestó aisitencia vital en mi clínica durante este torbellino de actividad. El libro no hubiera podido completarse si mi enfermera, Joan McDonald, y la gerente de mi oficina, Alma Beard, no me hubieran librado de muchas distracciones y trabajado largas horas extras en la clínica, atendiendo de manera especial a nuestros pacientes durante las horas que no pude atender personalmente el trabajo.

Apreciamos particularmente la obra de Martín Bak, quien se entregó incansablemente a la producción de los materiales visuales. Dale Ellen de Beals preparó con precisión las ilustraciones médicas, en tanto que su esposo, Benny, enseñó mis clases bíblicas matinales durante este ocupado período. Nos sirvieron de mucha ayuda las sugerencias que nos ofreció nuestro amigo Michael Cocoris, del Seminario de Dallas, Texas. Todas estas personas han trabajado con nosotros en una atmósfera de amor cristiano la que nos ha hecho acercar más que nunca antes con un respeto cordial y mutuo por la contribución que cada cual ha aportado.

Tuve el privilegio de que un hombre que ha sido amigo mío durante veinte años, LeMon Clark, Doctor en Medicina, le diera un repaso a gran parte de este manuscrito. El doctor Clark es verdaderamente uno de los más grandes pioneros en el campo de la terapia sexual. Su material fue incorporado en diveras partes de este libro.

Cualquier libro reciente que trate el tema del sexo dentro del matrimonio tiene que hacer uso de la significativa investigación realizada por el Doctor William H. Masters y la Doctora Virginia Johnson en la Fundación para la Investigación de la Biología Reproductiva, de St. Luis, Misurí, Estados Unidos de Norteamérica. Hoy sabemos mucho más acerca del tratamiento efectivo de la disfunción sexual a causa de su obra pionera en este campo. Algunas de las sugerencias prácticas de *El placer sexual ordenado por Dios*, que guiarán al lector hacia la satisfacción sexual, reflejan los descubrimientos clínicos de Masters y Johnson, y los prodecimientos desarrollados por ellos.

Finalmente, gracias a Jody Dillow y a Don Meredity, de la organización Vida Cristiana Familiar, Inc., por su estímulo y ayuda en la preparación original de los cassettes sobre el tema del sexo, que formaron el trampolín del cual saltó a la luz este libro.

Ed Wheat y Gaye de Wheat

INTRODUCCION

El doctor Ed Wheat es un médico familiar muy apreciado en su propia comunidad, cuyo sensible interés en ayudar a la gente le ha dado un amplio ministerio en todo el país. Es un estudiante serio de la Biblia, y ha enseñado tres clases bíblicas para adultos semanalente durante muchos años. Su profundo interés en la Palabra de Dios se refleja en el fuerte hincapié bíblico que hace en *El placer sexual ordenado por Dios*.

Durante los últimos años, la investigación moderna ha descubierto una sorprendente cantidad de información sobre el ajuste sexual dentro del matrimonio. Desafortunadamente, la mayor parte de ella ha sido escrita de una manera tan crasa que la comunidad cristiana ha quedado fuera de ella. El doctor Wheat ha escudriñado todo este material para presentar lo que es médicamente útil de una manera sana y con una perspectiva piadosa que ciertamente ha de tener un efecto enriquecedor en el lector.

Parte del material de este libro se basa en los conceptos que el mismo autor distribuyó en cassettes de tres horas de duración con el título: "La técnica del sexo y los problemas sexuales dentro del matrimonio". He recomendado altamente estos beneficiosos cassettes a los jóvenes que se van a casar y a las personas casadas que tienen problemas sexuales no resueltos. En efecto, casi todas las principales autoridades de Norteamérica, en lo que se refiere a la vida familiar cristiana, dan su sincero apoyo al material de estos cassettes. Por el hecho de que se han distribuido ampliamente, muchos han solicitado que los pensamientos del doctor Wheat se publiquen en forma escrita. El resultado es este libro que recomiendo a cualquiera que esté interesado en una sana presentación de este tema, que es muy delicado, pero significativo.

Tim LaHaye
Presidente de la Universidad
Christian Hertiage y de los
Seminarios Sobre la Vida Familiar

1

Diseñado para el placer

Gran número de personas, muchas de ellas cristianas, acuden a mi consultorio en busca de una solución para su particular problema matrimonial. Aunque como doctor puedo hacer mucho para ayudarles desde el punto de vista médico, a menudo se presenta una necesidad mayor de que les comunique primero la información bíblica que puede sanar las heridas, restablecer las relaciones y establecer el fundamento preciso para las actitudes favorables hacia el sexo dentro del matrimonio.

Saber y comprender lo que dice Dios con respecto a cualquier fase de la vida conduce a la integridad en ese aspecto; y en ninguna parte es más necesario esto que la esfera de lo sexual, donde las actitudes negativas han destruido virtualmente las relaciones matrimoniales.

Pienso en el hombre que se sintió profundamente perturbado cuando en una misma discusión se mencionaron a Dios y al sexo. Para él, el sexo estaba completamente separado de su vida cristiana. En su opinión, la relación sexual era una actividad impía y, sin embargo, continuaba en ella con profundos sentimientos de culpa que empañaban tal experiencia tanto para él como para su esposa. Las ideas erradas que él tenía sobre el concepto que Dios tiene del sexo dieron como resultado un acto físico apresurado, sin ternura ni placer.

También pienso en la mujer que ha estado casada veinticinco años y todavía no está segura de lo que es un orgasmo, ni si alguna vez lo ha experimentado . . . en el marido y su esposa cuyos "yo" han sido tan heridos en el dormitorio que casi no se hablan el uno al otro . . . en la pareja cristiana sincera que no tiene serios problemas, pero que es poco lo que disfruta de sus relaciones sexuales. . . y en muchas otras personas atribuladas cuyo matrimonio está lleno de infelicidad, en vez de estar lleno de placer.

¡Dios, por medio de su Palabra, tiene mucho que decir a todas estas personas! Como médico cristiano, tengo el privilegio de comunicar un mensaje importante a las parejas infelices que tienen actitudes equivocadas y enfoques defectuosos en cuanto al sexo. En pocas palabras, el mensaje es el siguiente: Tenemos el permiso de Dios para disfrutar del sexo dentro del matrimonio. El creó el sexo; desde el principio estaba en sus planes. Podemos aprender a disfrutarlo. Y ustedes, esposos, pueden desarrollar un matrimonio emocionante y feliz con "la esposa de la juventud". Si su matrimonio ha sido un campo de batalla, o un horrible desierto, en vez de ser un retiro de amantes, todo eso puede cambiar. Como vemos, Dios tiene un plan perfecto para el matrimonio el cual podemos adoptar en cualquier momento. Los errores del pasado se pueden enfrentar con resolución y dejarlos atrás.

El antiguo consejo dado por el padre al hijo, basado en la sabiduría de Dios, le llega al lector de hoy con igual claridad: "Sea bendito tu manantial [las partes de tu cuerpo que producen vida], y alégrate [o deléitate extáticamente] con la mujer de tu juventud . . . sus caricias te satisfagan en todo tiempo, y en su amor recréate [o llénate] siempre" (Proverbios 5:18, 19).

Tal vez algunos se sorprendan al saber que la Biblia habla tan abiertamente, tan alegremente, acerca del sexo dentro del matrimonio. Casi cualquier libro de la Biblia dice algo con respecto al sexo, y el Cantar de los Cantares de Salomón describe exquisitamente la relación amorosa del matrimonio. Pero Génesis, el libro de los principios, nos muestra de la manera más inolvidable lo que Dios siempre pensó con respecto al amor matrimonial.

Si leemos los tres primeros capítulos del Génesis, donde se registra que Dios creó al *varón* y a la *hembra*, hallamos que "vio Dios todo lo que había hecho, y he aquí que era bueno en *gran manera*". Es interesante notar que la creación de la luz fue "buena", la creación de la tierra y del mar fue "buena", y de igual manera, la creación de la vegetación, de los peces, de las aves y los animales fue también "buena". Pero sólo cuando fueron creados el hombre y la mujer, Dios llama nuestra atención diciendo que todo era *"bueno en gran manera"*.

Con tantas cosas "buenas" en el huerto y en la tierra, sólo había algo que *no era bueno*. "Y dijo Jehová Dios: No es bueno que el hombre esté solo; le haré ayuda indónea para él" (Génesis 2:18). Con esas pocas palabras nos enseñó Dios que para el hombre no hay sustituto, ni plan alterno, ni mejor compañía que su esposa. El vacío que originalmente fue causado al tomar "hueso de mis huesos y carne de mi carne" sólo puede llenarlo la presencia de la mujer. Puesto que una parte de Adán se destinó para hacer a Eva, el hombre sigue incompleto sin su Eva.

Dios le dio casi la primera prioridad a la unión sexual dentro del matrimonio. En el relato del Génesis podemos ver que, después que Dios le dijo al hombre que no aprendiera el mal por experiencia (Génesis 2:17), en su *segunda* enseñanza les dijo al hombre y a la mujer cómo debían relacionarse dentro del matrimonio: "Por tanto, dejará el hombre a su padre y a su madre, y se unirá a su mujer, y serán una sola carne" (Génesis 2:24). Primero, Dios había separado a la mujer del hombre, cuando hizo a Eva. Pero ahora les ordena unirse otra vez en una carne. En esta breve sesión de consejo matrimonial, aun antes que cualquier pecado hubiera entrado en la raza humana con su egoísmo resultante, encontramos tres mandamientos básicos:

Primero, cuando nos casamos, debemos dejar de depender de nuestros padres o de nuestros familiares. Tenemos que llegar a depender completamente de nuestro cónyuge para la satisfacción de *todas* nuestras necesidades.

Segundo, el hombre es el responsable de mantener el matrimonio unido, manteniéndose "unido" a su esposa. *Unirse* en este sentido significa mantenerse juntos inseparablemente de tal modo que cada uno llegue a ser parte del otro. Por tanto, el hombre tiene que estar totalmente dedicado a su única esposa.

Tercero, se nos ordena unirnos en unión sexual, ser *una carne*.

La situación ideal que Dios tenía en mente para nosotros se nos indica en las siguientes benditas palabras: "Y estaban ambos desnudos, Adán y su mujer, y no se avergonzaban" (Génesis 2:25). Adán y Eva se podían ver el uno al otro tal como realmente eran, sin sentir vergüenza, desilusión ni frustración. La relación sexual que Dios había diseñado para ellos les trajo las bendiciones del compañerismo, la unidad y el deleite. Y notemos que esto ocurrió algún tiempo *antes* que se les diera el mandamiento de procrear hijos (Génesis 3:16).

El plan de Dios para nuestro placer nunca ha cambiado. Esto lo comprendemos aun más cuando consideramos cómo somos: "formidables, maravillosas son tus obras" (Salmo 139:14). Cuando descubrimos los numerosos detalles intrincados de nuestros cuerpos que proporcionan tantísimas sensaciones físicas intensas y maravillosas para que los esposos y sus esposas las disfruten juntos, podemos estar seguros de que El quiso que experimentemos plena satisfacción en la relación matrimonial.

Algunos han asumido que el acto sexual llegó a ser una práctica impura cuando entró el pecado en el mundo. Sin embargo, esto queda descartado cuando vemos que el consejo básico de Dios sobre el sexo en los primeros capítulos del Génesis fue repetido por Jesucristo a los dirigentes religiosos de su día: ". . . pero al principio de la creación, varón y hembra los hizo Dios. Por esto dejará el hombre a su padre y a su madre, y se unirá a su mujer, y los dos serán una sola carne; así que no son ya más dos, sino uno. Por tanto, lo que Dios juntó, no lo separe el hombre" (Marcos 10:6-9). Jesús volvió a hacer énfasis sobre esto a sus discípulos en los dos versículos siguientes, y estos mandamientos los volvemos a hallar reforzados en Efesios 5:31.

En efecto, la relación sexual en el matrimonio recibe tal énfasis en las Escrituras que comenzamos a comprender que no era sólo una experiencia continua y maravillosa para el esposo y la esposa, sino que también estaba diseñada para mostrarnos algo aun más maravilloso acerca de Dios y de su relación con nosotros. Leemos en Efesios 5:31, 32: "Por esto dejará el hombre a su padre y a su madre, y se unirá a su mujer, y los dos serán una sola carne. Grande es este misterio; mas yo digo esto respecto de Cristo y de la iglesia". *De modo que la unión sexual mutuamente satisfactoria, llevada a cabo en forma y con amor, es la manera en que Dios nos demuestra una gran verdad espiritual.* Nos cuenta la más grande historia de amor que jamás se haya contado: cómo Cristo se dio a sí mismo por nosotros y cómo está íntimamente unido a su esposa, la Iglesia, y la ama (la Iglesia está compuesta por los que creen en El). En esta estructura de comprensión entre dos creyentes que están en proceso de crecimiento, la relación sexual llega a ser un tiempo de comunión íntima como también de deleite.

Esto, por supuesto, explica por qué la unión matrimonial es la única en que el hombre y la mujer pueden disfrutar verdaderamente de las riquezas que Dios planificó para ellos. Porque esta relación está específicamente diseñada para ilustrar el interminable amor de Dios hacia su pueblo, el intercambio sexual tiene que experimentarse en el contexto de una dedicación permanente. Cualquier cosa que exija menos es deficiente para los que están involucrados en dicha relación.

Algunas personas se han sentido incómodas con respecto al sexo porque de algún modo han establecido una ecuación entre el deseo sexual de los hombres y el instinto sexual de los animales. Deben recordar que los animales procrean según su instinto con motivación biológica. Pero el hombre tiene relación sexual como persona completa. De todas las criaturas, él es el único que usa la razón cuando decide tener relaciones sexuales. El esposo y la esposa son las únicas criaturas capaces de ganar unidad espiritual y un conocimiento más profundo el uno del otro por medio de la relación sexual. Comprendamos cómo están diseñados el hombre y la mujer. Aun en el mismo acto sexual se nos recuerda que ésta es una relación de personas, no sólo de cuerpos; ya que no es coincidencia que el hombre es la *única* criatura de la creación de Dios cuya relación sexual se efectúa cara a cara.

La Escritura sugiere que precisamente así como podemos conocer a Dios, también podemos conocer al esposo o a la esposa de un modo más profundo, sublime e íntimo por medio del acto físico del matrimonio. El verbo *conocer* es el término usado en la Biblia para definir nuestra relación con Dios. Y ése también es el término usado para designar la íntima unión del esposo con su esposa. *"Conoció* Adán a su mujer Eva"* (Génesis 4:1). María, al hablar de su virginidad, dijo: "¿Cómo será esto? pues no *conozco* varón" (Lucas 1:34). En Mateo 1:25 leemos que José "no la *conoció*" hasta que dio a luz a Cristo. La relación sexual no ofrece placer más halagador que éste de *conocer* a la persona que uno ama. Con la comprensión de que nuestra relación matrimonial representa las verdades de nuestra relación con Dios, podemos llegar a sentirnos libres como nunca antes para expresar plenamente el amor al cónyuge a través de la oportunidad dinámica del acto sexual.

El punto de vista de Dios se manifiesta vigorosamente en 1 Corintios 7:3-5, donde se les dice al marido y a su mujer que ellos realmente se *defraudan* el uno al otro cuando alguno de ellos se niega a dar placer y satisfacción física a su cónyuge. La única actividad que puede impedir las relaciones sexuales regulares es la oración y el ayuno a favor de alguna causa específica, y esto sólo debe hacerse mediante mutuo consentimiento y durante un tiempo muy limitado.

Aunque el pecado entró en la raza humana en el huerto de Edén y trajo consigo la posibilidad de la perversión de toda buena dádiva (incluso el sexo), el plan de Dios para su amada creación ha continuado en operación a través de la provisión de un Redentor, Jesucristo. ¡Por fe, las personas pueden elegir el camino de Dios! Es cierto que nuestra cultura está saturada de conceptos y prácticas sexuales que se han convertido en lujuria, y que el deseo se ha deformado hasta el punto en que ya parece que el hombre fuera una bestia suelta en las calles, que destruye los límites establecidos por Dios. *Sin embargo, nuestro lecho matrimonial es un lugar santo ante los ojos de Dios.* Tenemos que tener el cuidado de mantener este punto de vista con respecto al sexo dentro del matrimonio, pues ése es el concepto de Dios. Leemos en Hebreos 13:4: "Honroso sea en todos el matrimonio, y el lecho sin mancilla".

Tenemos que atesorar y enseñar a nuestros hijos estos valores positivos que el mismo Dios nos enseña en la Escritura con respecto a la relación sexual amorosa, colocando la vida sexual dentro del matrimonio como algo completamente diferente a la relación sexual fuera del matrimonio. La práctica sexual fuera del matrimonio queda descartada por ser obviamente pervertida. La relación sexual dentro del matrimonio es maravillosamente buena. ¡Nunca olvidemos eso!

No puedo comenzar a describir las dimensiones de la relación matrimonial tal como la experimenta la pareja cristiana que está totalmente entregada a Jesucristo, que fluye de esa comprensión de su propia seguridad en unidad espiritual y física; que sólo sienten excitación el uno con el otro, y saben que esto les durará mientras vivan. Esta genuina y total unidad e integridad, por alguna razón, no puede explicarse a aquellos que aún no la han experimentado. Cuando existe esta clase de relación, muchas veces los dos esposos sienten el deseo de alabar a nuestro Señor y tener comunión con El en oración, para darle gracias cada uno por su cónyuge y por el completo amor que comparten.

El acto sexual dentro del matrimonio fue diseñado para el placer; sí, en el más pleno sentido de la palabra. ¡Y aun así, el idioma no puede comunicarnos lo que Dios preparó para nosotros!

2

Cómo hallar el designio de Dios

Muchos de los que están buscando satisfacción sexual en su matrimonio comprenden que el dominio de las técnicas físicas sólo es parte de la solución. A pesar de las afirmaciones de algunos manuales que tratan sobre el sexo, la pareja no puede separar el aspecto sexual del resto del matrimonio, perfeccionarlo y aislarlo, por decirlo así, en un compartimiento hermético para hacer uso de él cuando lo desee. Todo lo que ocurre en la vida matrimonial tiene su efecto sobre la experiencia del acto sexual.

Por el hecho de que todas las fases del plan bíblico para la vida matrimonial tienen que estar en operación para que podamos disfrutar plenamente de la unión sexual tal como Dios la diseñó, tenemos que tener una clara comprensión de su plan. Infortunadamente, la mayor parte de nosotros no recibimos consejos sobre estos asuntos antes de casarnos, y por eso tropezamos, por lo menos en los primeros años, tratando de hallar el camino hacia la felicidad. He sido médico de familia durante veinticinco años, y he observado que el matrimonio, con su tremenda significación, a menudo resulta ser el evento para el cual nos hemos preparado menos en la vida. A pesar de que el divorcio está alcanzando proporciones epidémicas, las jóvenes parejas continúan aventurándose al matrimonio con una notable falta de preparación. Algunas veces sólo hay una breve reunión con el ministro religioso antes de la boda, luego, una ceremonia a menudo bien elaborada, y de una vez quedan por su cuenta los recién casados, al azar, en la búsqueda de la felicidad, mientras la familia y los amigos esperan lo mejor para ellos.

Considero que el consejo prematrimonial es una parte esencial de mi responsabilidad como médico de familia. No sólo es una medida preventiva que proteja contra la rotura de relaciones, sino que también puede desatar un curso positivo de acción que traerá placer y gozo, por cuanto la joven pareja aprende a amarse de un modo duradero.

Los mismos principios básicos que discuto en las sesiones de consejo prematrimonial deben recalcarse al lector antes de continuar explicándole los aspectos físicos que entran en la práctica del acto sexual. Aunque usualmente comparto estos principios con los que están comprometidos para el matrimonio, indudablemente serán útiles para los que están recién casados y también para los que celebran el vigésimo octavo aniversario de bodas. Realmente, son pocas las parejas que están tan avanzadas en sabiduría y en años que no sacarían provecho de los siguientes principios bíblicos.

Puesto que lo que voy a decir es casi equivalente a que el lector oiga una sesión de consejo prematrimonial en mi consultorio, tal vez le gustaría saber cómo ocurren estas sesiones. Cuando los novios me llaman por teléfono para que les dé una cita a fin de efectuar las pruebas de sangre requeridas por la ley, les pido que escuchen en forma individual o conjunta las enseñanzas mías que están en los cassettes que tienen por título "Las técnicas del sexo y los problemas sexuales en el matrimonio". Esto deben hacerlo *antes* de acudir a la cita que han pedido. Estas cintas magnetofónicas presentan una clara y completa información que toda pareja casada necesita para el buen ajuste sexual, incluso consejos específicos para las dos primeras semanas de relación sexual. Tal información puede hallarse en el capítulo 4 de este libro: "Comprensión de los hechos básicos".

Cuando los dos oyen juntos el contenido de las cintas, él sabe lo que ella debe hacer, ella sabe lo que él debe hacer, y lo que saben, lo saben los dos. Muchas incertidumbres y temores desaparecen, y la pareja comienza su vida matrimonial con una franqueza de comunicación en la parte más íntima de su vida. Cuando los dos acuden a mi consultorio, los examino físicamente, y es entonces cuando ellos hacen preguntas específicas basadas en la información que han recibido al oir los cassettes. Este procedimiento me garantiza que ellos han oído lo que necesitan saber, y me concede la oportunidad para hablarles acerca de estos principios básicos del matrimonio planificado por Dios, durante el tiempo de consulta. Generalmente descubro que éste es el único consejo específico que han recibido en este punto decisivo de sus vidas.

Para la sesión de consejo prematrimonial he preparado una hoja que la pareja puede guardar, en la cual enumero en breve bosquejo once principios bíblicos que ayudan a asegurar un matrimonio feliz. La aplicación de estos principios vitales mejorará la vida matrimonial de cualquiera, bien sea la persona creyente en Cristo o no. Dios ha establecido ciertos principios según los cuales tienen que operar los hombres, y son efectivos para la vida de cualquier persona. El único problema es que la persona inconversa es incapaz de poner en ejecución de manera consecuente estos principios durante toda la vida. Sólo el creyente tiene dentro de sí a la Persona del Señor Jesucristo, representado por el Espíritu Santo, que lo capacita para llevar a la práctica lo que tan claramente está especificado en la Biblia.

He aquí la forma como discuto estos principios, punto por punto, con la pareja comprometida:

1. Hagan ahorros que les permitan disfrutar de unas semanas ininterrumpidas de luna de miel. "Cuando alguno fuere recién casado, no saldrá a la guerra, ni en ninguna cosa se le ocupará; libre estará en su casa por un año, para alegrar a la mujer que tomó" (Deuteronomio 24:5).

Ahora bien, en nuestro día, difícilmente podríamos esperar que un hombre se retire del trabajo durante un año. Sin embargo, aquí hay un definido principio bíblico. Es el de que las primeras semanas de la vida matrimonial constituyen un tiempo decisivo para la joven pareja. En este versículo, el verbo "alegrar" a la mujer significa literalmente en hebreo: "conocer sexualmente y comprender lo que a ella le complace exquisitamente" en la relación física.

Si, como otras jóvenes parejas, ustedes están pensando en gastar mucho dinero, tal vez varios miles de dólares, en la fiesta de bodas, y lo poco que sobra dejarlo para sufragar los gastos de una noche de luna de miel, ciertamente les aconsejo que equilibren sus fondos de tal modo que pueden estar libres de responsabilidades durante unas pocas semanas, a fin de que tengan tiempo para conocerse el uno al otro. Durante ese período tendrán una comunicación más clara que la que jamás podrán volver a tener, y si cada uno de ustedes no llega a comprender al otro al principio del matrimonio, hallarán que, a medida que el tiempo pasa, esas líneas de comunicación llegarán a estar progresivamente bloqueadas.

Nunca hagan planes para casarse precisamente antes de entrar a la universidad o a un curso de post-graduado, donde las demandas de tiempo y esfuerzo son muy grandes. Los estudios de seminario o de la escuela de medicina, por ejemplo, requieren intenso estudio concentrado. Así que planifiquen de tal modo que la ceremonia matrimonial ocurra al principio de un período de vacaciones, o en un tiempo de interrupción en el empleo. Concéntrese cada uno en el otro para que establezcan una norma de amor en el matrimonio.

2. No tomen dinero prestado. "No debáis a nadie nada, sino el amaros unos a otros" (Romanos 13:8). El tomar dinero prestado antes del matrimonio, o un poco después, es como agregar otra frase a los votos matrimoniales: "Hasta que la deuda nos separe". Dicho esto de otro modo, lo que Dios juntó no lo separe el dinero. Un libro de sicología que enumera los problemas más comunes en el matrimonio, coloca el manejo del dinero en primer lugar. El factor clave que crea problemas no es la cantidad de dinero, sino la actitud que se tenga hacia el dinero o hacia su uso. En efecto, en mi experiencia como consejero matrimonial, he hallado mucho más conflicto entre personas que tienen dinero que entre las que tienen fondos limitados.

Este consejo pudiera expresarse de otro modo: "No tomen dinero prestado para comprar cosas que van perdiendo valor". Muchas jóvenes parejas se meten en grandes deudas para comprar un costoso automóvil o una casa llena de muebles. Los recién casados serán más felices si compran sólo lo que pueden y luego pasan juntos los fines de semana arreglando el automóvil o haciendo muebles o buscando muebles de segunda mano a precios bajos. Conozco a una pareja que paga una cuota del automóvil a su propia cuenta de ahorros mensualmente. Cuando tienen lo suficiente en el banco entonces compran el auto, y continúan pagando a su propia cuenta las cuotas mensuales para el siguiente. Así acumulan intereses bancarios, en vez de pagarle intereses a otra persona, y disfrutan al mismo tiempo de estar libres de deudas. La libertad económica le concede a uno la capacidad para utilizar el dinero como le plazca, y no como les agrada a los que prestan dinero. Si ustedes quieren disfrutar el uno del otro y hallar placer en su vida matrimonial, no comprometan sus fondos hasta tal punto que no tengan dinero disponible para pagar aquellas cositas que disfrutan haciendo juntos.

3. Sean independientes de sus familiares. Apártense del padre y de la madre. "Por esto dejará el hombre a su padre y a su madre, y se unirá a su mujer, y los dos serán una sola carne" (Efesios 5:31). *Sin embargo, no deben casarse sin la aprobación de ellos.* "Hijos, obedeced en el Señor a vuestros padres, porque esto es justo" (Efesios 6:1).

Antes que el pecado entrara en la raza humana le fueron dados dos mandamientos a Adán. El uno fue no comer del árbol de la ciencia del bien y del mal (dicho en otros términos equivalentes, no aprender el mal por experiencia). ¡El otro fue el de sacar a los familiares políticos de su matrimonio! Mirando a través de los corredores del tiempo hacia las causas futuras de los problemas conyugales, Dios dijo que los familiares políticos no debían meterse en el matrimonio. La separación de los padres desde el punto de vista físico, emocional y económico es la mejor manera posible de comenzar una nueva unidad social.

De paso, al *hombre* se le ordena que abandone al padre y a la madre y que se una (que esté unido total e inseparablemente) a su mujer; una unión de la cual no pueda haber separación. Esta orden de unirse a su mujer se le da aún antes de darle la orden de amarla. La Biblia no dice específicamente cuál es la mejor edad para el matrimonio, pero establece el principio de que el hombre tiene que poder ser totalmente independiente de sus padres y establecer su propio hogar. Estadísticamente, la edad de 26 años es la mejor para que se case la mujer, y la de 27 a 31 años, la mejor para que se case el hombre. Es decir, son pocos los divorcios que ocurren cuando las personas se casan en estas edades. Actualmente tres de cada cinco matrimonios de adolescentes terminan en divorcio.

Los animo a que oigan lo que les dicen sus padres, en caso de que ellos no quieran que se casen, o si desaprueban la elección que han hecho. No sólo por el hecho de que esto es bíblico; recuerden que sus padres los conocen mejor que cualquier otra persona. Ellos pueden discernir las cualidades que ustedes necesitan en su cónyuge, tal vez mucho mejor que ustedes mismos. Sospecho que nueve de cada diez problemas matrimoniales pudieran evitarse, si los hijos oyeran la cuidadosa evaluación que hacen sus padres antes de casarse.

4. No compren televisor por lo menos durante un año. "Vosotros, maridos, igualmente, vivid con ellas sabiamente, dando honor a la mujer . . . sed todos de un mismo sentir. . ." (1 Pedro 3:7, 8). Esta es una de las cosas más sorprendentes que me oyen decir los jóvenes. Puede sonar absurda. ¿Pero sabían ustedes que la televisión puede ser el ladrón más grande y sutil de su tiempo? Les quitará aquellos momentos que debieran dedicar a su cónyuge y, posteriormente, a su familia. Les quitará las horas más valiosas de su día, horas que pudieran pasar en comunicación personal y compartiendo sus ideas, momentos cuando pudieran aprender cómo relacionarse mejor el uno con el otro. Cuando ustedes gastan su tiempo viendo televisión, no hay nada en el sentido de dar y recibir.

A usted, esposo, lo insto a que haga dos cosas en conformidad con la Escritura: Primera, estudie la Biblia; luego, estudie a su esposa. Permanezca con ella. Siéntanse totalmente cómodos los dos juntos, con pleno conocimiento el uno del otro. En esto precisamente consiste el matrimonio.

5. No se acuesten nunca con un conflicto no resuelto. "No se ponga el sol sobre vuestro enojo" (Efesios 4:26). "Perdonándoos unos a otros" (Colosenses 3:13).

La Biblia nos advierte que no alberguemos la ira, no sea que se convierta en resentimiento y amargura. Algunas personas hierven y echan humo por debajo de la superficie durante días o semanas, pero éste no es el método de Dios, y echará a perder cualquier matrimonio. Resuelvan ustedes las actitudes negativas que tengan entre sí al terminar el día, no se acuesten hasta que no hagan eso. En todo matrimonio surgen conflictos por el hecho de que son dos personas que vienen de diferentes condiciones, diferentes niveles educativos, formaciones emocionales, deseos y objetivos. Los conflictos son inevitables. Pero el conflicto llega a convertirse en problema sólo cuando no se resuelve rápidamente.

6. Si no pueden resolver un conflicto en el transcurso de una semana, busquen ayuda espiritual de afuera. "Hermanos, si alguno fuere sorprendido en alguna falta, vosotros que sois espirituales, restauradle con espíritu de mansedumbre. . ." (Gálatas 6:1). "Seguid la paz con todos, y la santidad, sin la cual nadie verá al Señor. Mirad bien, no sea que alguno deje de alcanzar la gracia de Dios; que brotando alguna raíz de amargura, os estorbe, y por ella muchos sean contaminados" (Hebreos 12:14, 15). ". . . olvidando ciertamente lo que queda atrás" (Filipenses 3:13).

El límite de una semana lo he establecido yo. La Biblia no dice cuán pronto se debe buscar el consejo espiritual. Pero es importante no permitir que una semilla de amargura eche raíz y crezca hasta asfixiar su matrimonio.

7. Si la esposa es continuamente incapaz de lograr la buena relación sexual, busque consejo. "El marido cumpla con la mujer el deber conyugal, y asimismo la mujer con el marido. La mujer no tiene potestad sobre su propio cuerpo, sino el marido; ni tampoco tiene el marido potestad sobre su propio cuerpo, sino la mujer. No os neguéis el uno al otro" (1 Corintios 7:3-5).

En este pasaje se nos dice que el esposo y la esposa realmente se están robando el uno al otro si no hay placer mutuo en la relación sexual. La Biblia implica que los esposos y las esposas están autorizados a reclamar ciertos derechos. Sin embargo, la satisfacción es el único derecho que se menciona específicamente. Dios dice que el marido y su mujer tienen el derecho de ser sexualmente satisfechos.

Si al principio de su matrimonio cada uno de ustedes llega a comprender cuán grande es la responsabilidad que tiene de satisfacer sexualmente a su cónyuge, la mayor parte de los problemas quedarán eliminados, aun antes que comiencen. Es posible lograr la satisfacción sexual, casi en cada caso, con buenos consejos, apropiada información y la aplicación y práctica de las técnicas correctas.

8. Realicen algo de estudio bíblico juntos todos los días. "No sólo de pan vivirá el hombre" (Mateo 4:4). "La palabra de Cristo more en abundancia en vosotros" (Colosenses 3:15-17). ". . . habiéndola purificado en el lavamiento del agua por la palabra" (Efesios 5:26, 27). *Este estudio bíblico debe ir acompañado de oración:* "Y si alguno de vosotros tiene falta de sabiduría, pídala a Dios" (Santiago 1:5).

En Efesios 5:25-28 leemos algo que es sumamente aplicable a este principio del matrimonio: "Maridos, amad a vuestras mujeres, así como Cristo amó a la iglesia, y se entregó a sí mismo por ella, para santificarla, habiéndola purificado en el lavamiento del agua por la palabra, a fin de presentársela a sí mismo, una iglesia gloriosa, que no tuviese mancha ni arruga ni cosa semejante, sino que fuese santa y sin mancha. Así también los maridos deben amar a sus mujeres como a sus mismos cuerpos".

Cristo satisface las necesidades de la Iglesia lavándola y purificándola con el agua de la Palabra de Dios. Así debemos amar a nuestras esposas y de nuestras familias la Palabra de Dios.

Marido, cuando la Palabra de Dios penetre en la mente, la personalidad y el mismo ser de su esposa, ella llegará a ser aquella bella persona que Dios diseñó. Todo lo que la hace a ella menos que pura, todo lo que le impide llegar a ser una maravillosa esposa, gradualmente será quitado, si los dos estudian diariamente en unión la Biblia. El marido tiene la responsabilidad de iniciar esto. Si usted no sabe cómo comenzar, una de las maneras consiste en escuchar juntos la enseñanza bíblica por medio de cassettes. (En los Estados Unidos hay una biblioteca llamada Bible Believers Cassettes, Inc., que presta gratuitamente estos cassettes, y ofrece más de mil mensajes diferentes sobre los temas de entrevistas de enamorados, matrimonio y hogar cristiano. Se puede pedir el catálogo enviando 50 centavos americanos, a 130 N, Spring St., Springdale, Arkansas 72764.) Les aconsejo que hagan estudios bíblicos que sean aplicables a su situación personal. Construyan la vida de su hogar en torno al estudio bíblico y la oración. Esto los conducirá a más felicidad y armonía en su hogar de la que jamás hubieran podido imaginar.

9. El esposo debe dedicarse cien por ciento a amar a su esposa. La esposa debe estar cien por ciento sujeta a su marido (Efesios 5). Si el marido ama a su esposa, ella estará más sujeta a él. Si la esposa se sujeta al marido, ciertamente el amor de él hacia ella crecerá. No se case usted con una persona que no sea cristiana (2 Corintios 6:14). Sólo cuando existe la certidumbre de que la persona confía en el Señor Jesucristo solamente en cuanto a la salvación espiritual, puede considerarse que es cristiana (Hechos 4:12). Sólo cuando la persona está sujeta a Cristo puede vivir un estilo de vida en sujeción (Efesios 5:21; 1 Corintios 11:3).

¿Cuál es la clase de amor que el marido debe ofrecer a su esposa? Aquella actitud mental fuerte y estable, que nunca busca otra cosa que no sea el más alto bien para la persona que ama. El amor que se expresa en palabra y acción es el que motiva a la esposa amada para dar de sí misma algo en recompensa.

¿Qué significa eso de que una esposa esté sujeta a su marido? La palabra *sujeta* nos viene de un término militar que realmente significa moverse de una manera organizada, hacer una tarea asignada de la manera indicada. La sujeción es el don más importante que la esposa puede ofrecerle a su marido. Una esposa que responde y es receptiva demuestra voluntariamente que rinde su libertad, para recibir de él el amor, la adoración, la protección y la provisión.

El matrimonio tiene que ser una relación de dar. Mientras el marido da amor, da hasta la última reserva de energía, hasta el último vestigio de conocimiento que posee con el fin de hacer lo mejor para su esposa y su familia; la esposa debe responder a ese amor, a esa adoración y a esa provisión. Esta respuesta la conducirá a un anhelo de satisfacer las necesidades de su marido aun antes que él se lo pida. Esta es una actitud de voluntaria adaptación a aquello hacia lo cual Dios está dirigiendo a su esposo. Sabemos que la sujeción tiene que ser un don que ella le da a él, por el hecho de que es algo contrario a todas las tendencias naturales. Cuando se produce esto, se libera un flujo sobrenatural de amor entre el marido y la esposa.

Si estas dos actitudes: el amor y la sujeción, se pasan por alto, la dificultad, y posiblemente el desastre, se vislumbran más adelante. Si se ponen en acción el amor y la sujeción, el resultado será una maravillosa vida matrimonial, porque Dios dice muy simplemente que ésa fue la manera como El diseñó el matrimonio.

10. El marido ha de ser la cabeza de su hogar. "Pero quiero que sepáis que Cristo es la cabeza de todo varón, y el varón es la cabeza de la mujer, y Dios la cabeza de Cristo" (1 Corintios 11:3). "Porque el marido es cabeza de la mujer, así como Cristo es cabeza de la iglesia . . ." (Efesios 5:23). ". . . que gobierne bien su casa. . ." (1 Timoteo 3:4).

La autoridad del marido sobre la mujer se arraiga en la autoridad de Cristo sobre la Iglesia. En efecto, toda autoridad que tengamos es delegada, y el esposo que tiene esto en mente nunca abusará de esa autoridad. Por otra parte, el hombre que renuncia a su posición de dirección está sembrando unas semillas que producirán dificultades con el tiempo.

El marido *es* la cabeza del hogar, bien funcione en esa condición o no. Cualquier quebrantamiento en el matrimonio es responsabilidad del hombre. No digo que él tenga la culpa. Digo que Dios lo hace responsable de cualquier quebrantamiento en el matrimonio, por cuanto es a él a quien se ordena unirse inseparablemente a su esposa. Este principio de responsabilidad se aplica en todo aspecto de la relación: espiritual, emocional y físico.

La mujer que se va a casar debe comprender antes de la boda cuán importante es casarse con un hombre al cual ella pueda responder alegremente y someterse por cuanto es la cabeza de su hogar. He dicho a muchas señoritas: "Si no puedes respetar a un hombre, no lo mires".

11. **"Y la mujer respete a su marido"** (**Efesios 5:33**). ¿Qué significa respetar al marido? Precisamente eso: *tenerle respeto*. Compañeros, es difícil que la esposa los respete si ustedes no son respetables. Es imposible que una mujer reverencie a su marido, si él no es digno de reverencia. El esposo tiene que vivir delante de su esposa de tal modo que ella pueda ver que es digno del respeto que Dios le pide a ella que tenga. Según el significado del idioma griego en que se escribió el Nuevo Testamento, a la esposa se le dice que respete, admire, disfrute, tema, sea deferente, adore, sea devota a, estime, alabe y ame profundamente a su marido. Esta es tarea de ella todo el tiempo, y el lenguaje original de la Biblia da a entender que ella se beneficiará personalmente si así lo hace.

Si la esposa no confía en su marido ni lo respeta, eso será devastador para él, y finalmente para el matrimonio. El dolor más grande del amor es el de no ser creído. ¡Pero si ella mira a su marido con ojos de reverencia, él se convierte en un rey entre los hombres!

A su vez, él debe dar a su esposa el lugar de honor, un lugar de privilegio especial y precioso. Muchos hombres tienen esposas de segunda categoría por cuanto el tratamiento que les dan es de segunda categoría. Ellos nunca logran tener la princesa real con la cual les gustaría estar casados; simplemente no comprenden que en muchos sentidos la esposa es un reflejo de su marido. La esposa es elevada a la posición de princesa por parte del sabio y amante esposo, cuando éste pone en operación los grandes principios del matrimonio planificado por Dios.

Algunos de los que leen este capítulo tienen hijos que dentro de pocos años se casarán. Y quieren hacer todo lo que puedan a fin de prepararlos para un buen matrimonio. Les ruego que me permitan darles las siguientes sugerencias:

Lo más importante que un padre puede hacer a favor de sus hijos es amar a la madre de ellos. El hogar debe ser el sitio más atractivo del mundo para los hijos, y la madre debe ser la atracción más grande.

Sin una atmósfera cordial en su hogar y en su vida matrimonial, una atmósfera de amor, de generosidad y de perdón, sus hijos no podrán aprender a amar. La única persona que sabe amar es la que ha sido amada, la que ha visto el amor, la que lo ha experimentado. El hogar cristiano es un laboratorio en el cual se demuestra el amor de Dios.

Si usted no tiene esta clase de amor en su hogar, es probable que sus hijos crezcan con un complejo de inferioridad, con un sentimiento de vacuidad y de falta de valor. Pero no es tarde para que usted desarrolle esto. Nunca es tarde si los cónyuges quieren un matrimonio transformado. ¡Recuerden que el único curso sobre matrimonio que la mayoría de los hijos estudian es el que se les da en el hogar! Como padres y madres, podemos ofrecerles en el hogar cristiano la mejor preparación matrimonial teniendo un amor genuino el uno hacia el otro y aprendiendo todo lo que podamos en cuanto a cómo expresar ese amor, de tal modo que nuestros hijos tengan una demostración visible y continua del verdadero amor.

Como médico familiar he tenido la oportunidad de ver los resultados en los matrimonios de parejas que recibieron esa clase de consejo prematrimonial basado en los principios absolutos de la Palabra de Dios. A través de un período de años, he observado que las parejas que aplican estos principios desarrollan relaciones estables, amorosas y satisfactorias. *Las instrucciones de la Biblia, si se ponen en práctica, garantizarán matrimonios felices.*

El hecho de aplicar los principios celestiales al matrimonio puede producir un cielo en la tierra. Este es mi deseo para toda joven pareja y para todo hogar.

3

¿Y qué sucede si no estoy enamorado? ¿Cómo me puedo enamorar?

La vida sexual dentro del matrimonio de un hombre y una mujer que *se aman* mutuamente puede ser como una piedra preciosa que brilla y da esplendor en una montadura perfecta.

¿Pero qué ocurre si usted está casado y siente que ya no ama a su cónyuge? ¿Será imposible que cambien sus sentimientos? ¿Hay alguna esperanza de que los dos hallen satisfacción sexual?

Esta pregunta se me ha hecho muchas veces. Mi respuesta es un simple *sí*. Sí, usted puede cambiar sus sentimientos. Sí, aún hay esperanza de hallar satisfacción sexual con su cónyuge. Este capítulo le dice cómo obtenerla. Pero tenemos que comenzar definiendo lo que es el amor en sí.

Esto llega a ser una tarea difícil, cuando hallamos que algunos diccionarios utilizan cinco páginas para definir la palabra *amor*, y después de todo eso, no tienen mucho éxito. Pregunte usted a un centenar de personas qué es el amor, y hay buenas posibilidades de que obtendrá por lo menos noventa respuestas diferentes.

Obviamente, el mundo no tiene una clara definición del amor. Los significados de la palabra varían según las experiencias individuales y los puntos de vista. El amor puede ser pasión, afecto, sentimientos románticos, amistad, cariño, infatuación, o innumerables combinaciones de esas cualidades. Pero casi siempre, la palabra *amor*, en el sentido en que la usa el mundo, incluye una expectación de conseguir algo en cambio.

La Biblia revela otra clase de amor que el mundo no comprende, y que es la clase de amor que ofrece el ambiente perfecto para la experiencia sexual en el matrimonio que se expresa con las palabras "una carne". En el Nuevo Testamento griego, a este amor se lo designa con la palabra *ágape*, y se lo describe tan plenamente en palabra y acción que como cristianos podemos comenzar a comprenderlo, aunque no podemos sondear sus profundidades.

Agape es un amor incondicional e irrevocable. Dios decidió amarnos primero, aún antes que nosotros le correspondiéramos su amor, y ni siquiera supiéramos quién era El. *Agape* es el amor que da sin medir el costo ni buscar ventajas personales. "Porque de tal manera amó Dios al mundo, que ha dado a su Hijo unigénito, para que todo aquel que en él cree, no se pierda, mas tenga vida eterna" (Juan 3:16). *Agape* no es un amor natural; ¡es sobrenatural! Es un amor que se derrama sobre nosotros con hermosa abundancia, que no busca nada que no sea nuestro sumo bien. No depende de nuestras acciones. Aunque Dios desea profundamente que le correspondamos su amor, nuestra reacción no tiene influencia en cuando a *si* El ha de amarnos. Eso ya está decidido. El nos ama. El hizo la irrevocable decisión de amarnos; y lo ha demostrado al dar lo mejor de El para nosotros: su Hijo.

Agape es un amor que tiene algo a la vez glorioso y práctico que decir a la pareja de casados, porque este maravilloso modo de amar, que es *el modo de Dios*, puede llegar a ser *nuestro* modo de amar mediante el poder de Dios. Si en la relación matrimonial operan los principios de esta clase de amor, satisfacen toda necesidad, resuelven todo problema, y nos señalan el camino hacia esferas de regocijo que no tienen fin.

Los escritos del Nuevo Testamento nos indican que *ágape* es una clase de amor que en el matrimonio tiene que envolver total dedicación, así como Dios está totalmente dedicado a nosotros. Dios ordenó que Adán estuviera unido a Eva. "Por tanto, dejará el hombre a su padre y a su madre, y se unirá a su mujer, y serán una sola carne" (Génesis 2:24). Esto significa que aún antes que Dios esperara que el hombre amara a su cónyuge, esperaba que estuviera totalmente dedicado a ella. En lo profundo de nuestra mente y de nuestro corazón, como marido y mujer, tiene que haber un irrevocable compromiso, una entrega total al matrimonio.

Con los matrimonios de hoy, que se forman y se disuelven como un bloque de hielo, la total dedicación parece estar fuera de moda. Pero tal vez hemos permitido que el mundo establezca lo que debemos esperar. Le hemos permitido que haga del divorcio una norma, y no una excepción. Aún hay personas que se casan con el propósito de que su matrimonio sea una relación permanente. Pero el porcentaje tan alto de divorcios indica que algunas de esas personas han fallado en algo. ¡Tal vez parte del problema sea cierta falta de obligación para con el compromiso, la entrega total!

La amonestación que se da a la pareja en la ceremonia matrimonial: "Le amarás en tiempo de enfermedad y de salud", debo recordarles a los cónyuges que en el matrimonio pueden soplar las tormentas y que hay que superarlas. Si pensamos en función del tiempo previsible, que si las cosas se ponen intolerables abandonaremos la vida matrimonial, el divorcio se convierte en una alternativa. Frecuentemente no hay sino un paso demasiado corto entre la posibilidad y la probabilidad. La declaración de Jesús: "Por tanto, lo que Dios juntó, no lo separe el hombre" (Marcos 10:9), debe llegar a ser una parte tal de nuestro pensamiento que la plena entrega al compromiso matrimonial, sin importar cuanto cueste, sea nuestra única opción. Dicho esto en otros términos equivalentes, cuando entramos en el matrimonio debemos tener la convicción de que *no hay salida*. Entonces es cuando los dos cónyuges pueden comprometerse a hacer del matrimonio un éxito.

Pero son muchísimas las parejas que llegan al doloroso punto de admitir: "Ya no nos amamos el uno al otro". Cuando dicen eso, por supuesto, asumen que el matrimonio tiene que terminar. Esta actitud indica que la pareja había puesto equivocadamente la confianza en la vaga idea que el mundo tiene del amor, y sugiere que el modo de amar de Dios nunca existió en primer lugar.

El hecho es que la Biblia no da indicación de que el sentimiento que el mundo llama amor debe ser el fundamento del matrimonio. Un matrimonio que se estructura enteramente sobre este amor estará caracterizado por sentimientos de fluctuación en la medida en que las circunstancias cambian. El resultado será que si las emociones son inestables, el matrimonio también será inestable.

Las emociones no sostienen ni sostendrán jamás a un matrimonio. Existen en la vida mañanas frías y grises cuando uno despierta emocionalmente fatigado. Obviamente, no se puede depender de las emociones para la estabilidad del matrimonio. Y no tenemos que ser esclavos impotentes del amor ni de cualquiera otra emoción en que caemos, o de la cual escapamos. Pero cuando el compromiso ata al esposo y a la esposa a través de la felicidad y la aflicción que comparten, todas las maravillosas y agradables emociones que puedan desear brotarán de esa clase de amor que se llama *ágape*, el cual está en acción. El compromiso es el vínculo; el sentimiento del amor es el resultado. El *sentimiento* viene como consecuencia del *hecho* del sometimiento al compromiso en medio de toda circunstancia cambiante.

El matrimonio no necesariamente hace que las personas sean felices. Pero las personas pueden hacer que su matrimonio sea feliz entregándose el uno al otro, trabajando juntos, sirviendo juntos y creciendo juntos. O pueden permitir que el matrimonio se desintegre al no hacer estas cosas.

Todos hemos experimentado ocasiones cuando activamente buscamos la felicidad para nosotros mismos y descubrimos que parecía escapársenos como un venado asustado en el bosque, tan pronto como pudimos verla casi a nuestro alcance. La mayoría de nosotros ya sabemos que la felicidad nunca puede atraparse cuando la perseguimos. En vez de ello, nos llega libre y sorprendentemente cuando estamos concentrados en otra cosa y cuando menos la esperamos. Si arrebatamos la felicidad emocional sin comprometernos y dar primero, nuestro egoísmo sólo producirá una cosecha de desdicha y frialdad. Pero el honesto deseo de que nuestro cónyuge sea feliz traerá un sorprendente grado de felicidad a nuestra vida: un beneficio colateral basado en los principios de la Palabra de Dios: "Dad, y se os dará; medida buena, apretada, remecida y robosando " (Lucas 6:38).

El amor, en esencia, es aquel acto deliberado de darse uno mismo a otra persona de tal modo que ella constantemente recibe deleite. El amor da, y la más rica recompensa del amor viene cuando el objeto del amor responde a la dádiva que uno hace de sí mismo. Si el hombre y su mujer se dan a sí mismos de esa manera, cada uno llegará a tener un sentido de integridad y contentamiento. ¡Y no sólo eso! Las condiciones habrán llegado entonces a ser adecuadas para la estructuración de una relación de amor que le traerá al matrimonio todos los sentimientos ricamente deleitosos que son consecuencia de estar enamorado. *Agape* es el amor que siempre constituye el suelo fértil donde crece el placer planificado por Dios para la relación matrimonial física.

Dios nos diseñó de tal modo que no podemos estar verdaderamente satisfechos con el mero desahogo físico y fisiológico del impulso sexual. El mundo, que algunas veces trata de considerar que el amor y el sexo en el matrimonio son dos entidades separadas, ha errado al blanco. En el diseño perfecto de Dios, todas las emociones del amor crecen y se multiplican en el matrimonio que se caracteriza por ese tipo de amor que llamamos *ágape*. Hallamos nuestra mayor satisfacción al llegar a ser uno con el ser amado, tanto en poseer como en servir al ser amado. Sin embargo, aunque el contexto del compromiso nunca cambia, el amor no es algo fijo. Día por día, y aun de hora por hora, dentro de la estructura del compromiso, nuestras emociones amorosas pueden cambiar. En alguna oportunidad el deseo físico puede prevalecer. Otras veces, el único elemento presente puede ser el deseo de afecto y de íntimo compañerismo. El deseo sexual como necesidad consciente surgirá algunas veces sólo después que la pareja haya pasado un rato de intimidad. Pero si hemos entrado en el plan de Dios para el amor, los dos disfrutaremos de una bendita seguridad en medio de la vida con sus cambios que nos dejan perplejos y las inesperadas demandas que nos hace. ¡El amor, la clase de amor de Dios, es la respuesta!

La renovación del amor en el matrimonio

Las parejas que asumen que su matrimonio ha terminado por cuanto ya no se aman mutuamente necesitan saber que, no importa lo que haya ocurrido, este amor de Dios definido como *ágape*, y que Dios pone a la disposición del creyente en Cristo, puede renovar y transformar su vida matrimonial en todos los aspectos, tocando los más pequeños detalles prácticos de la vida diaria y mejorando la relación física en un grado asombroso.

La renovación del amor ocurre en tres aspectos: en la elección de la voluntad, la acción y el sentimiento. Nótese que el sentimiento viene en último término, por cuanto el *sentimiento* del amor no es el ingrediente del matrimonio, sino el *en la verdad* del amor basado en un compromiso incambiable con la otra persona.

La renovación del amor comienza en la mente, donde la voluntad ejerce la elección y hace la decisión de amar, sin importar qué es lo que ama, y nunca deja de amar. Allí es donde usted y su cónyuge deben tratar primero las heridas que han sufrido. Cuando los sentimientos de amor se han esfumado, ciertamente todas las emociones infelices: la ira, la culpa, las heridas, el resentimiento, la amargura, están al acecho en las sombras. ¡Hay que hallarlas y desalojarlas! No merecen otra cosa que ser despedidas, pues no darán sino dolor. Usted y su cónyuge necesitan comprender que tiene que haber una franca comunicación, que es de naturaleza sanadora cuando brota del perdón total. Que esta comprensión comience por usted. Comience admitiendo que la pérdida de su amor es resultado de querer recibir en vez de querer dar. Reconozca que usted puede ser el instrumento por el cual el mismo Dios puede comunicar el amor de El a su cónyuge. Ore y acepte esto. Dele a Dios las gracias anticipadamente por ese amor sobrenatural, amor *ágape*, que fluirá a través de usted, tal como El lo prometió.

Este amor que tiene que ser aprendido, que brota de la mente, que está sujeto a la voluntad, no a las emociones, siempre trae como resultado la *acción*. El amor llega a ser algo que *hacemos*, antes de llegar a ser algo que *sentimos*. Así decidimos demostrar e iniciar el amor.

La forma en que demostramos nuestro amor tiene importancia

vital. Dios ha dado ciertos principios específicos relacionados con la parte que el esposo y la esposa, cada uno, debe cumplir en la relación matrimonial. Según la Escritura, el esposo es el que dirige y el que ama, en tanto que la esposa es la que ayuda y responde. Esta naturaleza entrelazada del amor y la respuesta o sujeción, que es tan decisiva, puede llegar a oscurecerse en estos días en que se oyen voces estridentes en favor de la "liberación" de las mujeres. Dios diseñó la relación entre el marido y su esposa con una comprensión de sus extraordinarias fortalezas y diferencias, de tal modo que el marido se deleite en amar a una esposa que está sujeta y que responde; y la esposa se sujeta alegremente al esposo que ama de la forma en que ama Dios.

Pero ninguno de los dos puede *exigir* la respuesta apropiada del otro. Eso tiene que ser un don. Lo maravilloso es que esto puede comenzar con cualquiera de las partes. La esposa quiere obedecer a un marido que la ame, que la cuide, que la proteja. La sumisión resultante de parte de ella hace que él la ame muchísimo más, y en reciprocidad, él querrá concederle cualquier cosa que la haga feliz. La rápida respuesta de ella hace que él la ame más, y así el ciclo continúa y se repite gloriosamente.

El marido tiene que dedicarse cien por ciento a amar a su esposa. "Maridos, amad a vuestras mujeres, así como Cristo amó a la iglesia y se entregó a sí mismo por ella" (Efesios 5:25). La esposa tiene que dedicarse cien por ciento a estar sujeta a su marido. "Así que, como la iglesia está sujeta a Cristo, así también las casadas lo estén a sus maridos en todo" (Efesios 5:24).

Algunos dicen que la proporción ideal en el matrimonio es cincuenta por ciento y cincuenta por ciento. El problema de esta idea reside en que cada cónyuge siempre está esperando que el otro haga algo primero. Cuando la participación es del cien por ciento por parte de cada cónyuge, cuando una de las dos partes que actúe con un cien por ciento de su actitud de dar, contribuirá al matrimonio total de tal modo que habrá un amor recíproco de parte del otro cónyuge.

El papel sumiso de la esposa implica que, ya sea que el esposo actúe como responsable o no, él es el responsable de las decisiones importantes del hogar. ". . . porque el marido es cabeza de la mujer, así como Cristo es cabeza de la iglesia. . ." (Efesios 5:23). Esto no equivale a degradar ni a humillar a la esposa; más bien quita de sobre ella una carga innecesaria. Si la esposa asume las responsabilidades que el marido ha descuidado, se echa encima presiones que no puede manejar, porque no fue creada para hacerles frente. Por otro lado le permite al marido escapar de sus responsabilidades, y así se deteriora la estructura familiar. Esto es lo que ha ocurrido en muchos hogares hoy en día.

El amor es la característica preeminente de la persona emocionalmente madura, porque, como leemos en 1 Corintios 13, "El amor. . . no busca lo suyo". Por tanto, el esposo sabio que verdaderamente ama a su mujer, con madurez le hará frente a sus reponsabilidades. La esposa sabia que verdaderamente ama a su marido, no reclamará sus derechos cuando él le pida algo. Si ella lo ama maduramente no necesitará tratar de defender su propia imagen. Buscará agradarlo. En efecto, tratará de complacer a su marido de una manera creadora, y de hacer la voluntad de él aun antes que él haga la petición; y en la misma forma, el esposo buscará maneras creadoras de expresarle su amor a ella aun antes que ella manifieste alguna necesidad obvia de reafirmación.

Si usted decide amar según la manera como Dios ama, se hallará observando para ver qué necesidades de su cónyuge puede satisfacer. Dios le indicará las necesidades específicas y reales en cuya satisfacción usted podrá regocijarse. Y lo que siembra, eso también cosechará. (Vea Gálatas 6:7-10.) Lo que usted da le será recompensado. Estos principios divinos quedarán demostrados vez tras vez en su matrimonio.

Aunque esto puede comenzar de parte de cualquiera de los cónyuges, quiero dirigirme a los maridos para indicarles algunas aplicaciones específicas de estos principios.

Esposo, si usted quiere saber *cómo* amar a su esposa completamente de nuevo, comience dándole, sabiendo que el *ágape*, el amor de Dios, le está proveyendo las energías. A medida que usted se da a sí mismo (su tiempo, su atención, su cuidado), crecerán los sentimientos de amor hacia ella. Por medio de Efesios 5, usted ha recibido la instrucción de darse en una forma sacrificada a su esposa, de la misma manera como Cristo se entregó por la Iglesia. En otras palabras, El la amó lo suficiente para morir por ella. ¡Cuán a menudo el esposo que dice que entregaría su vida para salvar a su esposa en un momento de peligro, no tiene tiempo para entregarse diariamente a las necesidades emocionales, físicas y espirituales de ella! Usted tiene que dar: dar primero, dar generosamente, y continuar dando, si quiere experimentar los expansivos gozos del amor. Si no está dando, sólo está recibiendo. No hay impulso natural para mantener el matrimonio en marcha, fuera de la poderosa fuerza de darse el uno al otro. Tenga en mente que lo opuesto al amor no es el odio, sino la *indiferencia*.

Ahora, estimado esposo, ¿cómo comienza usted a amar? Al regresar del trabajo al hogar, es posible que esté malhumorado por causa de las presiones del día, o tal vez llegue a su casa alegre y con una actitud de preocupación y respeto por lo que la esposa ha experimentado durante el día. Un amigo sabio dice que él eligió cierto semáforo entre su oficina y el hogar donde descarga todos los problemas de su oficina y todas las tensiones, y se niega a recogerlos otra vez hasta el día siguiente. El hecho de llevar los problemas al hogar y tratar de escapar detrás del periódico o del televisor no demuestra amor hacia su esposa.

La comunicación de una actitud de preocupación hacia ella edifica la atmósfera precisa que se necesita para la satisfacción sexual. ¡Al fin y al cabo, la mayoría de los hombres pueden comenzar el acto sexual después de un mal día, de una discusión familiar, de preocupaciones a granel, o cuando la sopa se está quemando en la hornilla! Pero la esposa responderá mucho más rápidamente cuando es motivada por el respeto y la consideración por parte de su esposo. Ella necesita un período introductorio de sensible consideración, y sin eso, ella no puede responder plenamente con una relación física satisfactoria. El proveer una atmósfera de caricias y romance es un signo de verdadero amor por parte del marido.

La formación emocional de la mujer exige la expresión verbal de parte de su marido que le garantice continuo amor y seguridad. Usted debe ser lo suficientemente sabio para saber esto acerca de su esposa y lo suficientemente amante para hacerlo. Puede edificar la estima que ella tiene de sí misma simplemente por medio de las palabras que le dice. ¡Las palabras tienen poder! Hay muchas maneras en que el hombre puede mostrar su amor y consideración a su esposa. Se puede manifestar con una tarjeta, o con caramelos o con flores. Pero de todos modos, dígaselo con palabras. Existe el chiste gastado con respecto al esposo que dijo: "En diez años de vida matrimonial, la razón por la cual nunca le digo a mi esposa que la amo es que se lo dije cuando nos hicimos las promesas en la ceremonia nupcial, y todavía no he cambiado de idea". Este no sólo es un chiste de mal gusto; sino que infortunadamente es una viva realidad para muchísimas parejas.

Otra manera de amar a su cónyuge consiste en dar gracias a Dios por toda buena cualidad que hay en ella. Hay personas que frecuentemente se quejan de las indeseables cualidades que hay en sus cónyuges, aunque pasan por alto aquellas cualidades que originalmente los atrajeron el uno al otro. El *ágape*, el amor de Dios, expresa en el matrimonio, en palabra y acción, en pensamiento y oración, el más profundo aprecio hacia el cónyuge, con el intenso conocimiento de sus necesidades y deseos, pasados, presentes y futuros.

El amor en acción por parte de ambos cónyuges involucra el contacto físico. En efecto, como el gran deseo del amor es hallar un amor que responda, no hay nada que pueda construir o reconstruir tan rápidamente el intenso sentimiento de amor en el matrimonio como el acercamiento repetido hacia el cónyuge quien responde con un tierno toque. Es así como los dos cónyuges dulcemente se acercan más y más el uno al otro, abrazándose, apretándose, acariciándose.

Esto lo ilustran vívidamente nuestros adolescentes que pasan demasiado tiempo en estrecho contacto físico, haciendo que su relación llegue a ser esclava indefensa de una abrumadora emoción. Son incapaces de ver algún defecto, se atribuyen todo lo deseable el uno al otro, y generalmente ceden al impulso de poseerse mutuamente.

¡Oh! que más parejas cristianas casadas pudieran aprender una lección de esta realidad y usaran la amorosa comunicación física para lograr mayor unidad dentro du sus propios matrimonios, concediéndose el uno al otro más y más atención física. La relación sexual es tal vez el lugar más lógico para que el marido y la esposa comiencen a darse el uno al otro.

A medida que lee este libro y logra nueva comprensión y conocimiento de la relación sexual, descubrirá que los obstáculos que existían en el aspecto físico han sido quitados, y su amor que antes tenía inconvenientes, ahora está siendo liberado. Cuanto más libremente exprese su afecto en la forma física, tocando y complaciendo al cónyuge, más amor "sentirá" hacia quien le acompaña en la vida matrimonial. Las expresiones físicas de afecto permitirán que se libere la emoción del amor que antes estaba bloqueada. El sentimiento del amor, que sin esperanza había sido sepultado bajo defensas y armas, puede emerger de su caparazón protectora y bendecir la vida matrimonial de la manera más maravillosa.

La renovación del amor comienza con una decisión de la voluntad, una entrega al amor, seguida por acciones que demuestren preocupación amorosa. Luego, naturalmente, vendrá el sentimiento del amor. Así que el sentimiento es la tercera etapa del proceso. Recuerde que es más fácil cambiar las acciones que cambiar los sentimientos. En la medida que sus acciones sean marcadamente diferentes, descubrirá que los sentimientos les siguen los pasos muy de cerca.

La renovación del amor en la vida matrimonial puede ser el trampolín para llegar a experimentar los goces de aquella relación llamada "una carne" tal como Dios la planificó desde el principio.

4

Comprensión de los hechos básicos

Cualquier discusión útil sobre la relación física entre el marido y su esposa necesita comenzar con los hechos básicos de la anatomía humana. Usted tiene que entender estos hechos a fin de que aplique las técnicas sexuales que se describen en los siguientes capítulos. Tal vez esté familiarizado con muchos de estos hechos ya, o al menos tenga algún conocimiento de ellos, por haberlos estudiado en los cursos de anatomía e higiene; pero le ruego que lea este material cuidadosamente. Aun un error o un ápice de información equivocada con respecto a las funciones reproductiva y sexual pudiera conducir a una relación menos que satisfactoria en el matrimonio. Estos hechos básicos incluyen una explicación de los problemas médicos que afectan directamente la actividad sexual. Los recién casados estarán particularmente interesados en las instrucciones que se dan para la noche de la boda.

Presentaremos este conocimiento especializado en palabras e ilustraciones que se pueden entender fácilmente. Los padres hallarán útil esta sección en la preparación para el tiempo cuando sus hijos tengan suficiente edad para comenzar a buscar información. La verdad que aquí se expone está expresada en un lenguaje tan específico, pero tan simple y discreto, como lo permita la naturaleza compleja de este tema.

Para comenzar, tenemos que dar nombres, usar el vocabulario apropiado para la discusión de las funciones sexuales.

El misterio relacionado con la colocación de nombres se remonta a la tarea que tuvo Adán en el huerto de poner nombre a los animales (Génesis 2:20). Ese acto de nombrar fue de algún modo el primer paso hacia el dominio sobre la tierra. Descubrirá usted que saber los nombres correctos de los órganos y funciones sexuales es el primer paso hacia la real comprensión de la relación sexual. El vocabulario incorrecto les ha causado inconvenientes a muchas personas, es decir, aquellas palabras en las cuales da vergüenza pensar, y mucho más usar. Los nombres correctos les darán a usted y a sus hijos una adecuada apreciación de la santidad y dignidad de la provisión de Dios para el placer dentro del matrimonio.

Cuando conocemos a una persona, generalmente queremos saber cómo se llama, de dónde es y qué es lo que hace. De igual modo, necesitamos saber no sólo los nombres de los órganos sexuales, sino también dónde están colocados, sus funciones específicas y las relaciones que guardan entre sí. Todo esto, así como algunos problemas médicos que surgen en ciertos órganos, se incluye en este estudio.

Al leer, recuerde que nuestro objetivo es ofrecerle la información que lo conducirá a la experiencia más maravillosa de todas las que ofrece el matrimonio.

Los órganos sexuales femeninos

Los órganos que pueden dar génesis a la vida son llamados *genitales,* palabra que nos viene del latín *genitalia,* que significa "dar nacimiento". Los órganos femeninos de reproducción se hallan en dos grupos. Un grupo está fuera del cuerpo y son fácilmente visibles; se llaman los genitales externos. La palabra *vulva* (término latino que significa *cubierta*) es el nombre colectivo que se da al conjunto de órganos genitales externos de la mujer. Este grupo constituye la puerta de entrada al segundo grupo de órganos de reproducción que son los que están dentro del cuerpo, y que se llaman los genitales internos. Estos son: dos ovarios, dos trompas de Falopio (oviductos), el útero y la vagina. (Véanse las figuras I y II, en las páginas 42 y 43.)

Los órganos de reproducción se forman varios meses antes del nacimiento del individuo, pero permanecen inactivos hasta la pubertad (nombre que usualmente se da a la edad entre los 12 y los 15 años), cuando reciben la señal de desarrollarse hasta la madurez sexual. Esta importante señal es dada por la pituitaria, pequeña glándula que está situada en la base del cerebro.

La glándula pituitaria. Esta glándula está situada en un asiento óseo del cráneo, debajo del cerebro y cerca del centro de la cabeza. No es más grande que un fríjol mediano, y sin embargo, es la mayor glándula de control que envía sus "señales" químicas a través del torrente sanguíneo a otras partes del cuerpo. Estas señales son en la forma de sustancias químicas que se llaman hormonas. Por medio de un complejo sistema de relé, estas hormonas pituitarias contro-

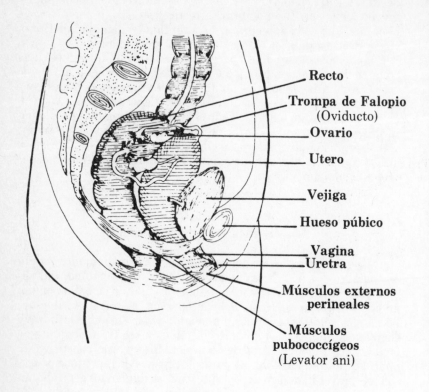

Recto

Trompa de Falopio
(Oviducto)

Ovario

Utero

Vejiga

Hueso púbico

Vagina
Uretra

Músculos externos
perineales

Músculos
pubococcígeos
(Levator ani)

Figura I

Vista lateral del sistema reproductor femenino

Nótese especialmente la localización de los músculos pubococcígeos, que proveen una parte importante del soporte para los órganos reproductivos. La contracción controlada de estos músculos añade placer sexual tanto para el marido como para la esposa.

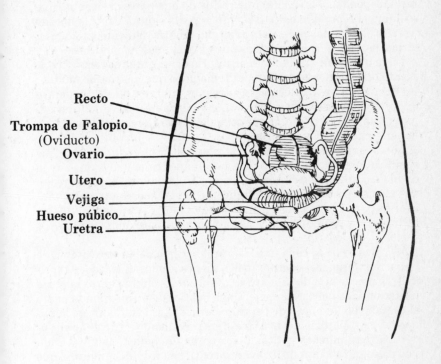

Figura II

Vista frontal del sistema reproductor femenino

Aquí se ve la relación entre los diversos órganos de la reproducción. Nótese aquí y en la figura I que la uretra está entre la vagina y el hueso púbico. Así que puede ser fácilmente lastimada durante el coito.

lan muchas funciones, entre las cuales se incluyen el crecimiento de los huesos y del cuerpo.

Recientes investigaciones médicas indican que la glándula pituitaria responde a las señales que recibe de una parte del cerebro que se llama el hipotálamo. Esto significa que la cantidad de algunas de nuestras hormonas puede ser gobernada indirectamente, aunque en forma parcial, por lo que pensamos o por nuestras actitudes.

En la pubertad, la glándula pituitaria de una niña segrega activamente dos hormonas principales femeninas que hacen que mudren los órganos de reproducción. Los órganos internos, que están dentro de los huesos protectores pélvicos, comienzan a responder precisamente antes que los órganos sexuales externos den evidencia de haber comenzado a madurar.

Los ovarios. Esta palabra nos vino del término latino *ova*, que significa huevos. Los ovarios son los órganos principales que sirven de blanco a las hormonas pituitarias. En la pubertad, las secreciones pituitarias llevadas por el torrente sanguíneo dan la señal a los ovarios para que comiencen a producir óvulos. Pronto los ovarios estarán en plena producción y continuarán durante unos treinta años o más.

Hay dos ovarios, cada uno suspendido cerca del centro interno de la parte inferior del cuerpo, más o menos a unos diez o doce centímetros por debajo de la cintura, a mitad de camino entre la parte posterior de la pelvis y la ingle. Cada ovario tiene aproximadamente el tamaño de un huevo de pajarillo petirrojo. En el tiempo de la pubertad, la superficie del ovario es tersa. Brillando a través de su superficie hay muchas gotitas fulgurantes llamadas folículos. Cada uno de estos folículos de los ovarios contiene un óvulo inmaduro, que es la célula femenina de reproducción. Los óvulos que están en estas folículos son tan pequeños que rara vez podrían verse. Son más pequeños que el punto de una *i*, y se necesitarían por lo menos dos millones de ellos para llenar un dedal de costurera.

Los ovarios tienen otra función igualmente vital: producir por lo menos dos importantes hormonas propias. Estas trabajan conjuntamente con las hormonas de la glándula pituitaria para conducir al resto del sistema reproductivo hacia la madurez y luego mantenerlo en buen estado.

Cuando nace una niña tiene unos 300.000 a 400.000 folículos en los ovarios, aunque sólo unos 300 a 400 óvulos llegarán alguna vez a alcanzar realmente la madurez y a salir del ovario. Si dos óvulos son liberados al mismo tiempo y ambos son fertilizados, puede resultar un embarazo de mellizos. Estas dos criaturas no serán mellizos idénticos, pero sí serán fraternos, es decir son hermanos o hermanas que nacen casi al mismo tiempo. Los mellizos idénticos proceden de la división de un solo huevo fertilizado. En este caso siempre se producen bebés idénticos del mismo sexo.

Las trompas de Falopio (oviductos). La palabra *oviductos* quiere decir "canales conductores de huevos". Los médicos prefieren de ordinario llamarlos trompas de Falopio. Hay dos oviductos, uno correspondiente a cada ovario. Primariamente están formados de músculo. Cada uno de ellos tiene unos diez centímetros de longitud, y más o menos el mismo diámetro del cable de un teléfono.

Estos oviductos musculares son esenciales para transportar desde los ovarios los pequeños óvulos inmóviles. Al mismo tiempo, las trompas de Falopio ofrecen el sitio apropiado para que se encuentren el óvulo femenino y el espermatozoide masculino, los cuales proceden de direcciones opuestas.

El óvulo que sale del ovario tiene que ser primero apresado por el oviducto. Ninguno de ellos está directamente unido al ovario. En vez de ello, cada uno de los oviductos tiene una abertura amplia en forma de trompeta cerca del ovario. Esta abertura está bordeada con flequillos en forma de dedos *(fimbria)* que tienen un movimiento como de barrer, que lleva todo lo que se le presenta delante hacia el oviducto. Luego que el óvulo es tomado en la abertura de la trompa, las contracciones musculares en forma de ondas continúan ayudando a transportarlo corriente abajo hacia el útero. La abertura del oviducto que tiene forma de trompeta conduce a un pasaje que no es más ancho que el siguiente guión:(-). Este pasaje interno, que es más o menos del tamaño de la punta de un lápiz, está recubierto con minúsculos grupos de filamentos en forma de cepillo, llamados *cilios*. El tamaño de los cilios, en comparación con el del óvulo, es como el de las pestañas en comparación con una naranja. Los cilios son como barrenderos que ayudan a mantener el óvulo fluyendo suavemente hacia el útero.

Una infección, particularmente una infección venérea, puede bloquear estas trompas de Falopio, causándolas heridas por la parte interna. Esto puede hacer que una mujer sea incapaz de tener hijos. Algunas veces se pueden quitar estas obstrucciones mediante cuidadosa cirugía. Las obstrucciones de las trompas se ven claramente al inyectar cierto líquido que se observa claramente en las radiografías, cuando fluye a través del *os* o boca de la cerviz hacia el útero y a través de las trompas. Este tipo de radiografía se llama salpingograma, y puede afectuarse en el consultorio del médico, o en cualquier departamento de radiología de un hospital, sin necesidad de que la persona esté hospitalizada. Tal procedimiento puede causar un leve dolor y algo de incomodidad, pero no es intolerable, y no requiere anestesia.

Cuando, para efectuar el control de la natalidad, se hace necesario realizar la esterilización, lo que hace el cirujano usualmente es atar dos veces cada una de las trompas con hilo de seda, y luego corta una parte de cada una de ellas. Para esto es necesario realizar una operación que consiste en abrir el abdomen, lo cual requiere varios días de hospitalización. Sin embargo, existe otro método que no requiere que la mujer sea hospitalizada. Algunos médicos pueden realizar la operación llamada laparotomía, que consiste en utilizar un aparato llamado laparoscopio, que es un pequeño instrumento iluminado en forma de tubo. Este se introduce a través de una incisión que se hace precisamente en el área que queda debajo del ombligo. A través de otra pequeña incisión que se hace en el bajo abdomen se inserta otro instrumento con el cual el cirujano puede agarrar y manipular cada una de las trompas de Falopio. Mientras observa a través del laparoscopio, toma una parte del oviducto y, con un cauterizador eléctrico quema y elimina una porción de unos tres a cinco centímetros de la parte central de cada uno de ellos.

Hay algunas otras técnicas que se usan para cerrar los oviductos. Una de las más simples consiste en insertar a través de una pequeña incisión abdominal un instrumento con el cual se puede manipular el oviducto, el cual, se toma en forma de lazada y luego se coloca sobre ésta un pequeño anillo elástico (similar a una pequeña liga de goma). Así el oviducto queda fuertemente apretado en dos sitios. Actualmente, el método de atar las trompas con el anillo elástico probablemente ofrece la mayor posibilidad de éxito en caso de que se necesite posteriormente una intervención quirúrgica para reconstruir las trompas de Falopio. Esto sucede cuando, después de atadas las trompas, la mujer decide que quiere tener otro hijo. Sin embargo, no quiero que quede la idea de que cualquier método de esterilización es una operación reversible. Una operación de esterilización debe considerarse de carácter permanente. La cirugía de reconstrucción sería una operación muy tediosa y delicada y ciertamente causaría algo de incomodidad.

Al describir estos métodos, simplemente quiero explicarle al lector cómo y por qué operan ciertas técnicas de control de la natalidad. Si se practica la planificación familiar, ésa es una decisión completamente personal. Sin embargo, toda pareja de casados, cuando va a hacer esta decisión, tiene derecho a obtener la información necesaria sobre cada uno de los métodos que se emplean para el control de la natalidad.

El útero. La palabra latina *uterus* significa vientre o barriga. El útero, que usualmente tiene el tamaño y la forma de una pequeña pera, es firme y muscular. Tiene unos cinco centímetros de longitud. Cuando la mujer está de pie, queda suspendido en el interior del cuerpo en una posición casi horizontal, de tal modo que la pequeña punta de la pera señala hacia el extremo de la columna vertebral, en tanto que la parte abultada de arriba señala hacia adelante.

Durante el embarazo, el útero puede expandirse grandemente para acomodar, como sabemos, hasta seis bebés. Esto es posible por el hecho de que el útero tiene muchas fibras elásticas combinadas con las poderosas fibras musculares. Estos músculos juegan posteriormente un papel importante en el parto al contraerse enérgicamente para expeler a la criatura.

La parte externa del útero es de color rojo claro. Adentro hay un revestimiento aterciopelado rojo llamado el *endometrio,* palabra que viene del griego y significa "dentro del vientre".

Dentro del útero hay una estrecha cavidad triangular rodeada por gruesas paredes musculares. En esta cavidad se puede colocar un aparato intrauterino como medio para prevenir el embarazo. Los dos oviductos entran por la parte superior de la cavidad uterina. La parte inferior de dicha cavidad, que forma la base más estrecha, se llama el canal cervical.

La cerviz. Esta palabra viene del latín *cervix,* que significa cuello, y se refiere precisamente al cuello del útero. Alrededor del canal cervical, la cerviz forma la parte estrecha inferior del útero. Esta parte puede ser fácilmente examinada por el médico, ya que casi la mitad de la cerviz se proyecta en la vagina.

Como el resto del útero, la cerviz es firme y muscular. A los estudiantes de medicina se les enseña algunas veces que, antes del primer embarazo, la cerviz se siente como la punta de la nariz, y después del parto, como la punta del mentón.

La *abertura cervical* es la abertura de la cerviz hacia la vagina. Este pasaje es estrecho como la mina de un lápiz y está formado por fuertes músculos. Sólo bajo fuerte presión, como ocurre en el parto, se dilatan las fibras elásticas del tejido de la cerviz para aumentar el tamaño de la abertura. Este pasaje, que normalmente está apretado, ayuda a mantener el interior del útero virtualmente libre de gérmenes, especialmente en vista de que una leve y constante corriente de humedad limpiadora fluye hacia afuera.

Esta humedad (exudado o secreción cervical), junto con una leve raspadura de células cervicales, se usa para hacer una prueba llamada en medicina Papanicolaou que sirve para determinar si hay células cancerosas. Se recomienda que las mujeres se hagan anualmente este examen, pues la cerviz es el sitio en que aparece la mayor parte de los cánceres de los órganos femeninos. En un período de dos a seis días se obtiene el informe final de este examen. Más del noventa por ciento de los cánceres cervicales son curables cuando se detectan a tiempo y se aplica el tratamiento correcto. (Véase la figura III, página 49.)

La vagina. La palabra *vagina* viene del latín, y significa estuche, cubierta, envoltura. La vagina es un canal muy elástico que tiene forma de estuche y sirve como pasaje hacia los órganos genitales que están protegidos en el interior del cuerpo, y de ellos hacia afuera. En la parte superior, la vagina forma una bóveda que cubre la punta de la cerviz. Las paredes internas de la vagina consisten de pliegues de tejido que tienden a estar en contacto. La vagina, que normalmente tiene entre 8 y 13 centímetros de longitud, puede expandirse fácilmente para recibir el pene. Su mayor expansión, por supuesto, ocurre durante el parto. Los pliegues contienen muchas glándulas pequeñísimas que continuamente producen una capa purificadora de humedad, de tal modo que la vagina se limpia a sí misma. Por esta razón rara vez se hace necesario aplicar duchas vaginales.

Los músculos perineales externos circundan la abertura de la vagina, donde una concentración de nervios sensorios juegan un papel significativo en la excitación sexual cuando son estimulados manualmente.

La lubricación de la vagina ocurre usualmente unos segundos después que comienza la excitación sexual. Esta lubricación aparece como perlitas de lubricante que cubren las paredes de la vagina en forma muy parecida a como aparece la humedad en un vidrio frío. El hecho de saber dónde se halla localizada esta lubricación natural ayuda en la relación sexual cuando el marido aprende a meter los dedos en la vagina y suavemente saca algo del lubricante hasta la boca vaginal antes de insertar el pene. Si no hay suficiente lubricación natural, la pareja puede usar un lubricante artificial. Basta aplicar una pequeña cantidad a la cabeza del pene o a la parte externa de la vagina.

La vagina no es un órgano pasivo, sino muy activo, y cuando se estimula sexualmente, aumenta de tamaño y se ensancha hasta alcanzar el doble de su diámetro. Al comienzo de la excitación, la parte superior de la vagina se expande, y el útero se levanta hacia el abdomen. Cuando empieza a empujar el pene, la vagina se contrae para adaptarse a él. Después del orgasmo, el útero se mueve hacia abajo, de tal modo que la cerviz descansa sobre la acumulación del semen depositado en la parte superior de la vagina.

El himen. A la membrana que queda en la parte de atrás de la abertura de la vagina se le dio un nombre derivado del dios mítico del matrimonio llamado *Himenlo.* Esta membrana, himen puede ser relativamente fuerte, o también puede aun estar ausente desde el nacimiento. Su ausencia no indica necesariamente la pérdida de

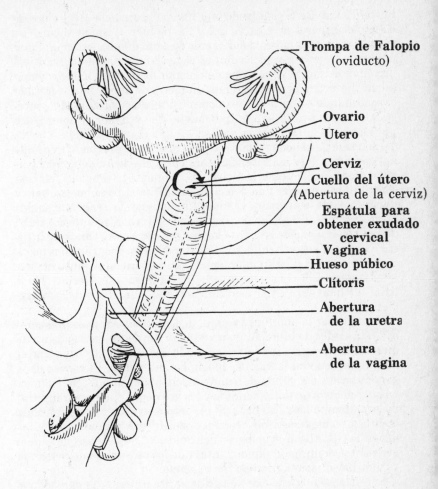

Figura III

Modo de obtener exudado de la cerviz

Este simple procedimiento que no causa dolor ayuda a salvar muchas vidas anualmente, pues detecta el cáncer cervical antes que pueda verse directamente.

la virginidad. En el tiempo de la primera experiencia sexual, dos de cada diez esposas no sienten dolor de ninguna clase, pero cinco de cada diez sufren algo de dolor, y tres de cada diez soportan un dolor más bien severo. Esto sucede por el hecho de que la abertura del himen de la mujer virgen tiene alrededor de dos centímetros y medio de diámetro, pero necesita un diámetro de unos cuatro centímetros para la relación sexual cómoda. Un médico considerado e interesado puede ayudarle a quitar mucho de su temor al dolor físico por causa de la relación sexual.

La noche de la boda, el marido para que dilate el himen, tiene que aplicarse una gelatina lubricante al pene y alrededor del orificio vaginal de salida. (Véase la figura IV, página 51.) Para la relación sexual deben escoger una posición que dirija el pene hacia abajo y hacia atrás de la abertura vaginal. La esposa debe ser la que empuja, puesto que ella está mejor capacitada para controlar la cantidad de presión que puede resistir. Pueden ser necesarios varios intentos para poder penetrar el himen. Si no tienen éxito luego de unos pocos intentos, los casados simplemente deben acariciarse mutuamente las zonas genitales hasta que queden sexualmente satisfechos. No se debe lastimar esta zona mediante repetidos intentos de penetración.

Para dilatar la abertura vaginal, el esposo tiene que usar generosas cantidades de lubricante artificial en sus dedos, y asegurarse de que sus uñas estén cortas y suaves. Primero debe insertar suavemente un dedo en la vagina, luego, los dos dedos. El esposo debe hacer una presión gradual, firme y hacia abajo en dirección al ano, hasta que haya un dolor definido y los dos dedos puedan ser insertados totalmente hasta su base. Si el rompimiento resulta demasiado doloroso, es mejor esperar hasta el día siguiente para intentar la relación sexual. La mayor parte del dolor ocurre a causa de que el pene entra demasiado rápido, antes que los músculos que rodean la vagina hayan tenido tiempo de relajarse.

Si el esposo no tiene éxito luego de varios intentos, la pareja debe acudir a consultar al médico familiar. Tal vez él tenga que hacerle pequeñas incisiones al himen en la parte de atrás y en cada lado. Este procedimiento se hace aplicando anestesia local. Las incisiones sanan en el transcurso de una semana (también cualquiera otra rasgadura pequeña que se produzca en el himen).

Cuando se produzca la primera relación sexual, el esposo no debe esforzarse por llevar a su esposa al orgasmo con el pene dentro de la vagina. Ella se habrá sentido algo adolorida, y no hay razón para hacer que esto sea peor. Después que el pene se haya introducido, el marido debe experimentar rápidamente su orgasmo, retirar el pene

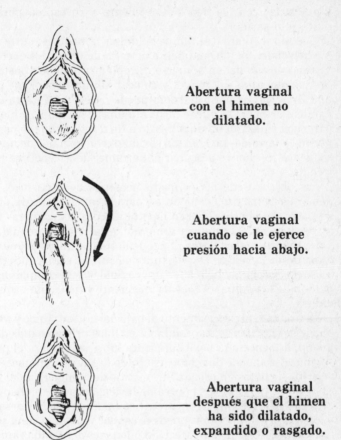

Abertura vaginal
con el himen no
dilatado.

Abertura vaginal
cuando se le ejerce
presión hacia abajo.

Abertura vaginal
después que el himen
ha sido dilatado,
expandido o rasgado.

Figura IV

Rompimiento del himen

*Este procedimiento lo puede realizar el médico o el recién casado.
Obsérvese que la presión de los dedos debe hacerse hacia abajo y
hacia atrás.*

y estimular con los dedos suavemente a su esposa para llevarla hasta el orgasmo.

Cuando se dilata o se rompe el himen, a menudo ocurre un derrame de sangre, pero usualmente no pasa de una o dos cucharaditas. Los esposos no deben afanarse. Simplemente deben buscar el sitio preciso que está sangrando, y colocar allí un pañuelo de papel con una firme presión. El derrame puede detenerse en esta forma. El pañuelo de papel se puede dejar allí unas doce horas, y luego empaparlo con agua tibia para aflojarlo a fin de evitar que se produzca de nuevo el derrame. La relación sexual puede iniciarse de nuevo al día siguiente. Si vuelve a ocurrir el derrame, debe repetirse la presión local.

Los objetivos de las primeras semanas de encuentros sexuales deben ser la máxima comodidad para la mujer y el máximo control de parte del hombre. Por lo menos durante las primeras semanas, no se debe esperar mucha armonía en la relación sexual.

La uretra. Así se llama el pequeño tubo a través del cual baja la orina desde la vejiga. La abertura de la uretra está a unos doce milímetros por encima de la abertura vaginal, y está completamente separada de la vagina. Sobresale levemente y tiene una pequeña hendidura.

La uretra está precisamente debajo del hueso púbico y fácilmente puede ser lastimada, especialmente en los primeros días del matrimonio, a menos que haya suficiente lubricación para el pene en la vagina. Esto puede dar como resultado lo que comúnmente se llama "cistitis de la recién casada" o "cistitis de la luna de miel". Esta se caracteriza por dolor en el área de la vejiga, sangre en la orina y severo ardor al orinar. Si la uretra se lastima pueden desarrollarse bacterias. Esta infección puede ascender y producir una severa infección de la vejiga. Tal infección puede ser dominada rápidamente con la medicación que prescriba el médico y tomando mucho líquido. Puesto que es causada por bacterias de la vagina que son empujadas hacia la uretra durante la relación sexual, la esposa que padece *repetidos* ataques de cistitis puede ayudar a evitarlos orinando a los pocos minutos después de cada acto sexual. La orina puede así lavar la uretra de bacterias antes que puedan producir infección. Para prevenir la frecuente cistitis, también puede ser útil lavar la vulva con un paño, agua y jabón, en forma completa, a fin de remover las bacterias antes de cada unión sexual.

El clítoris. Esta palabra latina significa "aquello que está encerrado". Encerrado bajo la parte alta de los labios de la vagina, la longitud del clítoris es de doce a veinticinco milímetros, y está localizado a unos veinticinco milímetros por encima de la entrada a la vagina. Su punta externa es un cuerpo pequeño y redondeado que tiene el tamaño aproximado de un guisante y se llama glande. Un pliegue de piel que se llama prepucio cubre parcialmente el glande. (Véase la figura IV, pág. 54.)

El clítoris ha sido llamado el gatillo del deseo femenino. Es el punto más agudamente sensible que tiene la mujer para la excitación sexual y, hasta donde sabemos, no tiene ninguna otra función. La suficiente excitación física sólo del clítoris producirá en casi todas las mujeres el orgasmo. Por esta razón, muchos han pensado que el contacto entre el pene y el clítoris es el único factor importante para lograr el orgasmo. Se han realizado muchas intervenciones quirúrgicas para permitir una mayor exposición del clítoris. Sin embargo, tal cirugía raras veces ayuda a producir el orgasmo. Con el conocimiento que poseemos actualmente, esta cirugía no debe tenerse en cuenta hasta que se haya meditado bien en la información que ofrecemos en este libro y se haya aplicado a la relación sexual. Si el estímulo sexual causa dolor en el clítoris, puede haber algunas partículas de secreción endurecidas (esmegma) como piedras debajo de alguna de las adherencias del prepucio. Estas partículas pueden ser fácilmente quitadas y las adherencias pueden quedar liberadas mediante el uso de una pequeña sonda metálica. Este es un procedimiento simple que se hace en el consultorio del médico.

Usualmente el clítoris aumenta de tamaño cuando es acariciado, pero no hay necesidad de afanarse en caso de que esto no se produzca. En un estudio que se hizo de centenares de mujeres capaces de lograr el orgasmo, más de la mitad no mostraron ningún aumento notable del clítoris. En otras, este agrandamiento sólo fue escasamente notable al mirarlo o tocarlo. Este agrandamiento en su mayor parte tiene que ver con el diámetro, no con la longitud. El tamaño del clítoris, o su agrandamiento, no guardan ninguna relación con la satisfacción sexual, ni con la capacidad sexual. Hay dos puntos importantes:

1. El clítoris *tiene que* ser estimulado, bien directa o indirectamente, para que la esposa logre el orgasmo.
2. No hay diferencia en la sensación *física* del orgasmo, si éste se logra mediante la excitación del clítoris o mediante la relación sexual.

Cuando el clítoris es estimulado antes del acto sexual, la caricia leve, suave y lenta usualmente proporciona la mayor satisfacción. En pocos segundos, el glande llega a estar a menudo exageradamente sensible y hasta irritado, y si se toca en la parte de atrás del cuer-

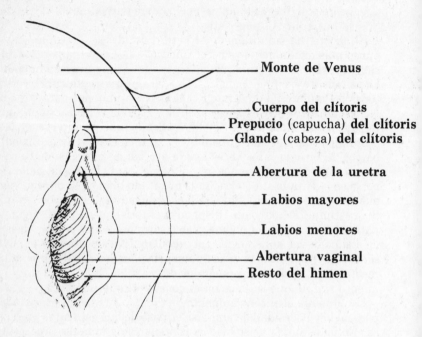

Monte de Venus

Cuerpo del clítoris
Prepucio (capucha) del clítoris
Glande (cabeza) del clítoris

Abertura de la uretra

Labios mayores

Labios menores

Abertura vaginal
Resto del himen

Figura V

Vulva u órganos externos femeninos (genitales externos)

El área situada entre la abertura de la uretra y la parte superior del cuerpo del clítoris es la región sexualmente más sensible del cuerpo de la mujer. Durante la excitación sexual, los labios menores se dilatan y disminuyen el tamaño de la abertura vaginal.

po del clítoris o en sus lados probablemente se obtendrá una sensación más agradable. Algunas esposas aun prefieren ser estimuladas en una zona completamente diferente, como los pechos, o la parte interna de los muslos, antes de pasar a las áreas que están cercanas al clítoris.

Los labios menores. También se les llama *labia minora,* que es el término en latín que significa labios menores. Hay dos pliegues paralelos de tejido terso, sin pelo y suave que se conectan con el prepucio sobre el clítoris y terminan precisamente debajo de la entrada a la vagina. Durante la excitación sexual, estos labios expanden su espesura normal unas dos o tres veces. Tocar suavemente estos pequeños labios produce una sensación más placentera que tocar el clítoris. Puesto que estos labios están conectados directamente por encima del clítoris, cuando el pene se mueve dentro de la vagina, hay fricción y tirones que producen sensación al clítoris. Por tanto, el estímulo directo del clítoris no siempre es deseable ni necesario para aumentar el disfrute sexual.

El hombre pudiera equivocarse por lo menos en un ochenta y cinco por ciento si piensa que sabe exactamente qué es lo que le gusta a su esposa en la excitación sexual. Así que todo marido debe descartar la idea de que es un experto. El marido realmente sabio entenderá que no sabe esto, y acudirá a su esposa en busca de explicación sobre la manera de estimularla. Mediante la comunicación verbal o por medio de señales sutiles, la esposa debe indicarle qué clase de excitación le produce mayor placer. Esta comunicación debe ofrecerse amorosamente cuando se necesite en cualquier momento de la excitación erótica previa al acto sexual o en la realización del orgasmo.

Los labios mayores. Se llaman también *labia majora,* que es el término equivalente en latín. Quedan en la parte externa y están paralelos a los labios menores. Normalmente están sobre la abertura vaginal y ofrecen protección contra la entrada del pene o de otros objetos en la vagina cuando ésta no ha sido estimulada. Con la excitación sexual, los labios mayores se repliegan hacia atrás y se aplastan.

El monte de venus. Es un pequeño cojín de grasa que sirve de protección y está situado sobre la sínfisis del pubis (la prominencia ósea que está por encima de los labios mayores).

El ciclo menstrual

El ciclo menstrual prepara, renueva y refresca el sistema reproductor durante un período de treinta a cuarenta años en la vida de la mujer. En estos órganos ocurre una continua actividad diaria que mayormente no se ve ni se siente, como resultado del estímulo de las hormonas femeninas. Hasta hace poco, esta actividad no era bien entendida. Hoy se entiende, y esto ha hecho posibles muchos avances en el control de la concepción y en el tratamiento de las irregularidades menstruales y de la falta de fertilidad.

Sólo se ha entendido claramente una de las etapas de todo el ciclo: la menstruación. El nombre viene de la palabra latina *mensis*, que significa mes, y es un derrame de sangre del revestimiento del útero que se produce aproximadamente una vez por mes. La menstruación abre el camino para un nuevo revestimiento, y es el único caso de la naturaleza en que la pérdida de sangre no significa daño, sino es más bien una señal de buena salud. Pudiéramos mencionar aquí que la palabra *menopausia* tiene el obvio significado de una pausa en la menstruación.

Cómo comienza la menstruación. El primer día del flujo menstrual se cuenta como el "día 1" del ciclo menstrual. El día cuando comienza el flujo, el revestimiento interno de la cavidad uterina ha crecido tanto que su espesor ha llegado a ser casi el doble de lo que fue después de la última menstruación.

El flujo menstrual es causado por el derrame del abultado revestimiento. El derrame ocurre por el hecho de que se descontinúa la provisión de ciertas hormonas. Estas hormonas se llaman estrógeno y progesterona.

El revestimiento totalmente desarrollado se compone de miles de pequeños vasos sanguíneos microscópicos, con millones de células que forman un suave tejido esponjoso. Los vasos sanguíneos actúan como soporte y al mismo tiempo llevan nutrimento a los tejidos. Estos suaves tejidos, ricos en provisión de sangre, han estado a disposición para la posible llegada de un huevo fertilizado. Si hubiera habido un huevo fertilizado, la provisión de la hormona progesterona (que tiene un nombre que significa "para gestación o embarazo") hubiera continuado manteniendo el revestimiento y hubiera evitado la menstruación.

Cuando se detiene la provisión de hormonas, se detiene también el crecimiento del revestimiento, y en el transcurso de dos o tres días la red de pequeños vasos sanguíneos comienza a contraer su tamaño. Esto impide que los tejidos circundantes los sostengan y los nutran. Toda la estructura se despega gradualmente, y los pequeños trozos de revestimiento comienzan a derramar sangre. En pocas horas, algunos de los vasos sanguíneos más débiles se abren, al principio sólo unos pocos a la vez, luego aumenta firmemente el número de ellos. Cada pequeño vaso sanguíneo derrama sus gotitas. Esta es la manera como comienza el flujo y pronto aumenta.

La cantidad total de flujo en promedio mensual es de unas dos o tres onzas, que sólo equivalen a unas cuatro a seis cucharaditas de líquido. La cantidad puede variar. En algunas mujeres puede ser menos de una onza. En otras puede ser mucho más.

No hay ninguna razón médica que aconseje evitar la relación sexual durante el período menstrual. No se produce ningún efecto nocivo como consecuencia de la penetración del pene, ni es dañina la sangre menstrual. Sin embargo, si el marido o la esposa consideran que la unión sexual en ese tiempo es desagradable, debe evitarse.

Cómo se detiene la menstruación. Tan pronto como cada una de las áreas del antiguo revestimiento ha derramado la sangre y queda limpia, los vasos sanguíneos de esa porción vuelven a su tamaño original, se sellan y vuelven a estar cerrados. Finalmente, sólo quedan unas pocas porciones en espera de llegar a la normalidad. El flujo se va deteniendo entonces gradualmente, y termina. Lo que hasta hacía poco era un revestimiento esponjoso de color rojo vivo queda ahora reducido a una superficie rosada y tersa que está dispuesta para el nuevo desarrollo. Así es como la menstruación comienza y termina, por primera vez en la adolescencia, y posteriormente cada vez que ocurra hasta llegar a la menopausia.

La duración de la menstruación. La cantidad del crecimiento del tejido y el derramamiento de sangre tienden a ser tan uniformes que la mayoría de las mujeres descubren que menstrúan el mismo número de días. El promedio de días es de cuatro a cinco. En el caso de algunas mujeres pueden ser sólo dos o tres. En el caso de otras puede ser una semana o más, pero el período es igualmente normal.

Duración del tiempo entre los períodos de menstruación. El número de días que transcurren entre menstruación y menstruación es generalmente mucho más uniforme que el número de días que dura el flujo. El promedio de duración del ciclo, desde el día 1 de la menstruación hasta el día 1 del siguiente ciclo es entre 26 y 32 días. Este sin embargo, es sólo un promedio, y casi todas las mujeres varían ocasionalmente por lo menos en dos o tres días; muchas varían de vez en cuando varios días; y algunas son siempre irregulares. Lo importante que hay que recordar es que a través de los años cada mujer establece su propio patrón general de menstruación, que llega a ser normal para ella, pero del cual se deben esperar de vez en cuando variaciones imprevisibles.

A una niña o a una mujer que está menstruando debe dejársela en libertad para que emprenda cualquier actividad que proseguiría si no estuviera menstruando. Específicamente, puede montar a caballo, nadar, emprender juegos que exigen esfuerzo agotador; lavarse el cabello o bañarse. Un estudio que se hizo en la Universidad de

Illinois en 1960 comprobó conclusivamente que en la vagina no entra una cantidad significativa de agua, cuando la mujer se sienta en la bañera o cuando nada.

Una de las primeras señales de cáncer de la cerviz pudiera ser la hemorragia después de la relación sexual. Una de las señales de cáncer del útero puede ser el reconocimiento de pequeñas cantidades de sangre entre los períodos menstruales. Si ocurre una hemorragia no usual, usted debe comunicarse con su médico para que le haga un examen, cuando la hemorragia se haya detenido por cuarenta y ocho horas.

Es importante que usted espere las cuarenta y ocho horas a fin de que la cerviz y la vagina no estén oscurecidas por la sangre y así se haga posible extraer exudado cervical o se pueda hacer una aspiración uterina. Si están presentes células de sangre fresca, no se puede tomar el exudado para el examen. No se debe practicar la ducha vaginal antes de este examen.

Concepción y embarazo

La fertilización ocurre en el refugio del oviducto de la madre, que es el canal que conduce desde el ovario al vientre. Ese es el lugar preciso para la unión exitosa del óvulo femenino con la célula espermática masculina.

El óvulo y el espermatozoide. El redondo óvulo femenino es la célula humana más grande. Sin embargo, es más pequeño que un punto (.). El espermatozoide masculino es similar en forma a una coma. Es mucho más pequeño que el óvulo. Tantísimo más pequeño que se necesitarían dos mil quinientos para cubrir esta coma (,). ¡Los espermatozoides que se necesitarían para repoblar el mundo podrían acomodarse en una tableta de aspirina. El óvulo es mucho más grande porque está cargado de alimento para sostener al embrión creciente en los primeros días. El óvulo, que es relativamente pesado, no tiene movimiento, pero el espermatozoide es ágil. Con el movimiento de la cola, que es fina como un cabello, la célula espermática puede impulsarse hacia adelante unos 25 milímetros en ocho minutos, lo cual, si tenemos en cuenta su tamaño, es una velocidad mucho mejor que la que puede desarrollar un atleta. A manera de comparación, un atleta tendría que correr a razón de ciento doce kilómetros por hora a lo largo de una distancia de cuatrocientos kilómetros para poder aproximarse a la velocidad y a la distancia que viaja un espermatozoide.

El óvulo y el espermatozoide se encuentran procedentes de diferentes direcciones. En la ovulación, el inmóvil óvulo es impulsado hacia afuera del ovario por una fuerza suave que surge de los fluidos, y es arrebatado por los flequillos *(fimbria)* que tienen forma de dedo hacia la abertura de la trompa de Falopio. Tendrá que ser fertilizado en un término de veinticuatro horas, de lo contrario se desintegrará.

Durante este tiempo, el óvulo estará en la parte superior del oviducto. El espermatozoide puede estar esperando allí, o puede llegar después que el óvulo. Las células espermáticas tienen un período más largo de vida que el óvulo. Permanecen vivas y vigorosas durante dos o tres días y, según algunas evidencias, pueden sobrevivir aun más. El espermatozoide no tiene que llegar exactamente en el tiempo de la ovulación. Puede llegar unas horas antes o después. Así hay un tiempo aproximado de unos cuatro o cinco días en cada ciclo mensual durante el cual puede ocurrir la concepción. (Véase la figura VI, pág. 60.)

En la relación sexual, los espermatozoides son eyaculados a través de una fina corriente algo enérgica que normalmente apunta hacia la estrecha entrada de la cerviz, y algunos pasan inmediatamente a través de ella. La entrada se hace fácil en el tiempo de la ovulación porque el mucus normalmente denso que protege la entrada a la cerviz, se hace más delgado y mucho más fluido.

¿Cómo se fertiliza el óvulo? La mayor parte de los millones de espermatozoides no logran hacer el viaje desde la vagina hasta el oviducto. Se cree que el primer espermatozoide que logra penetrar el óvulo puede crear un cambio químico que deja afuera a todos los demás.

El único espermatozoide que entra en el óvulo pierde su cola, la cual es absorbida, y su cabeza sola prosigue a través de la sustancia ricamente alimenticia del óvulo. Este único y pequeño espermatozoide lleva las fibrillas de la herencia del padre al centro del óvulo, donde están las fibrillas de la herencia de la madre. Estas fibrillas o filamentos se llaman cromosomas, y contienen millares de pequeñas unidades llamadas genes, que darán las específicas características genéticas o hereditarias a la nueva vida. Sólo en los filamentos de la herencia del padre estarán los genes que determinarán el sexo de la nueva criatura. Si ha de ser niño o niña, eso será solamente determinado por el espermatozoide que lleva el cromosoma determinante del sexo. En pocas horas, los cromosomas de la herencia procedente de los dos padres se unen. Ahora se ha formado un huevo fertilizado. En pocas horas, el huevo fertilizado comienza a dividirse y continúa dividiéndose hasta llegar a ser un racimo de células que parecen burbujas.

Los nueve meses del embarazo. El racimo de células es llevado

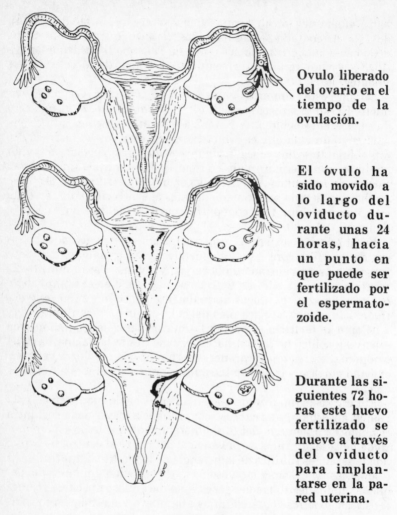

Ovulo liberado del ovario en el tiempo de la ovulación.

El óvulo ha sido movido a lo largo del oviducto durante unas 24 horas, hacia un punto en que puede ser fertilizado por el espermatozoide.

Durante las siguientes 72 horas este huevo fertilizado se mueve a través del oviducto para implantarse en la pared uterina.

Figura VI

El proceso de la fertilización

Cuando el óvulo es impulsado hacia afuera del ovario con una suave fuerza que surge de los fluidos, es arrebatado por los flequillos (fimbria) de las trompas de Falopio, que tienen forma de dedos, y llevado a lo largo del oviducto. Nótese que las trompas no están pegadas al ovario de ningún modo. Sin embargo, el pequeño óvulo es llevado milagrosamente hasta el sitio en que puede encontrarse con el espermatozoide.

oviducto abajo hacia el útero en unos cuatro días. Hacia el fin de la primera semana, llega a reposar en un punto, usualmente en la parte superior del útero. Allí se pega y se arraiga. Unos pocos vasos sanguíneos pudieran romperse durante este proceso que se llama implantación o anidación.

El racimo de células halla alimento en el revestimiento del útero, el cual fue preparado durante el ciclo menstrual. Hacia el fin de la segunda semana, el racimo comienza a formar un embrión. Ordinariamente, alrededor de este tiempo hubiera ocurrido la menstruación. La ulterior producción de hormonas pituitarias queda inhibida. Esto suprime la ovulación, mantiene el endometrio (revestimiento del útero), y pospone la menstruación durante todo el período del embarazo.

Externamente, los primeros dos meses de preñez traen pocos cambios a la madre. Los pechos se le agrandan y comienzan a ser tiernos como resultado del cambio a nivel hormonal. En algunas mujeres pueden producirse temporalmente vómitos por la mañana. Por allá después del día veintisiete, la placenta, que está unida al revestimiento del útero y vinculada con el embrión mediante el cordón umbilical, comienza una variedad de funciones necesarias para mantener el embarazo. Una de estas funciones es la producción de la hormona gonadotropina, procedente de la membrana que envuelve el huevo, llamada corión. Como la gonadotropina llega a una nivel alto durante un breve período de tiempo el hecho de detectarla en la orina sirve como prueba del embarazo. Esta prueba puede realizarse en pocos minutos con un alto grado de precisión. Otra de las funciones de la placenta es la producción de progesterona. Se hace cargo de esta importante función tan pronto como el ovario cesa de secretarla. Esta hormona es vitalmente importante durante el mantenimiento del útero embarazado e igualmente importante para impedir que los ovarios desarrollen otro óvulo maduro.

Tranquilamente está ocurriendo un tremendo cambio. Durante este tiempo se está formando todo el embrión desde la cabeza hasta los pies. Todos los rasgos de la criatura y todos sus órganos vitales comienzan a formarse en los dos primeros meses. El corazón comienza a palpitar alrededor del día veintidós, pero es tan pequeño todavía que no podrá oírse fácilmente durante cuatro o cinco meses más. Al final del primer mes, el embrión sólo es del tamaño aproximado de un guisante pequeño. Hacia el fin del segundo mes tiene unos veinticuatro milímetros de largo y es tan frágil que casi no tiene peso. En este tiempo se le da al embrión el nombre de feto. Puede mover los brazos y las piernas, voltear la cabeza, abrir y cerrar la boca, y deglutir.

Durante los últimos tres meses de embarazo, el sistema reproductor se agranda en tamaño y capacidad hasta donde lo permiten sus límites con el objeto de proveer alimento. La criatura aumenta unos dos kilogramos y medio o tres, parte de lo cual es un relleno de grasa. Procedentes del torrente sanguíneo de la madre, la criatura también acumula inmunidades esenciales contra las enfermedades. Maduran sus pulmones, mejora su fuerza y también su coordinación.

La capacidad del útero ya ha crecido unas quinientas veces. En el noveno mes se produce una reacción química, que escasamente se comprende, la cual causa profundos cambios en los grandes músculos del útero. Es el parto. En su primera etapa, los músculos del útero ejercen una fuerza de unos siete kilogramos por cada dos centímetros y medio cuadrados con el objeto de empujar a la criatura hacia afuera a través de la cerviz. La estrecha abertura de la cerviz se expande gradualmente para permitir que la cabecita y el cuerpo del niño pasen por ella. Después el niño expande las paredes de la vagina y sale a la luz.

El nacimiento

El nacimiento es notable, mucho más por el hecho de que los órganos de reproducción, habiendo realizado una enorme tarea, muy pronto regresan a su tamaño y funciones anteriores. Al término de aproximadamente un mes, vuelven a estar listos para comenzar de nuevo. Es probable que la primera ovulación después del parto ocurra alrededor de este tiempo. Aunque el hecho de estar alimentando al recién nacido puede apresurar el regreso de los órganos reproductores a su tamaño original y hacer que se demore la menstruación, no impedirá la ovulación, como piensan muchos. Por tanto, la concepción puede ocurrir antes del primer período menstrual que se presente después del parto. Más a menudo, este primer período se presenta seis semanas después del parto. La nueva madre debe volver a consultar al médico a las seis semanas, y a menos que ella desee que muy pronto le llegue otro embarazo, es necesario que consulte con él el método que desea utilizar para el control de la concepción. Aunque antes haya usado un método, tiene que ser reevaluado, en vista de los cambios físicos que le produjeron el embarazo y el parto.

Inmediatamente después del alumbramiento, la madre experimenta un gran descenso en su nivel de estrógeno, pues los ovarios casi no lo producen. Durante el embarazo lo produjo la placenta, pero ahora no está presente. Algunas madres nuevas se sienten muy deprimidas después de dar a luz a causa de su bajo nivel de estrógeno. También, si el niño continúa alimentándose de la madre durante varios meses, a ésta se le puede desarrollar un adelgazamiento del revestimiento vaginal, ya que el hecho de alimentar a la criatura suprime la producción de estrógeno. (Este adelgazamiento del revestimiento vaginal es como la vaginitis senial que se les produce a las mujeres de mayor edad durante los años de la menopausia.) El adelgazamiento del revestimiento vaginal hace que las relaciones sexuales produzcan dolor, y requiere el uso de crema de estrógeno. Esta se debe colocar dentro de la vagina una o dos veces diariamente hasta unas pocas semanas después que el niño haya dejado de lactar. Durante este tiempo, si se presenta incomodidad, los esposos no deben descuidar el amplio uso de la gelatina vaginal o algún otro lubricante antes de la unión conyugal.

Organos reproductores masculinos

Para que usted se ayude en la comprensión de la anatomía de los órganos sexuales masculinos, vea las figuras VII y VIII (páginas 64, 65). Hay tres órganos sexuales masculinos básicos:

1. El *pene*, con su glande y sus tejidos.
2. Los *testículos*, también llamados las gonadas o glándulas sexuales.
3. La *próstata,* con las *vesículas seminales.*

El pene

El hecho más obvio con respecto al pene es que, por medio del estímulo mental o físico, puede volverse rígido o erecto. El pene está formado por tres columnas de tejido esponjoso eréctil: la del centro contiene la uretra. La cabeza del pene se llama glande, y es muy sensible al tocarla. El glande contiene muchas terminaciones nerviosas que ayudan a producir las tensiones del orgasmo durante el contacto sexual.

Cuando nace el varón, el glande está cubierto con un pliegue de piel que se llama prepucio. Este requiere un cuidado especial para mantenerlo limpio y para evitar la acumulación de secreción grasosa (esmegma) que se acumula debajo de él. Si el prepucio es demasiado estrecho, puede interferir en la erección del pene y en la relación sexual. Por estas razones, la práctica de la circuncisión pocos días después del nacimiento ha logrado mayor popularidad como una medida higiénica. La circuncisión consiste en cortar una parte

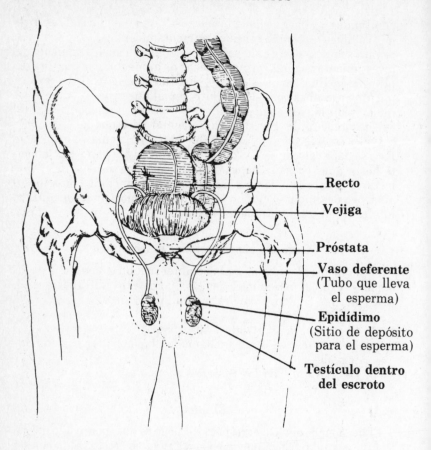

Recto

Vejiga

Próstata

Vaso deferente
(Tubo que lleva
el esperma)

Epidídimo
(Sitio de depósito
para el esperma)

Testículo dentro
del escroto

Figura VII

Vista frontal del sistema reproductor masculino

En esta vista de los órganos reproductores, nótese la relación entre ellos. Póngase especial atención a los vasos deferentes y a su inmediata accesibilidad al escroto. El vaso deferente se puede agarrar entre el pulgar y los dedos, y se siente como una delgada cuerda. En la operación que se llama vasectomía, fácilmente se puede quitar una parte de él.

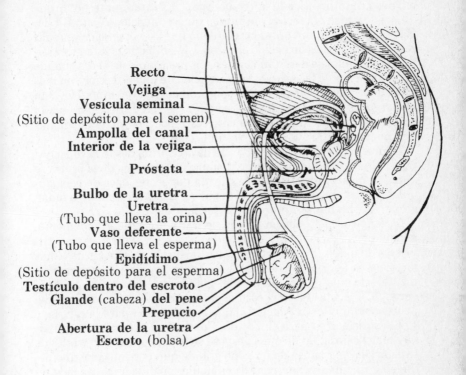

Recto

Vejiga

Vesícula seminal

(Sitio de depósito para el semen)

Ampolla del canal

Interior de la vejiga

Próstata

Bulbo de la uretra

Uretra

(Tubo que lleva la orina)

Vaso deferente

(Tubo que lleva el esperma)

Epidídimo

(Sitio de depósito para el esperma)

Testículo dentro del escroto

Glande (cabeza) del pene

Prepucio

Abertura de la uretra

Escroto (bolsa)

Figura VIII

Vista lateral del sistema reproductor masculino

El semen (el fluido seminal) es manufacturado y depositado en la próstata y en las vesículas seminales, de donde las contracciones lo fuerzan a salir a la uretra en el momento de la eyaculación. Como se ve, cualquier agrandamiento (hipertrofia) de la próstata puede interferir en el flujo de la orina a partir de la próstata.

suficiente del prepucio para dejar el glande expuesto.

Durante muchos años, algunos pueblos, por costumbre o norma religiosa, han practicado la circuncisión. Es interesante notar que ésta es la única operación quirúrgica que se menciona en la Biblia. Hace unos cuatro mil años, Dios ordenó que este operación se realizara a los ocho días de nacido el varón. Sin embargo, sólo en los últimos veinte años se descubrió que éste es precisamente el día cuando la coagulación de la sangre y la prevención de una infección son más favorables que en ninguna otra época de la vida del niño. Hoy, sin embargo, el tiempo de esta operación no es tan crítico, por cuanto contamos con instrumentos quirúrgicos modernos y con medicinas que pueden evitar y controlar la infección.

La uretra es un pequeño tubo que lleva la orina desde la vejiga y a través de la próstata y del pene. La abertura externa de la uretra se llama el meato. La uretra es lubricada por secreciones de las glándulas que están cerca de la base del pene. Estas secreciones ayudan a que el esperma se abra camino hacia afuera.

La longitud del pene en estado de flaccidez varía grandemente, pero el pene erecto usualmente mide entre trece y dieciocho centímetros de longitud. Sin embargo, la dimensión más pequeña o más larga no es anormal. Prácticamente todas las sensaciones sexualmente estimulantes ocurren en el glande del pene en el caso del varón, y en el clítoris en el caso de la mujer. Así que la longitud del pene tiene muy poca relación con la estimulación para la esposa, o con la satisfacción para el marido. Contrario a la creencia popular, hay más posibilidad de que la esposa sienta incomodidad y falta de satisfacción por causa de un pene grande que por causa de uno pequeño. Sin embargo, un pene de cualquier medida es capaz de ofrecer plena satisfacción. Durante la erección, el borde del glande se endurece un poco más que la punta, y así por medio de la fricción aumenta la excitación femenina. Por este motivo, en el pasado se asumió que otro de los beneficios de la circuncisión era que permitía que el borde sobresaliera más del tejido adyacente del pene. Sin embargo, recientes investigaciones prueban que en la relación sexual no hay diferencia si el hombre es circuncidado o incircunciso.

Los testículos

Los dos testículos están en el escroto o bolsa que se divide en un saco doble. Cada testículo tiene más o menos la forma y el tamaño del ovario femenino, que se parece a una nuez: veinticinco milímetros, por veinticinco milímetros, por doce milímetros. Cada testículo consiste de una masa de largos tubos que continuamente están manufacturando células espermáticas. El esperma se mueve del testículo hacia el epidídimo, que es otra red de tubos que cubre uno de los lados de cada testículo. El esperma es entonces llevado a las vesículas seminales a través de dos largos tubos llamados los vasos deferentes. Cada tubo mide alrededor de cuarenta y cinco centímetros de longitud y da una vuelta alrededor de la parte interior de la pelvis.

Cuando se realiza una vasectomía para esterilizar al marido, se corta una sección que mida entre tres y cinco centímetros a cada uno de los vasos o canales deferentes. (Véase la figura IX, pág. 68.) Esta intervención quirúrgica se puede hacer usualmente con anestesia local en el consultorio del médico, y el paciente puede regresar a su trabajo regular en el término de dos días. Esta operación no afecta la vida sexual. Sólo detiene el flujo del esperma desde los testículos hacia las vesículas seminales. Los hombres quieren saber qué les ocurre a los espermatozoides (células masculinas que van en el esperma) luego de efectuada la vasectomía. Las pequeñas células espermáticas aún se siguen produciendo, pero se disuelven y son absorbidas en el epidídimo.

El marido debe estar bien seguro de que no desea tener más hijos para pedir que se le practique la vasectomía, pues usualmente este tipo de operación es irreversible. Sin embargo, en algunos centros médicos de tipo altamente especializado se está realizando cirugía de restauración. El cirujano tiene que usar microscopios especiales para operar, instrumentos muy delicados, y diminutas suturas para reunificar las puntas cortadas de los canales deferentes. Esta es una operación larga y tediosa que cuesta varios centenares de dólares, y aun con tan delicada técnica quirúrgica, no hay seguridad de que vuelva la fertilidad.

Debe notarse que si la vasectomía no produce la esterilidad, este problema está relacionado con el tamaño de la parte que se cortó. Si se extrae un trozo de cinco centímetros, serán muy pocas las fallas; pero si sólo se extrae un corto segmento, el porcentaje de fallas aumentará algo. Esto se debe a que se puede formar tejido cicatrizante en los dos cortes, y a través de este tejido puede desarrollarse un nuevo conducto.

Si usted decide someterse a una vasectomía, pero todavía abriga cierta idea de que más tarde podría utilizar la cirugía de restauración para ser padre de otro hijo, comuníquele ese deseo a su cirujano, a fin de que extraiga sólo una pequeña parte de cada uno de los vasos deferentes.

Precisamente antes de entrar en la próstata, el canal de cada testículo se amplía para formar una ampolla o lugar reserva del

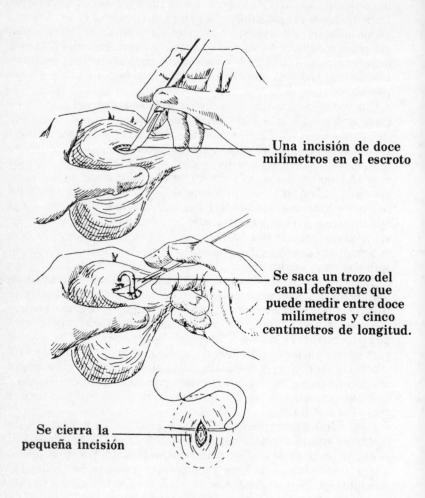

Una incisión de doce
milímetros en el escroto

Se saca un trozo del
canal deferente que
puede medir entre doce
milímetros y cinco
centímetros de longitud.

Se cierra la
pequeña incisión

Figura IX

Diagrama de una vasectomía

*Antes de hacer la incisión, se inyecta en la piel del escroto una pe-
queña cantidad de anestesia. Esta operación se realiza usualmente
en el consultorio del médico.*

semen. Al salir de estas dos ampollas se hallan las vesículas seminales, que son dos grandes sacos que están por encima y detrás de la próstata. Cuando las vesículas seminales se llenan de secreciones, hay estimulación del sistema nervioso. En el varón, por tanto, el deseo sexual surge periódica, espontánea y conscientemente, y se localiza en los órganos sexuales.

Mientras los espermatozoides, o células espermáticas, se hallan en las vesículas seminales, se mantienen unidos mediante una secreción lubricante que los ayuda a seguir hacia su próxima tarea, nadando. Luego se agregan otras secreciones similares para formar el fluido seminal final, el que entonces queda depositado hasta su eyaculación. Durante el clímax sexual (la eyaculación), el fluido es forzado a salir de las vesículas seminales a través de diminutos tubos que se encuentran en el ducto eyaculatorio situado precisamente antes de entrar a la base del pene. Las contracciones musculares que ocurren en los músculos pélvicos circundantes y en la próstata fuerzan de repente al fluido seminal a pasar por la base del pene, y luego a través del canal de la uretra, hasta salir por el meato. Este fluido se proyecta vigorosamente, y puede llegar a una distancia de treinta a sesenta centímetros, si no hay nada que lo obstaculice. La contracción de la próstata ofrece gran parte de la sensación placentera que se experimenta en el clímax sexual.

La próstata

La próstata es una glándula muy importante similar en tamaño y forma a una nuez de roble grande. La próstata rodea el pasaje urinario precisamente en la base de la vejiga y está localizada entre ésta y la base del pene. En algunos hombres, después de pasar de los cincuenta o sesenta años de edad, la próstata puede aumentar gradualmente de tamaño, lo cual bloquea el flujo de la orina a partir de la vejiga. Esto hace necesario una operación llamada prostatectomía, es decir, la eliminación de la próstata. Después de esta operación, al producirse la eyaculación, el semen se va a menudo hacia la vejiga, en vez de irse a través del pene hacia la vagina. Esto no altera grandemente la sensación física del orgasmo del hombre, pero se hace necesario seguir las instrucciones de un urólogo, si se desea lograr un embarazo.

Si se producen episodios repetidos de falla en la eyaculación, especialmente después de prolongados períodos de excitación sexual, puede haber algún daño en la próstata que pudiera conducir a una condición que se conoce con el nombre de prostatitis. (Esto también les ocurre a los hombres que no se han casado, pero que pasan ratos prolongados de caricias.) Entre los síntomas se encuentran un dolor en la parte baja de la espalda, presión pélvica, descarga de la uretra y un leve dolor al orinar. Aunque la orina usualmente está libre de infección en estos casos, la próstata se agranda, y algunas veces se pone tensa y muy tierna.

Al hombre que tiene relaciones sexuales según un programa de frecuencia limitada (como, por ejemplo, los agentes viajeros o los conductores de camiones que están fuera del hogar a intervalor regulares), a menudo se le desarrolla una próstata congestionada durante los períodos de abstención. Cuando tiene frecuentes relaciones sexuales, la próstata se mantiene produciendo fluido seminal. Pero cuando se detiene la actividad sexual, la próstata continúa trabajando al mismo ritmo para producir fluido, y la congestión resultante pronto produce prostatitis.

Esto requiere medicación prescrita por el médico y masajes prostáticos dos veces por semana. Estos masajes debe darlos el médico, colocando el índice en el recto y aplicando presión firme a la próstata, que usualmente se halla en estos casos inflamada y delicada. Este tratamiento puede durar de tres a ocho semanas.

La mayoría de los maridos que tienen prostatitis se alegran al saber que el aumento en la frecuencia de las relaciones sexuales es una clara ayuda para acelerar la recuperación y prevenir posteriores dificultades. Sin embargo, algunos hombres me han dicho que sus esposas *nunca creyeron* que a los maridos se les da tal información como parte de la prescripción médica. ¡En la actualidad, yo entrego a cada paciente de prostatitis una receta *escrita* que contiene dicho consejo!

El semen

Precisamente después de la próstata están las dos aberturas de las glándulas que secretan mucus para lubricar el canal urinario a fin de permitir un fácil movimiento del semen durante la eyaculación. Algo de este fluido lubricante puede escaparse del pene durante la erección antes del clímax (orgasmo). Este fluido, junto con las secreciones de la vagina, ayuda a proveer una fácil entrada del pene a la vagina. Este flujo durante la excitación es natural y benéfico y no significa que se está perdiendo el semen, ni es una señal de debilidad sexual o enfermedad venérea. Sin embargo, hay que tener mucho cuidado, pues puede haber suficientes espermatozoides en esta pequeña cantidad de fluido lubricante como para producir un embarazo. Esta es una de las razones por las cuales el retiro del pene de la vagina precisamente antes de la eyaculación no es efectivo como medio para el control de la natalidad.

Generalmente se conviene en que hay entre doscientos cincuenta y quinientos millones de espermatozoides en la media cucharadita de semen que se eyacula durante un contacto sexual normal luego de tres o cuatro días de abstinencia. Se estima que una cantidad menor de sesenta millones por centímetro cúbico usualmente es inadecuada para la fertilización. Pero una investigación reciente ha indicado que la concepción es aun posible con un poco menos de veinte millones de espermatozoides por cintímetro cúbico. Un bajo número de espermatozoides requiere algunos procedimientos simples pero especializados para hacer el mejor uso de los que se producen. El tema de la fertilidad y sus procedimientos se expone en el capítulo once de este libro.

Primariamente, el semen es proteína, similar a la que se halla en la parte blanca del huevo, y no es sucio ni insalubre, a pesar del olor que lo caracteriza. No aconsejamos practicar la ducha vaginal luego del acto sexual, pero algunas mujeres pueden producir gran cantidad de fluido lubricante, que mezclado con el semen produce suficiente material de descarga como para causar molestia. Estas mujeres ocasionalmente pudieran desear ducharse. Para algunas les resulta más fácil insertarse un tapón unos pocos minutos después de la relación sexual.

Similitudes entre lo masculino y lo femenino

Al concluir esta parte que se refiere a la fisiología, es interesante comprender que los órganos sexuales femeninos y masculinos se desarrollan de las mismas estructuras. Las más obvias de estas estructuras similares u homólogas son el clítoris y el pene. En el clítoris se repiten, reducidos y modificados, los principales elementos del pene masculino. Los tejidos esponjosos del clítoris que se llenan de sangre son similares al glande del pene con sus numerosas terminaciones nerviosas y su gran sensibilidad. Los músculos de la base de pene se repiten en los músculos pubococcígeos que rodean la vagina. Los "labios mayores" femeninos son la parte que se corresponde con el escroto masculino. Hasta cierto punto, el encuentro de los pliegues de los labios internos sobre el clítoris se corresponde con el prepucio que recubre el glande del pene.

Está claro que los órganos sexuales, tanto masculinos como femeninos, tienen otras funciones además de la propagación de la raza. Aun antes que el ser humano esté plenamente maduro y sea capaz de reproducirse, las glándulas sexuales (los ovarios de la mujer y los testículos del hombre) han comenzado su obra de hacer a la mujer o de hacer al hombre, pues manufacturan algunas de las hormonas que estimulan y controlan el ritmo del desarrollo físico, el crecimiento mental y la madurez sicológica.

Ahora, cuando nos dedicaremos a la discusión de los procesos que están involucrados en la respuesta sexual, apreciará usted la razón de este detallado estudio sobre la anatomía de los órganos sexuales.

5

Una carne: las técnicas del acto sexual

Dentro de la intimidad de su matrimonio y en la intimidad de su dormitorio, el hombre y la mujer aprenden gradualmente el significado del pronunciamiento de Génesis: "serán una sola carne".

Nótese, por favor, que éste es un proceso de *aprendizaje*. El marido y la esposa descubren progresivamente cómo proveerse mutuamente el placer. Comienzan con alguna información explícita (cuanta más tengan, tanto mejor). Luego prosiguen con el creciente deleite que hallan en la experiencia y la aplicación de la información que poseen sobre cómo practicar el acto sexual amoroso e impartir gozo al cónyuge.

En tiempos pasados, varios inconvenientes habían bloqueado este proceso de aprendizaje. Ante todo, las novelas románticas y las películas que sugerían que "todo se produce naturalmente" habían lavado los cerebros de las jóvenes parejas. Luego, muchas personas defienden sus capacidades como amantes. Piensan que tienen que pretender que saben todo, o admitir de otro modo que tienen deficiencias en la personalidad.

En el día de hoy, las parejas cristianas cada vez más buscan consejo en lo que se refiere a la relación sexual, por cuanto no quieren depender del proceso de prueba y error, que puede conducir a la satisfacción o no conducir a ella. Están comenzando a entender que el Señor diseñó la bendición y el placer para ellos, y no quieren saltar por encima de tal designio. La primera razón del matrimonio, según la Biblia, es la necesidad de compañía: "No es bueno que el hombre esté solo". Si en algún aspecto, ya sea espiritual, físico o sicológico, el marido y la mujer no son uno entre sí, en ese aspecto están *solos*. Algunas parejas pueden estar bellamente relacionadas en una mente y un espíritu. Pueden tener un buen matrimonio en muchos sentidos. Pero su vida matrimonial seguirá siendo incompleta e insatisfecha, si no saben complacerse el uno al otro en la intimidad de su relación física.

En estos días se consiguen de inmediato libros que indican detalladamente cómo lograr esto, de tal modo que hay una gran información disponible. Infortunadamente, algunas de estas publicacio-
nes contienen errores desde el punto de vista médico, y otras son
crudas y de mal gusto en cuanto a presentación. Peor aún, no dan
en el blanco en lo que respecta al lector cristiano, el cual comprende
que en este asunto está involucrado mucho más que una egoísta
búsqueda de la sensación física. El amante que discierne se acerca a
esta experiencia sabiendo que el más delicado placer proviene del
gozo exquisito de complacer al ser amado.

El acto del amor se experimenta como un solo episodio extático
que disfrutan los dos cónyuges que involucrados, pero médicamente, para analizarlo, se puede dividir en cuatro fases que reflejan los
cambios físicos que ocurren. Antes de discutirlas, consideremos el
ambiente físico que conduce mejor a una relación significativa. Lo
más importante es la necesidad de que esto ocurra verdaderamente
en privado. Cuando usted esté pensando en comprar o construir una
casa, debe poner especial atención en que el dormitorio y el baño
matrimoniales estén tan aislados como sea posible de las demás ha-
bitaciones. Todo dormitorio matrimonial necesita una buena cerra-
dura, que se controle desde adentro, por su puesto. A todo niño debe
enseñársele que no debe perturbar a la madre y al padre cuando la
puerta del dormitorio de ellos está trancada. Si una pareja ha de
concentrarse totalmente el uno en el otro (lo cual es necesario para
el máximo deleite), deben estar seguros de que están protegidos de
toda clase de intrusión. Por ninguna circunstancia debe usted permitir que un niño duerma en el dormitorio matrimonial, excepto tal
vez el recién nacido durante sus primeros seis meses de vida o
menos.

La cuestión de la iluminación del dormitorio también debe tenerse en cuenta. Algunas esposas se sienten más capacitadas para
abandonarse a sí mismas al máximo deleite al practicar la relación
sexual en un dormitorio que tenga muy poca luz o que no tenga ninguna. Sin embargo, el marido se siente grandemente estimulado al
ver el cuerpo de su esposa y observar los movimientos de respuesta
de ella y su expresión de deleite. Por esta razón, tal vez los esposos
quieran variar el ambiente entre la oscuridad y una luz tenue, quizás la de una vela. Recordemos que el misterio del cuerpo intensifi-
ca la experiencia amorosa.

Primera fase: La excitación sexual

Este tiempo de estimulación sexual, que a menudo se llama la introducción, puede resultar deleitoso para los dos, si el marido com-

prende que la ternura de él en este punto prepara a la esposa para el acto sexual en sí. A la mayoría de las mujeres les encanta ser cortejadas y ganadas. (Que el hombre indique mediante el modo como se acerca a su esposa que le está demostrando su amor, y no reclamando la relación sexual como un derecho que le corresponde.) ¡Marido, les prevengo para que no sean apresurados, crudos, rudos, mecánicos ni impacientes!

Antes de comenzar el juego sexual, un buen baño le indica al cónyuge la importancia del evento de la unión física. Cuando uno es casado, el hecho de bañarse por la noche antes de acostarse tiene un buen sentido. ¿Cuándo durante el día estaría uno en un contacto tan íntimo con otra persona como durante la noche, cuando duerme con ella? El bañarse y afeitarse por la noche demuestra amor, respeto y previsión de que ha de haber contacto y cercanía.

El juego tranquilo del amor comienza con los besos, los abrazos, las caricias y los mimos. El contacto más efectivo tanto para el hombre como para la esposa en la primera parte del juego sexual consiste en acariciarse suavemente *todo* el cuerpo. Esta palabra *todo* incluye todo y no excluye nada. Los esposos no deben tocarse sólo aquellas partes que parecen estar directamente relacionadas con la excitación. Al cónyuge le pueden agradar las caricias en la parte interna de las caderas, en las nalgas y en la parte inferior de atrás, en los lóbulos de las orejas, en la parte de atrás del cuello, o . . . en cualquier parte. Las caricias en todas las partes del cuerpo indican un interés en la persona total. Como dijo Salomón: "Toda tú eres hermosa, amiga mía, y en ti no hay mancha" (Cantares 4:7). Y su esposa, la sulamita, dijo con respecto a Salomón: "Todo él (es) codiciable. Tal es mi amado, tal es mi amigo. . ." (Cantares 5:16).

Las caricias mutuas *nunca* deben realizarse con apresuramiento. Sólo la lujuria y la gratificación de uno mismo se realizan con apresuramiento. ¡Los esposos deben tomarse tiempo para disfrutar plenamente el uno del otro! Es importante comprender el tiempo del acto sexual. Debe haber una elevación gradual y una intensificación paulatina de las emociones y sensaciones. Los esposos no deben detenerse ni abandonar la excitación una vez comenzada, sino continuar en una excitación sexual cada vez más creciente. Durante esta fase, un abrazo prolongado o cualquier período de calma serviría para bajar o revertir las tensiones sexuales, especialmente en la esposa. El movimiento de las caderas de ellas contra las de él, de los pechos femeninos contra el pecho de él y de acariciarse mutuamente los hombros y las espaldas son acciones mucho más excitantes que un estrecho abrazo. El hecho de mover cada parte del cuerpo contra la parte correspondiente del cuerpo del cónyuge eleva grandemente las tensiones sexuales.

La unión matrimonial deja en libertad a los cónyuges para disfrutar de sus cuerpos en cualesquiera formas que sean más agradables, siempre que los dos disfruten de ellas. Sin ninguna clase de restricciones (que no sean aquellos actos egoístas que hieren al cónyuge o que provocan su disgusto), la pareja debe sentirse libre para experimentar y "conocerse" mutuamente en el sentido más íntimo posible. El amor involucra el íntimo contacto corporal y el placer de ver, tocar y disfrutar con todos los sentidos. Que éste sea el principio guiador para los esposos en el juego del amor.

El primerísimo signo de excitación sexual en el esposo es la erección del pene, y esto ocurre a los pocos segundos de haber comenzado las caricias, o con una visión estimulante o con un pensamiento erótico. Luego de sólo uno o dos minutos, si continúa la excitación efectiva, el hombre pasa a la segunda fase, que es la de la excitación creciente. Si esta fase de la excitación puede prolongarse de diez a veinte minutos o más, se obtendrá un orgasmo mucho más sobrecogedor. En este caso, la esposa tendrá que mimar ocasionalmente el cuerpo del pene para mantenerlo en plena erección durante todo este tiempo.

En la esposa, la lubricación de la vagina puede ocurrir a los diez segundos de haber comenzado la excitación sexual. Esto se corresponde con la erección del pene masculino, pero para la mujer sólo es una señal del comienzo de la excitación y no significa que está lista para el acto sexual.

Segunda fase: La excitación creciente

Luego del comienzo de la fase de la excitación sexual, se presenta una transición gradual no bien definida hacia la excitación creciente. Luego del período de contactos de otras partes del cuerpo, tal vez el marido quiera tener el regocijo de mimar los pechos de la esposa, y las caricias y besos de él también pueden ser muy excitantes para ella. De los mimos él debe pasar a las caricias levemente más intensas a medida que se eleva en ella la excitación. Las últimas etapas de la excitación manual sobre los pechos de la esposa deben realizarse sobre el área del pezón y deben graduarse con suaves besos y toques. Los pezones se pondrán más firmes y sobresaldrán del pecho. Luego, a medida que la excitación aumenta, el pezón puede dar la apariencia de estar algo escondido a causa del aumento de tamaño en los tejidos circundantes. Puesto que el pezón llega a ser más sensible con el contacto manual, esta congestión circundante ayuda a proteger al pezón de la excesiva excitación.

En este momento, unas suaves caricias sobre los órganos genitales aumentarán grandemente la excitación sexual. El acercamiento del uno al otro debe ser creador e imaginativo, en vez de ser áspero, desatinado o pronosticable. Hay que recordar, siempre, que el hecho de estimular la imaginación ayuda a producir la mejor respuesta, tanto de parte del hombre como de la mujer.

El contacto de la boca con el órgano genital del cónyuge es un asunto que sólo concierne al marido y a su esposa. Si los dos disfrutan de él y les parece placentero, entonces puede adoptarse adecuadamente en sus prácticas amorosas. En caso de que alguno de los dos cónyuges tenga alguna vacilación al respecto, tal contacto agregaría muy poco al placer de la relación, y, por tanto, debería descontinuarse.

Una de las metas de este juego amoroso es llenar un baúl de tesoros con recuerdos de experiencias deleitosas de amor que despertará las respuestas en las oportunidades posteriores cuando los esposos estén juntos en esta forma.

El Cantar de los Cantares de Salomón (2:6 y 8:3) describe una posición ideal para intensificar el juego de amor: "Su izquierda esté debajo de mi cabeza, y su derecha me abrace". Eso lo dice la esposa. (La palabra hebrea que se tradujo *abrace* usualmente significa abrazar amorosamente, mimar o estimular con suaves toques.) En esta posición, la esposa está acostada de espaldas, con las piernas extendidas, cómodamente separadas, y su esposo está acostado a su lado con el brazo izquierdo bajo la nuca de ella. De este modo, puede besarle los labios, el cuello y los pechos, y al mismo tiempo tiene libre la mano derecha para acariciarle los órganos genitales.

A medida que la excitación continúa provocando, el clítoris aumenta de tamaño y los labios menores, que están a la entrada de la vagina se agrandan unas dos o tres veces. Este agrandamiento de la vagina externa reduce la abertura para agarrar efectivamente el pene. Otras reacciones que pueden producirse son la tensión de los músculos, el aumento del promedio de pulsaciones, y algunas veces un brote general de la piel, similar a un salpullido, especialmente sobre la parte superior del abdomen y en el pecho. Puede haber contracciones casi espasmódicas en algunos grupos de músculos de la cara, del pecho, del abdomen y de las nalgas. La contracción voluntaria del esfínter, músculo que sostiene cerrado el ano, y algunas contracciones voluntarias de los músculos de las nalgas, pueden elevar la tensión sexual.

Antiguamente se pensaba que la esposa debía restringir sus deseos naturales, en tanto que el marido debía descargarse lo más pronto posible. Lo opuesto a esto es lo cierto. La esposa debe aprender a soltarse y estar tan libre como sea posible, mientras el hombre debe aprender a controlar el tiempo de su respuesta.

La esposa debe concentrarse en sus sensaciones físicas de tal modo que pueda comunicar sus etapas de progreso al marido con miradas, toques y amorosa comunicación verbal. Esto se recomienda para que él pueda percibir el nivel de excitación sexual de ella y regular el tiempo de su juego amoroso en forma adecuada. Una de las fuentes más comunes de infelicidad sexual es el hecho de que la esposa no le dice francamente al marido qué es lo que la estimula ni cuándo está dispuesta para cierta clase específica de estímulo.

Aunque las caricias del marido en los órganos genitales de la esposa son vitales para el orgasmo de ella, las caricias de la esposa en los órganos genitales del marido usualmente no aceleran el orgasmo masculino. Mientras la excitación va en crecimiento en ambos cónyuges, si la esposa toca los órganos genitales del marido, eso puede resultarle a él calmante y agradable.

Las caricias muy suaves y leves de la esposa deben centrarse en torno a la parte interna de las caderas, al escroto y a la superficie del cuerpo del pene. La excitación en estos lugares mantendrá la erección del pene. Los toques en el escroto deben ser muy tenues, puesto que el escroto es muy sensible a la presión. Mimar la cabeza del pene y el frenillo de la parte inferior del cuerpo de dicho órgano aumentará grandemente la excitación del marido, pero también puede producir la eyaculación antes del tiempo esperado. Al mimar amorosamente y tocar los órganos genitales del marido, la esposa lo calma y tranquiliza las reacciones de él, en tanto que aumenta la excitación de ella.

El clítoris, y no la vagina, es el centro de la respuesta femenina, y la excitación de este órgano produce el orgasmo en casi todas las mujeres. El aumento de la excitación sexual se producría mediante el juego manual en el clítoris y en la zona que lo rodea, más a menudo que colocando los dedos en la vagina. A medida que progresa la excitación en la mujer, el cuerpo del clítoris se agranda y se hace más firme. El clítoris firme se puede sentir usualmente en la parte alta de los labios circundantes sobre la vagina. Antes de la excitación sexual es muy difícil aun hallar el cuerpo del clítoris, y es importante notar que en el treinta por ciento de las mujeres, no se produce un discernible agrandamiento del clítoris durante la excitación sexual.

Si el marido ha estimulado suficientemente a la esposa, algo de la lubricación natural interna puede salir a la parte externa de la vagina. Cuando el clítoris está bien lubricado será sexualmente más sensible al toque del marido. Si la esposa no produce suficiente lubricante natural, se puede usar un poco de gelatina vaginal para lubricar el clítoris y la abertura de la vagina. (Hay que tener el cuidado de entibiar un poco esta gelatina. Para ello se sostiene el tubo que la contiene bajo un chorro de agua más o menos caliente, antes de acudir al lecho conyugal.) El hecho de aplicar la lubricación puede en sí ser excitante para la esposa, pues le muestra el tierno cuidado que le tiene su marido. El tratar de estimular el clítoris no lubricado, o de insertar el pene en la vagina seca, indica falta de comprensión o egoísmo, y eso debe evitarse. La sensibilidad del clítoris aumenta en algunas mujeres hasta el punto en que la exagerada excitación directa puede ser desagradable y hasta irritante. Por tanto, el movimiento de los dedos del marido debe dirigirse hacia la zona que circunda inmediatamente el clítoris. Un movimiento consecuente y persistente de los dedos del marido a lo largo del cuerpo del clítoris usualmente es lo más efectivo para elevar la excitación sexual de ella.

Cuando los labios menores, que están a un lado y otro de la abertura vaginal se agrandan o inflaman, el marido recibe una importante indicación en cuanto hasta dónde ha llegado la esposa en su excitación sexual. Estos labios internos pueden agrandarse tanto que se proyectan más afuera que los labios externos. El esposo sólo puede saber cuándo ocurre esto aprendiendo a detectar este agrandamiento con las yemas de los dedos mientras estimula a su esposa. Tal abultamiento de los labios internos es la señal física más observable que le dice al marido que la esposa está lista para que le inserte el pene.

Aconsejo al marido que, aunque ésta es una señal de que todo está listo, nunca debe insertar el pene, hasta que la esposa se lo indique mediante una señal. Siempre debe insertar el pene de la manera más suave, y nunca proceder de inmediato con una vigorosa arremetida, ya que esto usualmente disminuye la excitación en la mujer. La mayoría de las parejas han descubierto que es muy ventajoso que la esposa tome el pene y se lo inserte a sí misma. Ella sabe exactamente por dónde debe entrar. Esto evitará la interrupción en este momento tan importante. Aun después de la entrada del pene, ella pudiera necesitar suaves caricias en el clítoris para aumentar la excitación hacia el orgasmo. Se ha estimado que el treinta por ciento de las mujeres regularmente requieren excitación manual del clítoris para lograr el orgasmo.

Las posiciones de los cuerpos de los dos deben adaptarse a su propia individualidad. No debe haber modelos, aunque al principio de la vida matrimonial, la esposa, que no ha experimentado la dilatación de sus tejidos a causa del embarazo y el parto, puede sentir que ciertas formas de entrar el pene le causan incomodidad. Después de haber dado a luz varios hijos, los tejidos que rodean la vagina estarán dilatados, y entonces la esposa se sentirá más cómoda en diversas posiciones. Hay que recordar que el cambio de posición puede restaurar el interés y estimular la excitación; pero las nuevas posiciones que se elijan deben ser cómodas y agradables tanto para el marido como para su mujer. Vale la pena notar que el ritmo correcto del movimiento es tan importante como la posición correcta para lograr una respuesta satisfactoria de parte de cada uno de los cónyuges.

La posición del hombre arriba es ciertamente la más usada, y le da al marido libertad de movimiento, además del más grande control de su fuerza y rapidez en la propulsión. Muchas parejas consideran que ésta es la más satisfactoria de todas las posiciones. La esposa se acuesta boca arriba con las piernas extendidas, cómodamente separadas. El esposo se acuesta sobre ella, sosteniendo su peso sobre los codos y con las piernas dentro de las de ella. Luego de la introducción del pene, las piernas de ella pueden separarse aun más, o cerrarse, dentro de las de él, o puede envolverlas alrededor de las de su esposo o alrededor del cuerpo de él.

Si se escoge **la posición de la mujer arriba,** el marido se acuesta boca arriba, en tanto que la esposa se sienta a horcajadas sobre su cuerpo y se inclina hacia adelante. *Ella* misma se inserta el pene en un ángulo aproximado de cuarenta y cinco grados, y se mueve hacia atrás sobre el cuerpo del pene, en vez de sentarse sobre él. Luego toma cualquier posición que le sea más estimulante y cómoda. Esta posición le permite a la esposa, mediante sus movimientos, controlar el tiempo y el grado exactos para el impulso que le ofrece a ella la mayor respuesta sexual. La colocación de las piernas de cada cónyuge gobernará la penetración más o menos profunda del pene, según lo que se prefiera. La posición en la cual la mujer está arriba le concede al marido acceso a los pechos femeninos. También tiene el libre uso de sus manos para estimular el clítoris, si es necesario, mientras están unidos en la relación sexual. Esta posición es ventajosa cuando el marido es grande y la esposa pequeña, y algunas veces resulta más cómoda, cuando el abdomen aumenta de tamaño durante el embarazo.

Cuando se comienza la relación sexual con la posición de la mujer arriba, la esposa asume **la posición lateral** o *lado a lado*, inclinándose hacia adelante y cambiando levemente su cuerpo hacia la derecha, colocando su pierna derecha entre las piernas de su marido. Luego ella dobla su pierna izquierda sobre la pierna derecha de él. Las ventajas de la posición lateral son las siguientes: cada cónyuge tiene por lo menos una mano libre para mimar y acariciar; cada uno queda libre para impulsar o rotar las caderas; ninguno tiene que soportar el peso con las manos y las piernas; y ninguno queda inmovilizado por el peso del cuerpo del otro.

La posición del hombre detrás raras veces se usa, pero pudiera probarse de vez en cuando, y también puede utilizarse en la última parte del embarazo. Tanto el esposo como la esposa se acuestan de lado, mirando los dos hacia la misma dirección, el esposo detrás de la esposa. El pene se coloca en la vagina por la parte de atrás. Las desventajas son las siguientes: el pene no tiene contacto con el clítoris; y la pareja no puede besarse durante la relación sexual. Esta posición deja libres las manos del marido para acariciar el cuerpo y los pechos de su mujer y estimular el clítoris.

Aquí hemos descrito las posiciones básicas. Hay otras que se discuten en el capítulo doce, donde se trata el tema de la relación sexual durante el embarazo. De todos modos, los esposos deben sentirse libres para explorar el placer que pueda haber en otras posiciones que se imaginen que los excitarían y que, por supuesto, serían aceptables para ambos cónyuges.

Debe entenderse que el tamaño del pene no tiene ninguna relación con la cantidad de placer que cualquiera de los cónyuges obtiene en la relación sexual, pues sólo los cinco centímetros externos de la vagina contienen tejido que es estimulado por la presión en la parte interna. Muchos hombres piensan que la profunda penetración del pene da a sus respectivas esposas mayor excitación. Pero realmente el mejor contacto con el clítoris es el que aumenta la excitación sexual de ella hasta el punto del orgasmo.

Tercera fase: El orgasmo

El orgasmo del hombre consiste en la tensión involuntaria de los músculos y contracciones, con una sensación que se centra específicamente en el pene, la próstata y las vesículas seminales. Su orgasmo se completa cuando expele el semen.

Maridos, hay cinco cosas que aumentarán la intensidad y el placer físico de su orgasmo: (1) Luego de haber experimentado un orgasmo, espere por lo menos veinticuatro horas antes de tener otro, a fin de permitir que el cuerpo almacene mayor volumen de fluido seminal; (2) Alargue el período de introducción a la excitación amorosa de tal modo que el pene pueda permanecer erecto unos veinte minutos; (3) Aumente el factor imaginación viendo y sintiendo la extática respuesta de su esposa a la excitación física inteligente y hábil que usted le ofrece, que la conduce hasta el punto del máximo placer físico; (4) Contraiga voluntariamente los músculos de su esfínter anal durante el orgasmo; (5) Aumente la fuerza de impulso mientras se produce su orgasmo.

El orgasmo de la esposa consiste en una serie de contracciones rítmicas de los músculos de la vagina inferior (llamados músculos pubococcígeos). Ella puede aumentar la intensidad de las sensaciones físicas vigorizando sus contracciones musculares y agregando sus propios movimientos pélvicos a los de él, al abandonarse en la búsqueda del orgasmo. Cuando los movimientos físicos de ella responden a la estimulación de él, y la concentración mental se combina para el alcance total de la satisfacción, ella también experimenta esta maravillosa sensación física diseñada por el Creador. Ese es exactamente el clímax: un punto en que el sentimiento se describe mejor como un éxtasis.

Durante los pocos segundos de la intensa sensación que se conoce con el nombre de orgasmo, tanto el marido como la esposa experimentan diversas respuestas musculares, aun muecas faciales. Mientras ambos se mueven rítmicamente, por lo general se agarran con fuerza. Los hombres y las mujeres no se dan cuenta algunas veces de sus extremos esfuerzos musculares durante el orgasmo; pero no es raro que al día siguiente sientan dolores musculares, particularmente en la espalda y en las caderas.

Tan pronto como el marido termina la eyaculación, debe inmediatamente comenzar a estimularle el clítoris a la esposa, a fin de que ella experimente repetidos orgasmos. ¡La mujer fue diseñada precisamente en esta forma! Ella no debiera tener que pedir esto, ya que toda la relación sexual es un esfuerzo por complacerse mutuamente. Esto significa que no es deseable cambiar el ritmo de las cosas al tener que pedir algo para ella misma. Por deseo natural, el esposo debe ofrecerle todo el placer que sabe que le puede dar, y la esposa se puede sentir intensamente complacida por esta continua excitación.

Aunque llegar al orgasmo simultáneamente puede ser el objetivo de los amantes, eso casi no es tan importante como tener por meta el mutuo deleite. Algunos comienzan a experimentar el orgasmo simultáneamente tan pronto como llegan a entenderse más íntimamente el uno al otro. Lo que importa es que los dos cónyuges queden plenamente satisfechos en cada encuentro sexual.

El tiempo es esencial. Los esposos deben tomar el tiempo necesario para el estímulo sexual físico y mutuo. Se debe tomar el tiempo necesario para asegurar el orgasmo de la esposa y la respuesta controlada y plena del marido. Finalmente, luego de la relación sexual, deben tomar tiempo para expresarse mutuamente el amor y el aprecio.

Cuarta fase: El relajamiento

Imagínese esta fase final según un término poético que le aplicó un médico: *el resplandor crepuscular*. Cuando ha terminado el acto sexual, los fuegos de la pasión y del placer se calman hasta convertirse en un magnífico y tranquilo resplandor. Que éste sea un tiempo en que el marido le manifiesta a la esposa ternura con abrazos, besos y palmaditas amorosas. Mientras los dos continúan acostados y estrechamente unidos el uno en los brazos del otro, simplemente disfrutando cada uno la presencia del otro, la pareja debe continuar expresándose el amor. Esto asegura una suave transición al completo relajamiento de los dos. Pudieran necesitarse unos treinta minutos para que desaparezcan todas las señales de excitación física, y un hombre joven pudiera necesitar hasta una hora para que el pene pierda por completo la erección.

Usted hallará un regocijo único al usar toda la capacidad que posee para producir placer a su cónyuge. En efecto, cada unión física debiera ser una competencia excitante para ver cuál de los dos cónyuges se excede en complacer al otro. El marido debe ser la autoridad más grande del mundo en cuanto a cómo complacer a su mujer. Y la esposa debe poder decir con gozo lo que dijo la esposa en el Cantar de los Cantares de Salomón: "Yo soy de mi amado, y conmigo tiene su contentamiento" (7:10).

6

La tortuga y la liebre: Soluciones para los problemas comunes

Hay algunas parejas que esperan un buen ajuste sexual en el matrimonio, y que pronto desmayan en su relación cuando, en vez de placer, hallan problemas en su relación sexual. En este sentido, hay dos problemas básicos, y virtualmente toda pareja encuentra uno de ellos o los dos al principio. Estos problemas no son tan complejos ni difíciles de solucionar como pudiera pensarse. El problema reside en que estas dificultades a menudo se pasan por alto, o se les concede alguna excusa, hasta que un pobre ajuste sexual llega a ser parte aceptada de la relación.

A continuación ofrezco algunas quejas típicas que oigo en mi consultorio:

De una joven esposa: "¡Para mí, simplemente, su juego amoroso no dura lo suficiente!"

De un fatigado marido: "Mi esposa necesita cuarenta y cinco minutos para llegar al clímax, y eso en caso de que pueda llegar. Yo me siento muy cansado luego de un duro día de trabajo . . . casi no vale la pena el esfuerzo".

De una madre de seis hijos: "¡En la relación sexual tiene que haber algo más que niños y problemas! Yo casi nunca obtengo placer de nuestras relaciones físicas".

De un hombre mayor: "Me gustaría ser un esposo mejor. Pero nuestra vida sexual fue tan insatisfactoria para mi esposa durante tantos años que ahora ella está completamente indiferente. Sé que no es demasiado tarde para aprender . . . si ella quisiera aprender conmigo".

Puedo garantizar a cualquier pareja que no es demasiado tarde para desarrollar una buena relación sexual. Al considerar estos problemas básicos le indicaré a usted técnicas comprobadas que los vencerán, y que obrarán casi maravillosamente por su simplicidad y efectividad. Junto con el deseo de lograr el ajuste sexual se requerirá algún esfuerzo.

Si usted recuerda la lenta tortuga y la liebre excesivamente veloz de la fábula de Esopo, podrá imaginarse ambos problemas. Muy a menudo, aunque no siempre, la tortuga representa a la esposa. Con esto se quiere decir que un gran porcentaje de mujeres necesitan más tiempo para llegar al orgasmo que sus respectivos maridos. Correspondientemente, la liebre representa a una gran proporción de hombres. Llegan al orgasmo con demasiada rapidez, antes que sus respectivas esposas se hayan satisfecho sexualmente.

Dios, en su gran sabiduría, creó a las mujeres de tal manera que la mayoría de ellas se excitan sexualmente en forma más lenta que los hombres. Esto impide que el acto sexual sea sólo un proceso mecánico. En vez de ello, es una oportunidad para la interrelación, para las atenciones recíprocas, de tal modo que ambos cónyuges queden satisfechos.

Para que el marido y su mujer puedan aprender a adaptarse conscientemente, cada uno a las necesidades del otro, hay dos condiciones que pueden evidenciarse: la disfunción orgásmica de la mujer o/y la eyaculación prematura en el hombre. Esto significa que algunas mujeres son muy lentas para llegar al orgasmo, rara vez lo han logrado, o tal vez nunca lo hayan experimentado. En el caso de los hombres, la eyaculación prematura significa la incapacidad para controlar la eyaculación durante un tiempo suficiente para satisfacer a la esposa. Cuando se resuelve esta última condición, a menudo la esposa no tiene dificultad para la plena satisfacción sexual.

Usualmente es posible que las parejas resuelvan estas condiciones problemáticas con algunos simples ejercicios físicos que pueden practicar los dos juntos. En el proceso de aprender cómo se baja la velocidad conscientemente o cómo se aumenta, también desarrollan un valioso procedimiento de comunicación no verbal, y llegan a comprender que ellos dependen el uno del otro. El resultado es una vida matrimonial más armoniosa en todos los aspectos. Algunos lectores que no sufren de eyaculación prematura ni de disfunción orgásmica, pudieran sentirse tentados a pasar por alto el resto de este capítulo. Permítanme animarlos a continuar. Los ejercicios que he de sugerir pueden mejorar *cualquier* matrimonio. Toda pareja que haya tratado yo ha tenido algo que aprender, bien en cuanto a control o en cuanto a un mejor uso de las provisiones de Dios. La mayoría tienen que aprender algo en cuanto a tiempo, ajuste o grado de respuesta. Mientras el marido aprende a controlar sus rápidas respuestas, la esposa aprende a intensificar la excitación de tal modo que pueda responderle más rápida y plenamente.

La eyaculación prematura

Como la eyaculación prematura puede ser la causa primaria de la disfunción orgásmica de la mujer, consideraremos primero el control de las eyaculaciones. Específicamente, el término *eyaculación prematura* se aplica al hombre que eyacula antes de penetrar en la vagina de su esposa, o inmediatamente después de entrar. También se refiere a la incapacidad del marido para controlar la eyaculación durante un tiempo suficiente después de introducido el pene en la vagina, para satisfacer a su esposa por lo menos en el cincuenta por ciento de sus relaciones sexuales. Dicho esto en otros términos equivalentes, el hombre llega a la eyaculación *antes del momento deseado por él.*

Una de las principales causas de la eyaculación prematura es una experiencia pobre de aprendizaje al comienzo del matrimonio. El recién casado a quien se le ha desarrollado una gran tensión a través del período de galanteo y compromiso, muy bien pudiera eyacular simplemente con tomar a la esposa en sus brazos la noche de la boda. Y esto le pudiera suceder durante muchas noches después. Algunos hombres piensan equivocadamente que una rápida descarga es señal de masculinidad. De este modo, nunca comprenden la necesidad de aprender a controlar el tiempo de la eyaculación para que pueden experimentar el gozo y la unidad que se sienten cuando se lleva consecuentemente a la esposa hasta el orgasmo en el acto sexual.

El problema de la eyaculación prematura pudiera provenir ocasionalmente del hecho de haber tenido relaciones sexuales antes del matrimonio. Las excesivas caricias con excitación para la eyaculación pueden formar un modelo apresurado de juego amoroso. Las relaciones sexuales premaritales infunden un sentimiento de culpa con respecto al acto sexual en sí, y en tales actos furtivos hay la constante presión de "terminar pronto" antes que sean descubiertos. Este patrón de eyaculación apresurada usualmente continuará después del matrimonio hasta que el marido comprenda que hay necesidad de cambiar. Un buen ajuste sexual se aprende siempre por experiencia; y no es algo que lo posea uno naturalmente.

La principal dificultad de la eyaculación prematura consiste en que no ofrece a la esposa la plena satisfacción sexual. Cuando persiste este problema, el patrón que ha de seguir el matrimonio es algo previsible. La esposa piensa que está siendo usada desconsideradamente, que su marido sólo se preocupa del propio placer de él y no aprecia realmente las necesidades sexuales de ella. Ella queda sin un medio de satisfacción física y crecientemente se le desarrolla un nivel de resentimiento al pensar que está siendo *usada* sexualmente en vez de estar siendo *amada* sexualmente. Según el transcurso usual de los eventos, luego de cierto número de años, el esposo y su mujer se retiran de una parte de su compromiso matrimonial; el hombre duda de su masculinidad y la esposa pierde su confianza como mujer. En la medida en que el hombre llega a estar cada vez más afanado con respecto a su fracaso en cuanto a su esposa, puede aun perder la capacidad para mantener la erección del pene. A esto se le da el nombre de impotencia. Un matrimonio tranquilo, pero hostil, sin relaciones sexuales, es lo que puede resultar a continuación.

Otro problema que presenta la eyaculación prematura es que el esposo que ya se ha "satisfecho" tiene la tendencia de descontinuar las atenciones a su esposa luego del orgasmo. No sólo se le niega a la esposa el sentimiento del alivio sexual por medio del orgasmo, sino que también se le pueden producir agudos dolores físicos, como resultado de la congestión de los órganos pélvicos, que están llenos de sangre y aumentados de tamaño, condición que hubiera cedido por medio del orgasmo. Así que la esposa se queda frustrada mientras él se queda dormido al lado de ella. ¡El está roncando, mientras ella está echando chispas!

Una eyaculación prematura ocasional puede ocurrir en el más controlado de los hombres, especialmente cuando hay unión sexual después que los esposos han estado separados durante cierto número de días. Si éste es el caso, el marido debe comenzar inmediatamente a utilizar los dedos para estimular suavemente el clítoris de su esposa, puesto que el pene ya no tiene la firmeza necesaria para estimularla hasta el orgasmo. Así le hace ver a su esposa la preocupación que tiene de que ella obtenga la completa satisfacción sexual.

La necesidad de una prolongada erección y de la demora en la eyaculación es un problema que ha estado presente desde hace mucho tiempo. Hasta hace poco, las únicas solúciones para el hombre consistían en concentrarse en algo que no estuviera relacionado con el sexo (que algunas veces es difícil de lograr mientras se halla en el acto sexual), tomar tranquilizantes, aplicarse alguna clase de crema anestésica o ponerse una cubierta en el pene. Ninguna de estas llamadas soluciones es completamente efectiva ni satisfactoria.

Algunas veces el marido trata de resolver el problema usando la excitación manual para llevar a la esposa hasta un grado muy alto de tensión sexual precisamente antes de la introducción del pene. Una de las desventajas de esta técnica consiste en que la esposa a menudo llega a estar tan empeñada en experimentar su orgasmo que su frenética fuerza propulsora le produce casi instantáneamente la eyaculación al marido, mientras ella aún necesita más tiempo para lograr su orgasmo.

Muchos otros factores pueden sumarse para producir una relación sexual insatisfactoria. Como el hombre queda aliviado mediante la eyaculación, tal vez no comprenda la necesidad de un cambio para bien de su mujer. Las investigaciones han descubierto que muchos de estos hombres son egoístas y no se consideran amantes inadecuados, sino que les echan la culpa a sus respectivas esposas por no ser suficientemente sexuales. El marido también puede asumir que a la esposa le gusta la relación tal como se realiza; o puede pensar que la respuesta más lenta de ella es un problema absolutamente de ella.

La esposa puede complicar aún más la situación fingiendo el orgasmo y el disfrute de la relación sexual para complacer a su marido. La falsa idea de que el placer en la relación sexual es innecesario para la mujer, así como la creencia de algunas esposas en el sentido de que la relación sexual es estrictamente un deber, han contribuido grandemente a la ruina de la relación entre la tortuga y la liebre.

Reconocer y admitir que existe el problema es ganar la mitad de la batalla. Demasiadas parejas simplemente continúan durante años aceptando la eyaculación prematura, sin comprender siquiera que tienen un problema. Algunas parejas preferirían seguir sin cambiar en aquello en que han fracasado tan frecuentemente. Se hace cada vez más fácil permanecer en la misma ruta antigua que entrar en la nueva vía de la solución.

Es más fácil remediar el problema del marido que el de la esposa. Así que ustedes, hombres, ya no tienen que ser liebres. Con los métodos que discutiremos, pueden reducir la rapidez para ser de mayor ayuda a la esposa, y al mismo tiempo lograr más satisfacción y confianza en ustedes mismos.

Aunque es esencial que al principio admita el esposo que tiene el problema de la eyaculación prematura, tanto él como su esposa deben considerarlo como una dificultad de "la pareja" que requiere la cooperación de ambos para hallar la solución. El esposo y la esposa deben hacer un pacto de someterse a un programa de ejercicios, relativamente corto, que en pocas semanas les ayudarán definitivamente. En el transcurso de estos procedimientos aprenderán la técnica del *control mediante la presión*, en la cual se aplica la presión al pene erecto. Esta técnica no causa dolor, puesto que la mayor parte de las zonas sensibles al dolor en los órganos genitales masculinos se hallan en los testículos y no en el pene; pero sí hace que el marido pierda la urgencia de eyacular, y a menudo pierde algo de erección momentáneamente. (El procedimiento de control mediante la presión fue presentado por Masters y Johnson en la Fundación para la Investigación de la Biología Reproductiva, de San Luis, a donde fuimos a estudiar mi esposa Gaye y yo, en uno de sus talleres de post-graduado para consejeros y educadores en el campo de la función y la disfunción sexual humanas. Aquí presento esto en la forma como lo he adaptado en mi práctica médica.)

La esposa tiene que comprender que la técnica de control mediante la presión no es efectiva si el esposo se la realiza a sí mismo. ¡Ella tiene que involucrarse en esto! Con la plena cooperación de ella, y su disposición a aprender y aplicar ciertos principios básicos, y con una cordial participación expresada abiertamente, se puede solucionar este fastidioso problema conyugal. La recompensa para ambos esposos será un placer sexual mucho mayor.

Como el problema de la eyaculación prematura puede haber estado presente durante un largo tiempo, ninguna pareja debe esperar una solución inmediata. Será necesario cierto tiempo para formar nuevos patrones de respuesta. Deben realizarse sesiones de práctica de por lo menos veinte minutos en forma cariñosa y tranquila, sin poner mucha atención al reloj. Es importante no dejar pasar ninguna de las sesiones de práctica, y nunca deben acortarse a menos de viente minutos, a menos que accidentalmente se produzca una eyaculación.

Durante el transcurso de este programa, uno puede estar tan absorto en evitar el orgasmo que se eleva la tensión. Hay que recordar que no hay peligro cuando se produce un orgasmo por equivocación. Sin embargo, el objetivo es evitar estrictamente el orgasmo. Se dan objetivos específicos para cada fase del programa. Pero recuerde que el aprendizaje de la comunicación física y el restablecimiento de una comprensión sensible son aspectos de importancia clave. Cada sesión debe constituir un tiempo de placer y disfrute para los dos cónyuges, y nunca debe ser apresurada ni tediosa.

En las sesiones de práctica, deben repetir una de las fases hasta que hayan dominado sus objetivos específicos. *Esto significa que pueden pasar un número de sesiones de práctica en una fase antes de estar listos para pasar a la siguiente.* Las sesiones pueden ocurrir diariamente o día por medio. Sugiero que la duración total de las primeras cuatro fases no exceda de cuatro semanas, pues la prolongación de este tiempo tiende a conducir al fastidio.

Ejercicios para controlar la eyaculación prematura

Primera fase

Los dos pueden sentirse tan tímidos a causa de la rápida eyaculación del marido que han estado evitando el tocarse lo más posible. Tienen que apartar la mente del orgasmo y del tiempo en que se produce, y concentrarse en mejorar la comunicación no verbal, sin tratar de llegar al orgasmo. Objetivo específico de esta fase: *Mejorar la comunicación física y aprender a apreciar la cercanía física del cónyuge.*

1. Pasen el tiempo tocándose y acariciándose mutuamente.
2. Hagan aquellas cosas que físicamente complacen al cónyuge, como un masaje en el cuero cabelludo, o hacerse caricias en la espalda o en el cuello, etc.
3. Eviten estimular directamente las zonas genitales.
4. No realicen el acto sexual, sino concéntrense en mejorar la comunicación física cada uno con su cónyuge.
5. Aprendan a apreciar y disfrutar de la cercanía física.
6. Sigan este procedimiento por lo menos en las dos primeras sesiones.

Segunda fase

Objetivo de esta fase: *Que el marido aprenda a reconocer la sensación física que se le presenta antes de la eyaculación para que pueda comunicarle a su esposa cuál es el mejor tiempo para aplicar la presión.*

Durante esta sesión es vitalmente importante que el marido se concentre completamente en sus propias sensaciones. Debe bloquear todos los demás pensamientos para que llegue a estar profundamente enterado del sentimiento que le viene precisamente antes de la eyaculación. El hecho de cerrar los ojos pudiera ayudarle. Tan pronto como él siente que se acerca el momento de la eyaculación debe comunicárselo a su esposa mediante alguna palabra o señal predeterminada. Es entonces cuando ella debe aplicarle de inmediato la técnica de la presión. Esta fase debe practicarse durante las sesiones diarias de práctica hasta que el esposo pueda reconocer permanentemente la sensación que se le presenta precisamente antes de la eyaculación. (Véase la figura X, página 91.)

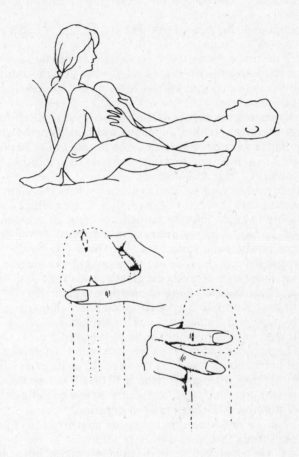

Figura X

Posición para la sesión de ejercicios en el tratamiento de la eyaculación prematura, en el cual se utiliza el control mediante la presión.

1. La esposa debe sentarse con la espalda contra la cebecera de la cama, y con las piernas cómodamente extendidas y separadas.
2. El marido debe acostarse de espalda, con la cabeza hacia los pies de la cama.
3. El marido coloca su pelvis entre las piernas de su esposa, y los órganos genitales cerca de los de ella. Con las rodillas dobladas, él debe colocar los pies fuera de las caderas de ella (cerca de las nalgas).
4. Ahora la esposa le acaricia cariñosa y suavemente los órganos genitales al hombre, poniendo especial atención en la parte inferior del cuerpo del pene, o en la cabeza del mismo órgano, o en cualquier parte en que el esposo se lo indique, para estimularlo a lograr la erección.
5. Tan pronto como el marido logra la plena erección, la esposa comenzará la técnica de la presión. Coloca ella el dedo pulgar sobre la parte inferior del pene, como a un centímetro atrás de la ranura de la uretra, precisamente donde termina el cuerpo del pene y comienza la cabeza. Luego ella coloca los primeros dos dedos de esa mano en el lado opuesto del pene, un dedo sobre el borde del glande, y el otro debajo del borde, en la parte que separa el cuerpo del glande.
6. Entonces aprieta los dos dedos contra el pulgar con una fuerte presión durante unos cuatro segundos.
7. Luego, rápidamente, deja de ejercer presión.
8. Después de unos quince a treinta segundos, vuelve a acariciar al marido para que logre de nuevo la plena erección, y repite el apretón. El marido debe informar a su esposa, mediante palabra o señales sutiles cuándo piensa que ella debe repetir el apretón para demorarle el orgasmo.
9. Repítase este procedimiento cada cuatro o cinco minutos durante toda la sesión de veinte minutos.
10. Tal vez el esposo prefiere aplicarse algún lubricante en el pene, a fin de experimentar más de cerca las sensaciones que siente durante la relación sexual.
11. Los esposos no deben realizar la relación sexual en esta sesión de ejercicios, ni debe introducirse el pene en la vagina.
12. Al fin de la sesión debe continuarse la excitación hasta que se produzca la eyaculación.
13. Sería deseable que el esposo estimulara manualmente el clítoris a su esposa para producirle alivio sexual, después de cada sesión de prácticas.

Tercera fase

Objetivo de este fase: *Que el pene erecto se mantenga casi sin movimiento en la vagina durante quince a veinte minutos antes de la eyaculación.*

1. El marido se acuesta boca arriba, y la esposa lo estimula hasta que logre la erección.
2. Cuando él siente que está cerca del punto de la eyaculación, le hace una señal a la esposa, y ella le aplica inmediatamente la técnica de la presión.
3. Ella debe repetir la excitación casi hasta la eyaculación, y luego darle el apretón al pene. Esto debe hacerse varias veces.
4. Luego, la esposa se sienta sobre su marido a horcajadas. Se inclina hacia adelante en un ángulo aproximado de cuarenta y cinco grados, y suave y lentamente se inserta el pene erecto en la vagine lubricada, luego se mueve cómodamente hacia atrás, no simplemente sentándose sobre el pene.
5. Ella permanece luego sin moverse para darle al marido la oportunidad de lograr el control. Si el marido pierde la erección mientras el pene está en la vagina, la esposa debe levantar el cuerpo y manualmente estimularlo para que vuelve a estar erecto.
6. Si el esposo se da cuenta de que está a punto de eyacular, debe indicárselo a su esposa para que ella pueda levantar el cuerpo y repetir el procedimiento de presión. Luego suavemente se vuelve a insertar el pene.
7. El marido y la esposa deben poder mantener esta posición con el pene erecto casi sin movimiento dentro de la vagina durante unos quince a veinte minutos antes de la eyaculación.

Cuarta fase

Hay que recordar que es importante esperar por lo menos un día antes de comenzar una nueva fase. He aquí el objetivo de esta fase: *Poder mantener el pene erecto dentro de la vagina con suaves movimientos durante unos veinte minutos antes de la eyaculación.*

1. Los esposos deben pasar algún tiempo en juego amoroso.
2. Otra vez asumen la posición en que la esposa monta a horcajadas sobre el marido y se inclina hacia adelante.
3. El marido debe comenzar a impulsarse suavemente, para

aprender a tolerar gradualmente el aumento del movimiento del pene dentro de la vagina.

4. Este impulso del marido debe continuar durante unos quince a veinte minutos antes de la eyaculación. Si es neceasrio, la esposa debe emplear la técnica de la presión.

5. Cuando se domina esta fase, el marido ya puede eyacular con el pene dentro de la vagina, pero debe continuar concentrándose en sus propias sensaciones hasta que cada sesión de práctica haya terminado y él haya eyaculado. Luego debe tomar tiempo para producir el orgasmo en la esposa. (Hay que recordar que ésta es todavía una sesión de entrenamiento.)

Quinta fase

El objetivo de esta fase es el siguiente: *Aprender a realizar una cómoda relación sexual en la posición lateral o lado a lado.* (Esta posición ofrece mejor control de movimientos tanto al marido como a la mujer y le permite al esposo un mejor control de la eyaculación.)

1. Los esposos deben pasar algún tiempo en juego amoroso.

2. La esposa debe asumir otra vez la posición de montar a horcajadas sobre el marido a inclinarse hacia adelante.

3. Se debe colocar una almohada debajo de la cabeza del marido y otra a lo largo de su lado izquierdo.

4. La esposa coloca su pierna derecha en posición recta entre las piernas de él. Ella deja la pierna izquierda en la parte externa del cuerpo de él.

5. Al mismo tiempo, el marido saca la pierna izquierda y la extiende sobre la cama con la rodilla doblada.

6. La esposa debe cambiar suavemente todo su cuerpo hacia la derecha, y entre tanto se inclina hacia adelante, dejando su pecho izquierdo al nivel del pecho derecho de él. Ahora está ella parcialmente sostenida por la almohada en el lado izquierdo de su marido. Se logra una comodidad adicional utilizando otra almohada para la cabeza y los hombros de ella.

7. Se necesitarán varias sesiones de práctica para aprender a cambiar fácilmente a la posición lateral y colocar los brazos y las piernas de la manera más cómoda. (Tan pronto como se aprende esta posición, los esposos la utilizan la mayor parte del tiempo.)

8. En la posición lateral, los movimientos deben ser suaves para que el pene pueda mantenerse en la vagina durante veinte minutos antes de la eyaculación.

Establecimiento de un control
duradero para la eyaculación

1. Los cónyuges deben usar la técnica de la presión por lo menos una vez a la semana durante los siguientes seis meses.
2. Deben realizar una práctica mensual con la aplicación de la técnica de la presión durante una sesión entera de veinte minutos.
3. El buen control de la eyaculación usualmente se logra en un período de tres a seis semanas.
5. El control completo se logra cuando el marido tiene el orgasmo sólo en el momento cuando así lo decide.

El prolongado énfasis en controlar el orgasmo en estas sesiones de práctica puede algunas veces hacer que el esposo tenga una incapacidad temporal para mantener la erección. No debe desmayar. Lo que pasa es simplemente que esta parte del cuerpo del marido está demandando un breve descanso.

Al leer esta lista detallada de instrucciones para las sesiones de práctica, el procedimiento pudiera parecerle más bien tedioso. Pero cualquier pareja que reconozca que la eyaculación prematura juega algún papel en el hecho de que no está disfrutando de la máxima satisfacción sexual, descubrirá que unas pocas semanas de mutuo esfuerzo y disciplina la conducirá a un mayor placer sexual para el resto de sus vidas. Es un hecho que son pocos los hombres que tienen la capacidad para demorar su eyaculación hasta cuando lo deseen. Estas sesiones de entrenamiento en que se usa la técnica de ejercer presión, pueden dar como resultado un elevado placer para cualquier pareja que desee una relación sexual mejor.

Durante las sesiones en que se aplica la técnica de la presión, la esposa puede descubrir que ella está comenzando a experimentar unos nuevos sentimientos placenteros. Comienza a sentir más excitación sexual. Tal vez pudiera llegar a experimentar el orgasmo por primera vez. Aun si ha podido llegar al orgasmo antes, ahora puede comenzar a disfrutar de múltiples orgasmos.

Los músculos pubococcígeos

Precisamente así como el marido ha manifestado un esfuerzo de sacrificio y amor para lograr el control completo de la eyaculación, así también la esposa puede contribuir a la relación logrando pleno control y fortaleza en los músculos que rodean la parte inferior de la vagina, a fin de experimentar una excitación sexual mucho más intensa.

Antes de discutir este grupo importante de músculos, debo señalar que lo que la mayoría de nuestros investigadores han llamado "disfunción orgásmica" en las mujeres, no es causada por una disfunción física. La mayor parte del fracaso en lograr el orgasmo está relacionado con la actitud y los pensamientos de la esposa. En el capítulo siguiente discutiremos esto con detalle. Sin embargo, al someterse a estos ejercicios específicos para desarrollar ciertos músculos importantes, la esposa usualmente comienza a participar en el acto sexual y a disfrutar de él. Estos ejercicios físicos, junto con la reestructuración de sus actitudes con respecto a la relación sexual, han tenido gran éxito al tratar la "disfunción orgásmica" en las mujeres.

Los ejercicios para fortalecer los músculos pubococcígeos pueden realizarse efectivamente, aunque otros factores pueden todavía impedir el orgasmo de la esposa. Aunque es deseable que el tratamiento se le haga a la persona integral, cuerpo, mente y espíritu, aun así, el mejoramiento en un solo aspecto mejorará a la persona total hasta cierto punto. En efecto, puede haber un "eslabón perdido" que producirá una respuesta sexual satisfactoria. Aunque el marido sea poco comunicativo y no esté dispuesto a participar en el mejoramiento total de las relaciones sexuales dentro del matrimonio, el fortalecimiento y el tono de los músculos pubococcígeos se logra con ejercicios que la esposa hace por su propia cuenta. Esto puede servir de estímulo para él y le demuestra que ella realmente desea ayudar a mejorar sus relaciones sexuales.

He aquí otros de los beneficios importantes que se logran como resultado del control de los músculos pubococcígeos:

1. El mejoramiento del soporte para los órganos pélvicos.
2. El mejoramiento del control urinario.
3. Reducción de las lesiones que se le pueden producir a la madre en el parto.
4. Reducción de la duración del tiempo en el parto.
5. Aumento de la seguridad para el niño durante el proceso de alumbramiento.
6. Un alumbramiento más efectivo y natural. (Estos ejercicios están incluidos en las clases de la Asociación Cristiana de Jóvenes, relacionadas con el parto natural, y en los programas de instrucción de la Asociación Internacional para la Educación sobre el Parto, así como también en el Método Lamaze.)

Al comienzo de la década que se inició en 1940, el doctor Arnold H. Kegel, cirujano y profesor de ginecología de la Facultad de Medicina de la Universidad del Sur de California, hizo un descubrimiento con respecto a las mujeres que tenían dificultad para controlar el flujo de la orina al toser, reír o estornudar. Se descubrió que este problema, al cual se hace referencia con el nombre de *"incontinencia de la tensión urinaria"*, podía ayudarse a resolver ejercitando los músculos pélvicos o *músculos pubococcígeos*. En los libros de anatomía de la escuela de medicina se les da el nombre de músculos *levator ani*.

Los músculos pubococcígeos están situados arriba de las piernas y se extienden desde el hueso púbico hasta el cóccix en la parte de atrás. Estos músculos son como una honda y forman el piso de la pelvis, y también sostienen y rodean el tercio externo de la vagina, el cuello de la vejiga y parte del recto. (Véase la figura XI, página 98.) El doctor Kegel descubrió que la repetición de ciertos ejercicios específicos fortalece los músculos pubococcígeos, y el resultado es que se detiene y se controla la incontinencia de la tensión urinaria. Los ejercicios que él prescribió para fortalecer los músculos pubococcígeos se llaman "ejercicios Kegel".

Posteriores estudios realizados por el mismo doctor Kegel revelaron que sólo una de cada tres mujeres tiene un adecuado tono en los músculos pubococcígeos. Sin embargo, no todas las mujeres que tienen un deficiente tono muscular padecen necesariamente de la filtración urinaria. La fortaleza de los músculos pubococcígeos parece no estar relacionada con el desarrollo general de los músculos de la mujer. Puesto que los músculos pubococcígeos están situados entre dos sólidas estructuras óseas inmóviles, su fortaleza no es afectada por el uso de otros músculos. Por tanto, un hombre atleta masculino puede tener una deficiente musculatura pobococcígea, en tanto que una mujer débil e inactiva puede tener una fuerte musculatura pubococcígea.

La dilatación que ocurre durante el alumbramiento debilita los músculos pubococcígeos. La filtración urinaria descontrolada muy a menudo aparece después que la mujer ha tenido hijos, puesto que gran parte del soporte de la vejiga proviene de los músculos pubococcígeos. La uretra, o conducto urinario, penetra en estos músculos y es sostenida por ellos. Cuando tales músculos se debilitan, el resultado puede ser un deficiente control urinario. En circunstancias ordinarias, aun los músculos débiles pueden retener la orina; pero una tensión como la que produce un estornudo, la risa o la tos, permite que algunas veces se escape la orina. En menos de dos meses, la mayoría de las pacientes que siguieron los ejercicios del doctor Kegel pudieron controlar su flujo de orina. Hoy, estos ejercicios son una norma técnica para aprender a establecer el control de la orina;

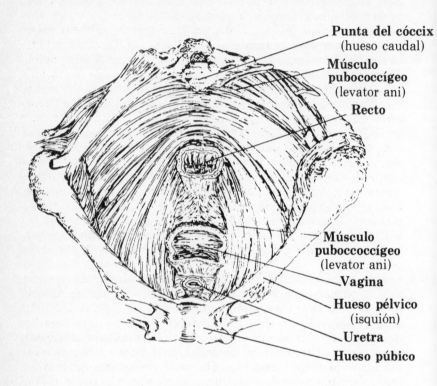

Punta del cóccix
(hueso caudal)

Músculo
pubococcígeo
(levator ani)

Recto

Músculo
puboccoccígeo
(levator ani)

Vagina

Hueso pélvico
(isquión)

Uretra

Hueso púbico

Figura XI

**Músculos pubococcígeos vistos desde abajo,
mirando desde el frente hacia atrás**

*Nótese el alcance de los músculos pubococcígeos, que forman
una parte primaria del soporte de los órganos de reproducción, la
vejiga y el recto. La debilidad de estos músculos puede dar como resultado la incomodidad pélvica crónica o la filtración de la orina.
Refiérase a la figura I, del capítulo cuatro, para una mejor comprensión de la localización de los músculos pubococcígeos.*

y cuando se fortalecen estos músculos, a menudo no es necesaria la intervención quirúrgica. En el caso de muchos pacientes, los ejercicios del doctor Kegel fortalecen y edifican mucho mejor el sostén pélvico que una intervención quirúrgica.

Una paciente le informó al doctor Kegel que por primera vez en quince años de vida matrimonial había logrado el orgasmo en la relación sexual, y sugirió que este evento tan bien recibido pudiera estar relacionado con los ejercicios que había estado realizando. Luego de cumplir con el programa de ejercicios, otras mujeres también ofrecieron voluntariamente la información de que habían experimentado orgasmos más constantes durante la relación sexual, o los habían experimentado por primera vez.

El doctor Kegel, finalmente, llegó a la conclusión de que el fortalecimiento de los músculos pubococcígeos da como resultado el aumento de la satisfacción sexual. Esta información, aunque nueva para nuestra cultura, había sido observada por los pueblos primitivos y orientales, así como también por otras culturas, que también notaron la baja en la satisfacción sexual después del parto. Ciertas prácticas sexuales "secretas", en algunas culturas primitivas, dependen del control y el fortalecimiento de estos músculos que rodean la vagina.

Después de los primeros esfuerzos del doctor Kegel, la investigación ha revelado que la excitación sexual en la vagina está mucho más relacionada con la *sensibilidad de la presión* que con la *sensibilidad de la fricción*. Esto se debe a que el grupo de músculos pubococcígeos está bien provisto de terminaciones nerviosas sensibles a la presión (llamadas nervios proprioceptivos), que *no* responden al toque leve ni a la fricción leve. De modo que el fortalecimiento y ajuste del grupo de músculos pubococcígeos que rodean el tercio externo de la vagina puede producir mucho más sensibilidad a la presión para la mujer durante las relaciones sexuales.

Estas terminaciones nerviosas de los músculos pubococcígeos, sensibles a la presión, realmente se hallan alrededor de la parte *externa* de la vagina. Se necesita una *firme* presión sobre el pene cuando éste está dentro de la vagina, para lograr la mayor excitación sexual. Cuando la vagina hace un contacto deficiente con el pene, es poca la excitación sexual que le ofrece a la esposa. Se ha descubierto que si se introduce un objeto más grande en la vagina, eso no ayuda a aumentar la sensibilidad sexual, puesto que la sensibilidad depende de la *contracción* de los músculos, no de su dilatación. Por tanto, el tamaño del pene no guarda relación con la sensibilidad de la esposa. Sin embargo, cuando la vagina está ajustada en un canal firme mediante los músculos pubococcígeos, el impulso del pene también hará presión y empujará dichos músculos, lo cual le producirá una excitación más satisfactoria a la esposa. La mayor excitación dé como resultado la contracción refleja de la vagina, que es parte del patrón que conduce al orgasmo de la mujer.

Si una mujer no experimenta el orgasmo durante el acto sexual, los ejercicios de los músculos pubococcígeos pueden contribuir a ofrecerle alivio de la congestión pélvica y de la tensión muscular, que es causa muy frecuente del dolor en la parte inferior de la espalda. Los ejercicios son fáciles y no fatigan. En efecto, si la persona se cansa mientras los ejecuta, no está ejercitando los músculos precisos.

Algunas mujeres pueden contraer fácilmente los músculos pubococcígeos la primera vez que se dan cuenta de que existen, y pueden experimentar el orgasmo por primera vez cuando aprenden a usar estos músculos durante la relación sexual. Sin embargo, si los músculos están débiles (como es el caso en muchísimas mujeres), hay que agregar acción al conocimiento. La mujer tiene que aprender un ejercicio que puede ayudar tanto al fortalecimiento como al control de los músculos pubococcígeos.

Ejercicios para los músculos pubococcígeos

Las siguientes instrucciones se dirigen a las esposas que quieren experimentar los beneficios de estos ejercicios. Si ustedes estuvieran como pacientes en mi consultorio, yo tendría el gusto de explicárselos en la misma forma como lo hago aquí.

Al principio, se tendrá dificultad para localizar los músculos pubococcígeos. Sin instrucción, lo más probable es que sólo se contraigan los músculos externos más débiles que son los que rodean la abertura de la vagina. Este error sólo hará que se estreche la abertura vaginal. El sólo hecho de decirle a la mujer que el grupo de músculos pubococcígeos está más interno hace que ella contraiga los músculos de la parte inferior de la espalda, del abdomen y de las caderas. Estos músculos no están vinculados con los pubococcígeos, y la contracción de aquellos puede ocasionar fatiga. El ejercicio de los músculos pubococcígeos debe ser sin esfuerzo, aunque al principio puede exigir algo de paciencia y concentración. Después que se ha aprendido el ejercicio, es casi tan fácil como cerrar los párpados.

Puesto que una de las funciones de los músculos pubococcígeos es la de detener el flujo de la orina, se puede decir que están contraídos cuando se interrumpe la orina. Sin embargo, los músculos externos, que tienen menor importancia, también pueden impedir el flujo de la orina. Así que el método más simple para determinar si los músculos están contraídos consiste en tratar de detener el flujo de la orina con las rodillas abiertas. En posición sentada sobre el inodoro con las rodillas ampliamente separadas (una separación de unos sesenta centímetros), permita que salga el flujo de la orina, y luego intente detenerlo sin mover las rodillas. En casi todas las mujeres, este procedimiento ejercita los músculos pubococcígeos. Tan pronto como usted sienta que es probable contraer correctamente los músculos pubococcígeos, puede hacer el ejercicio en cualquier momento. La detención del flujo de la orina durante el acto de orinar es un procedimiento que puede utilizarse de vez en cuando para comprobar si está contrayendo los músculos precisos.

Otro modo de saber si los músculos pubococcígeos se están contrayendo consiste en ver si el perineo se levanta. El perineo es la zona que está entre el ano y la abertura vaginal. Use un espejo para observar el levantamiento del perineo, o coloque un dedo más o menos a unos cuatro centímetros dentro de la vagina para que palpe el músculo contraído. Cuando hay un buen control de los músculos pubococcígeos, usted debe poder presionar firmemente este dedo.

Luego de aprender a contraer precisamente los músculos pubococcígeos, comienza un programa de ejercicios. Comience con cinco a diez contracciones al despertar y cada vez que orina. Sostenga cada contracción durante dos segundos. Cuando mejora el control de los músculos pubococcígeos, usted debe ser capaz de dejar salir a voluntad una cantidad tan pequeña como una cucharadita de orina en cada ocasión. Las contracciones deben ser más fáciles que cuando comenzó.

Aproximadamente en cuatro días, cuando esté segura de que está contrayendo los músculos pubococcígeos, aumente el ejercicio a diez contracciones unas seis veces por día. Si cada contracción demora dos segundos, el tiempo total del ejercicio por día será de dos minutos. Después de un período de cuatro a seis semanas, aumente gradualmente hasta trescientas las contracciones por día, lo cual no debe requerir más de un total de diez minutos por día. Para este tiempo debe estar ocurriendo ya un mejor control de la orina y algo de mejoramiento sexual. Con otras cuatro semanas, para hacer un total de diez, debe completarse el programa. Tal vez no se necesite un ejercicio mejor planificado, ya que los músculos pubococcígeos fuertes y bien desarrollados mantendrán bajo control el flujo involuntario de la orina. Ocasionalmente verifique si aun puede ejercer fuerte presión con el dedo en la vagina.

La actividad sexual también ayuda a fortalecer los músculos pubococcígeos. Se aconseja a las mujeres comenzar contracciones voluntarias de los músculos pubococcígeos durante la primera parte del juego amoroso, a fin de elevar la tensión sexual antes de la inserción del pene. Esto ayuda a condicionar los músculos pubococcígeos para las contracciones involuntarias posteriormente en el orgasmo, y también ayuda a afirmar las paredes vaginales. Al contraer conscientemente estos músculos, la esposa puede tener una respuesta más pronta y un placer más intenso. En los espasmos finales de cada orgasmo, los músculos pubococcígeos se contraen por sí solos, involuntariamente, de cuatro a diez veces a intervalos de ochenta décimas de segundo. Después de estas contracciones independientes, se produce un tremendo sentimiento de alivio y una reducción de la tensión que indica que el orgasmo de la esposa ha terminado.

La mayor parte de las terminaciones nerviosas del cuerpo son sensibles al toque leve; en cambio, las terminaciones nerviosas de los músculos pubococcígeos son sensibles a la presión. Obviamente, el uso inteligente de estos músculos durante la relación sexual está incluido en el diseño de Dios para aumentar la excitación sexual de la mujer.

La contracción de los músculos pubococcígeos también pueden ofrecer al marido más sensaciones placenteras durante la relación sexual. También, cuando la mujer desarrolla el control voluntario, y cuando hay una comunicación verbal amante entre los dos cónyuges, ésta puede aprender exactamente cuándo debe contraer los músculos pubococcígeos para darle a él la máxima excitación precisamente antes y durante el orgasmo.

La esposa puede comprender lo importante que es que esté involucrada y que participe en el juego sexual, tanto para beneficio de su esposo, como para su propio bien. Recuerde, como lo hemos dicho en todas partes, que la vagina no es un receptáculo pasivo para el pene. Imagínesela como un órgano activo que toma parte en el acto sexual. El papel de la vagina fue descrito cincuenta años atrás por el doctor Th. H. Van de Velde, en su obra *Ideal Marriage* (El matrimonio ideal): "El trabajo de los . . . músculos . . . es un instrumento para agarrar y frotar el órgano sexual masculino . . . mediante la presión y la fricción, para asegurar el orgasmo".

Pregúntese a usted misma cuán bueno es ahora el control de sus músculos pubococcígeos. Estos músculos deben estar en condiciones de agarrar el pene tan firmemente como un puño cerrado.

Casi toda mujer puede elevar significativamente su adecuación sexual por medio de la comprensión de los ejercicios de Kegel para condicionar, fortalecer y lograr el control voluntario de los músculos pubococcígeos. Y algunos hombres han descubierto una sensación física más intensa en el orgasmo luego del fortalecimiento de sus propios músculos pélvicos correspondientes.

Las pocas semanas de ejercicios en los que se emplean de diez a quince minutos diarios sólo ocasionan un corto período de dificultad; y sin embargo, las recompensas son grandes tanto para la esposa como para el marido. Disfrutan de un acto sexual más satisfactorio, y los beneficios son para toda la vida; todo esto indica que esfuerzo vale la pena.

Para animarla, he aquí un caso tomado del libro *El acto matrimonial,* del doctor Tim LaHaye:

> En cierta ocasión, una mujer casada por casi veinticinco años y madre de cinco hijos me consultó: "Doctor LaHaye, todo me parece todo tan antinatural", me dijo. "Si Dios quería que estos músculos vaginales fuesen lo suficientemente firmes para que yo pudiese obtener mayor satisfacción en el acto sexual, Él los hubiese hecho más firmes". Le expliqué que, efectivamente, Dios así lo quiso originalmente, pero que sus cinco partos y el proceso de envejecimiento natural los habían relajado hasta tal punto que no le servían de mucho, y que cuanta más edad tuviera, tanto más necesitaría tonificarlos mediante ejercicios.

> Se marchó a casa bastante reticente a intentarlo, pues reconoció que poco creía en su efectividad. No obstante, siguió los ejercicios fielmente, y, como me comunicó más adelante: "En el plazo de un mes comencé a experimentar sensaciones que nunca había sentido. A las cinco semanas, mi esposo, que había tenido dificultades en mantener su erección,notó una dimensión nueva de vitalidad en nuestra vida amorosa. Ahora ambos creemos que nuestros próximos veinticinco años de casados serán mucho más interesantes que los primeros".

Junto con el ejercicio, he aquí otras sugerencias para que la mujer aprenda a experimentar el orgasmo: La habilidad para producir la tensión sexual o excitación después de la introducción del pene, es algo que hay que buscar activamente y aprender. Usted debe tener la expectación y el deseo como primera prioridad en la mente, abandonarse a sus propias inclinaciones naturales, y crear la excitación emocional así como la excitación física hasta que su tensión llegue al clímax y se produzca el orgasmo. Muchas mujeres han descubierto que también son capaces de lograr el clímax más rápidamente si también ponen tensos los músculos de las piernas, caderas y bajo abdomen, mientras se concentran mentalmente en sus propias sensaciones, hasta que se les produce el orgasmo.

El empuje fuerte tan pronto como el órgano masculino penetra en la vagina usualmente garantiza que la sensación de la esposa sea empeñada, y que la excitación realmente decline.

Una suave introducción del pene casi siempre satisfará las necesidades de la esposa. Los dos cónyuges tal vez quieran desarrollar algunos movimientos mutuamente placenteros con el pene totalmente introducido: tal vez movimiento de lado a lado, movimientos de balancín, movimientos de cadera, que ayudan a quitar algo de la presión de la parte alta de la vagina y la dirigen hacia la parte baja que responde mejor y está rodeada por los músculos pubococcígeos. El marido debe ser muy sensible y responder a los movimientos de su esposa.

El arte del juego amoroso involucra el deleite en cada fase de la experiencia, la búsqueda de toda sensación placentera, previendo el orgasmo, pero no apresurándolo. ¡A medida que ustedes aprenden juntos este arte, los problemas de "la tortuga y la liebre" en sus vidas disminuirán y desaparecerán!

7

Para la esposa que no disfruta del orgasmo: Satisfacción en el futuro

Esta parte del libro *El placer sexual ordenado por Dios* se escribe para la mujer que raras veces o nunca logra la plenitud sexual durante las relaciones sexuales.

Quiero hablar muy directamente con ustedes las que, hasta este momento, no han podido entrar en el placer sexual que Dios diseñó para toda esposa. En el pasado se le ha dicho que es frígida, palabra que parece denotar una personalidad fría, sin sentimientos y llena de egoísmo. Y sin embargo, usted misma sabe que es una mujer cordial y amante. Lo que simplemente sucede es que hasta ahora no ha podido experimentar las emociones y la excitación acerca de las cuales ha leído. Ama a su marido y quiere aprovechar todo lo que ofrece el matrimonio. Tal vez usted y su esposo se sienten desanimados por cuanto les afecta mucho el hecho de continuar fallando. Entonces, ¿para qué tratar de continuar probando? ¿Por qué no contentarse sólo con amarse el uno al otro y conformarse con algo de segunda categoría? Estoy convencido de que usted no tiene que perderse el *placer* de la vida sexual con su esposo.

Ni tiene que pensar que es *frígida*. Hoy reservamos tal palabra para la mujer que halla desagradable el acto sexual, aun repugnante. El término más exacto que se emplea actualmente para distinguir a la mujer que nunca ha logrado el clímax sexual es *preorgásmica,* que implica que la satisfacción está adelante; se demora, *pero sólo por un tiempo.*

Ahora bien, el hecho de no haber logrado la respuesta sexual puede haber promovido sentimientos de frustración, de duda de sí misma y de insuficiencia tanto de usted como de su esposo. Esta es una reacción comprensible. Cuando estos sentimientos provienen de sinceros intentos por expresar el amor a su cónyuge, la herida se profundiza cuando usted comienza a sentir que fracasa en el aspecto preciso en que más éxito quiere tener. Sin embargo, nunca olvide que el calor de su amor en realidad existe. La capacidad para expresar y recibir este calor físicamente es la que ha sido bloqueada por los recuerdos de anteriores fracasos unidos a la falta de conocimiento sexual.

Su problema puede estar arraigado en el pasado, aun antes del matrimonio, pero las causas sicológicas raras veces pueden indicarse exactamente, y el único propósito al cual se sirve cuando se busca alguna causa en el pasado es conseguir algo o a alguien a quien se puede culpar.

El enfoque maduro que debe hacer una pareja cristiana consiste en comprender que, no importa la causa, *Dios puede satisfacer su necesidad en cualquier situación.* Usted y su marido pueden comenzar allí mismo donde están, pidiéndole a Dios que eleve su nivel de amor y de interés sexual del uno para con el otro, y luego los dos pueden entrar en una cooperación mutua y amorosa para poner en práctica algunas instrucciones.

Antes de darles un procedimiento efectivo (y agradable), es decir, una serie de sesiones de preparación, para resolver este problema, hay algunos principios que se deben entender.

Primero, sin importar cuál de los dos sea el que tiene mayor culpa, usted y su marido tendrán que comenzar de nuevo, como si se acabaran de casar. Dejen de preocuparse con respecto al que pudiera tener la culpa. Este no es el asunto. Lo único importante es cómo pueden los dos experimentar más placer en sus relaciones sexuales.

Así que concédanse una oportunidad para la relación amorosa sin demandas ni críticas. No es tiempo para hacer cuentas, sino para practicar y aprender juntos sin ansiedad. Será un período en que los dos comprenderán que tienen mucho que aprender: usted aprenderá a recibir, y él aprenderá a dar sin egoísmo.

La meta consistirá en fomentar recuerdos de sentimientos sexuales agradables. Cuando se combinen esos sentimientos con nuevas experiencias y con una comprensión del deseo amante que tiene su marido de darle placer sexual, esto aumentará el número de señales enviadas al cerebro que pueden producir una respuesta sexual sin inhibiciones.

Segundo, quiero que usted se entienda a sí misma. El *deseo* es su aliado. Si desea tener un orgasmo porque sabe que tiene ese derecho, que es una provisión de Dios para usted, y porque quiere disfrutar profundamente de los ratos más íntimos que pasa con su marido, entonces no hay razón para que no pueda experimentar el orgasmo. Le vendrá.

Pero no le vendrá como resultado de que usted ejercite su volun-tad. Hay ciertas cosas que tienen que ocurrir dentro de su cuerpo cuando es suficientemente estimulado, y el resultado será el orgas-mo. Nunca lo lograría tratando de lograrlo. Sin embargo, la intensa concentración es una clave importante. Confío que esto no suene como una contradicción. Tiene que concentrarse en sus propios sen-timientos, sus propias sensaciones, sus propios deseos. Mientras se mueve con ellos, permita que la lleven a donde ellos quieran.

Tercero, esté consciente de los factores que pueden echar a perder su concentración e impedirle la satisfacción sexual. ¿Qué cosas inte-rrumpirían su concentración? Tal vez descubra que es espectadora de su juego amoroso, observándose críticamente para ver si está "ejecutando satisfactoriamente". La falta de naturalidad interrum-pirá el gozo y apagará el deseo que sólo pudiera estar comenzando.

O tal vez se concentre en las reacciones de su marido. Quizá se preocupe y piense: "El tiene que estarse cansando . . . Esto no le es nada divertido. . . Estoy segura de que le hubiera gustado casarse con una mujer que fuera más sexual . . ." En ese momento, otra fa-ceta de la timidez la habrá despojado del deleite sensual cuando apenas comenzaba a brotar.

Una cuarta interrupción en la concentración puede venir por sen-timientos de culpa de una variedad más bien interesante. Tal vez tenga que vencer obstáculos sicológicos que la hacían pensar que las relaciones sexuales son "algo malo", pues ahora reconoce que fue-ron creadas y establecidas por Dios. Pero cuando se concentra en sus propias sensaciones nuevas y maravillosas, y mira hacia adelan-te hacia la liberación de esas tensiones, de repente le viene el pensa-miento: *Debo estar tratando de complacer a mi marido. Es malo que sólo esté tratando de complacerse a mí misma.* Y de nuevo re-prime el deseo.

Permítame ofrecerle pensamientos verdaderos y sensatos con los cuales puede programar su mente antes de dedicarse al acto sexual:

1. En estas "sesiones de preparación" no hay necesidad de que se juzgue a sí misma, pues no se le demandará absolutamente nada. La atmósfera será de tranquilidad y, sin embargo, sensual, para permitir *un desarrollo natural* de la respuesta sexual que está den-tro de usted. *Natural* significa que no fuerza nada, no pretende nada. De hecho, éste puede ser uno de los ratos más maravillosos de su vida, cuando nada se requiere de sí, sino que *se permita a sí mis-ma* hallar el placer tal como le viene.

2. ¡Tal vez no comprenda cuánto va a disfrutar su marido de estas sesiones! Sólo están *orientadas para el placer.* Algunas parejas nos han informado que sus relaciones llegaron a ser particularmente íntimas y románticas cuando comenzaron a concentrarse estricta-

mente el uno en el otro en busca del placer, sin ninguna presión. A medida que desecha toda timidez llegará a ser más sensual y más deseable para su marido.

3. ¡Cuando usted aprende a responder concentrándose en sus sensaciones, está aprendiendo a complacer a su marido! No puede imaginarse cuán devastadora es una respuesta indiferente de la esposa para un hombre que trata vez tras vez de excitarla con el juego amoroso. Usted también puede imaginar las emociones extáticas que le vienen a un hombre cuando ve que su esposa le responde totalmente, disfrutando todo momento de su relación sexual con un abandono amoroso.

Ahora, al entrar usted en estas sesiones de preparación, su esposo tendrá la oportunidad de mostrarle su amor, ya que temporalmente él pospone la total gratificación sexual. Usted le manifestará su confianza al colocarse en las manos de él y arriesgarse a estar completamente vulnerable y ser completamente honesta en esta relación.

Estas sesiones de preparación deben realizarse en un lugar muy privado en que no haya posibilidad de interrupción. Por supuesto, los dos deben estar muy limpios y descansados hasta donde sea posible. Sugiero que su esposo se afeite, se mande a cortar el cabello y se arregle las uñas hasta que le queden suaves. Si sus manos quedan aun un poco rudas, debe usar una generosa cantidad de crema o loción para las manos, a fin de que sus caricias sean más agradables.

Todas las caricias tienen que ser suaves, nunca bruscas ni forzadas. Si son leves, momentáneas y despreocupadas, sirven para excitar la imaginación en un grado mucho mayor.

Los dos tendrán que quitarse completamente la ropa, y su esposo debe, con los dedos y las manos, tocar su cuerpo, darle masajes y acariciarlo en cualquier parte que usted le indique amorosamente, mientras usted simplemente se relaja y llega a estar consciente del placer que logra por el cuidado y las caricias de él. Al principio deben utilizar un método de pruebas, manteniendo posiciones muy cómodas en la cama, y evitando cualquier pensamiento de premura, o cualquier sentimiento de que necesita satisfacer a su marido, o la búsqueda de su propio orgasmo.

Diariamente, por lo menos durante unos cuatro días, ustedes deben repetir este ejercicio de relajación no apresurada en que usted recibe las caricias de su marido durante todo un período en el cual sienta placer. En estas oportunidades tal vez usted desee realmente evitar que le toque las zonas de los órganos genitales o de los pechos. Ya los dos deben estar descubriendo los lugares más sensibles de su cuerpo. También debe estar usted consciente de que tiene el permiso para expresar libremente su placer en lo que siente sexualmente, sin tener en cuenta por ahora las necesidades sexuales de su marido.

Estas pocas sesiones en que usted y su marido, completamente desnudos, se tocan y se acarician mutuamente, ayudarán a establecer o reestablecer un clima saludable de entrega y placer físicos. La ausencia de la relación sexual en sí durante estas sesiones ayudará a reducir las tensiones que se hayan creado en anteriores experiencias de coito.

Durante este período usted debe aprender también a hablar para ponerse de acuerdo. Debe comenzar aprendiendo a adelantarse a las necesidades y los deseos físicos de su cónyuge. Recuerde, si su marido trata de acariciarla de cierta forma, sería una buena idea que usted le responda recíprocamente. ¡Probablemente la idea placentera, se le ocurrió a él, porque a él le gustaría que se le devuelva la caricia!

Puede comenzar a tocar a su esposo, y al deleitarlo a él espontáneamente y sin obligación descubrirá que su propio placer aumenta.

Hasta este momento, usted no ha debido dirigir las manos de su marido hacia la zona de sus órganos genitales ni de sus pechos; pero ahora tiene que poner en práctica algunas instrucciones para lograr la máxima y agradable estimulación sexual. Su marido debe sentarse con su espalda cómodamente descansada sobre almohadas en la cabecera de la cama. Con las piernas de él ampliamente separadas, usted debe sentarse entre sus piernas con su espalda contra el pecho de él y la cabeza reposando cómodamente sobre su hombro. Usted debe separar las piernas y colocarlas alrededor de las de su marido. Esta posición le permite a él libertad de acceso para la exploración creadora del cuerpo de su esposa en su totalidad. Usted debe estimular la dirección hacia la cual él debe dirigir las manos, colocando suavemente la mano en la de él, a fin de poder indicarle mediante leves aumentos de placer o suaves movimientos direccionales, dónde y cómo desea usted la caricia en algún momento determinado. Esto les permitirá a los dos aprender la precisa comunicación física, sin la distracción de la respuesta verbal o de la explicación detallada. Para este tiempo, usted ya debe estar dirigiendo todo el movimiento de él, y él debe refrenarse en absoluto de poner en práctica cualquiera de sus ideas en cuando al modo de estimularla a usted.

Su marido tal vez sienta que ha llegado el momento de tocar la punta del clítoris, pero se ha descubierto que ésta es una zona muy sensible. Probablemente usted logrará mucho más placer mediante una excitación bien lubricada a lo largo del cuerpo del clítoris, o por los lados, o en la parte superior de la abertura vaginal. Casi nunca se experimenta placer con la introducción de los dedos en lo profundo de la vagina.

A menudo, usted querrá que él sólo le toque suavemente el cuello, los lóbulos de las orejas, los pechos, la parte superior interna de las caderas, las nalgas, y que vuelva luego a las zonas más estimulantes que están precisamente alrededor del clítoris y de la abertura vaginal.

No hay prisa, y usted no debe para este momento estar intentando forzarse para lograr el orgasmo. Estos son ratos de placer que se pueden extender durante un período de varias semanas, en los cuales usted y su marido descubren exactamente qué es lo que la excita a usted sexualmente, y mutuamente aprenden a comunicarse física y verbalmente.

Si en cualquier momento usted siente que está altamente estimulada sexualmente, debe continuar aumentanto la intensidad de la excitación con la mano de él o con la suya, hasta que experimente la sensación intensamente excitante del orgasmo. Esta sensación se centra primariamente en su pelvis. Mientras usted está aprendiendo junto con su esposo, debe sentir completa libertad para estimularse el clítoris, si siente que le es necesario para producirse los primeros orgasmos. Esto le ayudará a comenzar un patrón de respuesta que posteriormente le hará mucho más fácil experimentar el orgasmo en las relaciones sexuales. Después que usted haya experimentado varios orgasmos mediante la excitación manual, debe comenzar a practicar la relación sexual utilizando la posición en que la mujer queda arriba. Luego podrá utilizar la posición que prefiera.

No se preocupe si el orgasmo continúa produciéndose mediante la excitación manual del clítoris. La idea de que la satisfacción para la esposa debe venir de la entrada del pene en la vagina sólo es cierta algunas veces. El objetivo suyo, por ahora, es lograr la satisfacción que le da un esposo amante, y la liberación de las tensiones sexuales.

Además, no se preocupe por lograr el orgasmo simultáneamente con su marido. Cuando esto ocurre es maravilloso, pero en la literatura corriente ha exagerado su importancia. El objetivo es: placer para los cónyuges durante la relación sexual.

Recuerde que la hábil, suave y apropiada excitación del clítoris y de las zonas circundantes, casi siempre conduce a la esposa a un nivel más alto de deseo y a una experiencia de liberación sexual en el orgasmo.

Como puede ver, la solución no está simplemente en recoger un conjunto de nuevas técnicas eróticas, sino en aprender a tocarse y disfrutarse mutuamente, a comunicarse, y descubrir cómo complacerse el uno al otro. A medida que usted aprende a disfrutar del acto sexual por las maravillosas sensaciones que tiene para su cuerpo y por la preciosa unidad que le provee con su cónyuge, y no por causa de que es algo que hace feliz a su marido, ¡logrará la satisfacción!

Debo hacer algunas observaciones generales en cuanto a las condiciones físicas que producen dolor durante la relación sexual. El acto sexual doloroso se llama *dispareunia*. Este es un síntoma, no un diagnóstico; cualquier mujer que tenga dolor o cualquiera otra dificultad en la realización de sus relaciones sexuales debe someterse a un examen médico completo que incluya la pelvis y el recto. Puesto que sólo una minoría de médicos le preguntarían a una paciente algo con respecto al estado de su vida sexual, usted nunca debe esperar que el médico adivine cuál es su dificultad. Simplemente respire profundamente y dígale qué es lo que siente. Sea franca, específica y breve.

Una de las causas comunes de dolor es la vaginitis atrófica, que es un adelgazamiento de la pared vaginal causada por la falta de hormonas femeninas, especialmente estrógeno. Esto ocurre cuando se reduce la cantidad de estrógeno, o después de una intervención quirúrgica en los ovarios, o cuando la mujer está en la menopausia. Esta enfermedad puede corregirse fácilmente con estrógeno, bien en inyecciones, o por vía oral, o aplicándose una crema de estrógeno localmente en la vagina.

El dolor también puede ser causado por sufrir de vaginismo, término que se refiere a las contracciones espasmódicas de los músculos que se hallan a la entrada de la vagina, en el momento de entrar el pene. Este espasmo puede llegar a ser tan severo que ni siquiera el dedo meñique puede insertarse en la vagina. Tal condición dolorosa usualmente comienza cuando se hace el primer intento de realizar el acto sexual, pero también puede ocurrir en otras ocasiones, como luego del nacimiento de una criatura, después de una operación pélvica, o aun en el tiempo en que comienza un segundo matrimonio.

Usualmente, el vaginismo puede eliminarse fácilmente siguiendo este procedimiento: Se acuesta la esposa en posición para el examen pélvico en la mesa de examen del consultorio médico. Entra el marido al consultorio y se pone un guante de goma. Se lo instruye para que intente colocar un dedo bien lubricado en la vagina de la esposa. Esto es para demostrarles a ambos la severidad del espasmo de estos músculos que rodean el tercio externo de la vagina. Se instruye al marido para que, con una preocupada y amante cooperación, suavemente dilate o abra la abertura vaginal con ciertos dilatadores metálicos especiales, bien lubricados, que el médico le provee. Estos se llaman dilatadores Hegar. El dilatador más grande tiene la apariencia de una varita de metal, un poco más larga que una pluma estilográfica. Cuando se puede introducir fácilmente el dilatador de tamaño mayor, la esposa debe retenerlo en la vagina durante varias horas cada noche. Yo también utilizo dilatadores plásticos hechos para este propósito los cuales van aumentando progresivamente de tamaño.

Luego puede comenzarse, usualmente sin dificultad, la relación sexual usando mucha crema lubricante. Sin embargo, durante las semanas siguientes puede ser necesario que el marido use el dilatador precisamente antes del acto sexual. Realmente es muy importante que el esposo dilate la vagina con el dilatador, ya que la mayoría de los vaginismos son causados por problemas sicológicos, y la cooperación interesada y amorosa de él es muy importante en el tratamiento.

Una causa de la relación sexual dolorosa que a menudo se pasa por alto que puede venir después que la esposa da a luz y se produce un desgarramiento de un ancho ligamento que es una de las estructuras que sostienen el lado del útero. El dolor lo siente cuando el pene penetra profundamente, y para el médico es muy difícil hallar esta lesión. Si a usted se le produce este dolor uno o dos meses después del parto, consulte con su médico y pídale que averigüe si usted tiene ese desgarramiento. Si él no puede hallar la causa del dolor, consulte a un especialista que pueda reparar quirúrgicamente esta desgarradura interna y ofrecerle alivio.

La congestión pélvica es una de las causas más frecuentes del dolor en la parte inferior de la espalda y del dolor y la blandura de la pelvis. Durante el tiempo de excitación creciente, todas las estructuras pélvicas de la esposa llegan a congestionarse con sangre bajo una buena cantidad de presión. Si ella tiene a un fuerte orgasmo, las contracciones musculares involuntarias cierran las pequeñas arterias y abren el sistema venoso para producir el drenaje de esta sangre empozada en cosa de minutos. Esto deja un sentimiento único, agradable y sobrecogedor, y una sensación de comodidad y calor en el área pélvica, seguidos por un completo relajamiento.

Sin embargo, cada vez que la esposa estimulada no llega al orgasmo, esto representa alguna lesión para sus órganos pélvicos y para sus emociones, que a menudo la deja con nerviosismo, debilidad, fatiga y propensa al dolor pélvico que puede llegar a ser crónico. Esto también puede conducir a una crónica descarga vaginal o a un fuerte o irregular derrame menstrual. Infortunadamente, muchas mujeres se someten a operaciones pélvicas por causa de este dolor. Esta repetida congestión también puede contribuir a un significativo agrandamiento del útero, el cual puede indicarle al médico que hay una enfermedad que requiere la intervención quirúrgica. Sugiero que ninguna de ustedes se someta a una operación para aliviar el dolor pélvico hasta que haya hecho todo esfuerzo posible para lograr el alivio mediante el orgasmo sexual, regular y pleno.

Con cualesquiera síntomas de enfermedad pélvica crónica, usted debe someterse a exámenes regulares cada seis meses o cada año, ya que pudieran surgir en cualquier tiempo algunas condiciones físicas que pudieran requerir tratamiento médico.

La mayoría de los casos que yo he visto en que no se logra el orgasmo comenzaron con una escasa preparación para el matrimonio, una luna de miel frustratoria y llena de temor, seguida por un período prolongado de desilusión, desaciertos y aburrimiento en la vida matrimonial que condicionó a la esposa para que sintiera que no había esperanza de satisfacción.

Esta situación a menudo se agravó por el hecho de que la esposa no comprendió que en la naturaleza del hombre está la tendencia de ser aventurero. Cuando el hombre comprende que no está satisfaciendo a su esposa, esta inclinación aumenta aún más cuando él intenta complacerla. Ella comienza a considerar que las diversas formas como él se le acerca son desagradables, vulgares o anormales. Nada enfriará ni quitará más rápidamente el brillo del amor de los casados que una actitud fría, silenciosa, malhumorada, indiferente o negativa hacia los requerimientos amorosos del joven esposo.

Al aplicar la información que se da en este libro, el esposo de hoy tiene la oportunidad de llegar a ser un amante hábil, que tiernamente conduce a su esposa a los más ricos placeres de la relación sexual. Y recuerde el esposo: *A toda esposa se le debe dar la oportunidad de experimentar el alivio sexual en cada acto sexual.* La relación puede ser muy amorosa y cálida, pero esto no es suficiente. ¡La satisfacción está adelante! ¡Usted, esposa puede llegar a obtenerla!

8

Para el esposo impotente:
Nueva satisfacción

Jorge C., hombre vigoroso que trabaja fuertemente, de cincuenta y tres años de edad, había deseado tener relaciones sexuales cinco o seis veces por semana durante su vida matrimonial . . . hasta hace poco. Su esposa se quejó de que ya él no manifestaba interés en ella. Al interrogarla, ella recordó que él había perdido la erección unas pocas semanas antes, y esa noche habían terminado sus relaciones sexuales. Nunca habían discutido el asunto, pero desde entonces, él se había manifestado indiferente. También observó ella que él había aceptado más responsabilidad en su trabajo durante los últimos meses y manifestaba un cansancio desacostumbrado.

Gregorio H. y su esposa dormían en camas separadas y tenían el cuidado de no tocarse nunca el uno al otro ni demostrarse ningún afecto. A través del tiempo a él se le había desarrollado la incapacidad para las relaciones sexuales. Su esposa tenía compasión de él y "trataba de hacerle el problema más llevadero no molestándolo al respecto".

Rafael B. deseaba a su esposa, pero en medio de su acto sexual hubo un "corto circuito" en su deseo, según él mismo lo describió.

La esposa de Daniel era sumamente exigente con su marido, a menudo comentaba el hecho de que él no la satisfacía. Pronto él se dio cuenta de que estaba concentrándose en la ejecución, y no en el placer. Finalmente, no pudo hacer absolutamente nada.

Enrique M. había sido alcohólico durante varios años. Luego de experimentar varios fracasos en el esfuerzo para obtener la erección del pene, llegó a sentirse cada vez más aterrado.

José S. y su esposa siempre habían tenido una relación sexual satisfactoria, pero los dos notaron un cambio perturbador en la capacidad de él para mantener la erección. Discutieron el asunto y pidieron una cita para ir a consultar con su médico familiar.

Rogelio A. se encontraba en un estado de depresión, y no tenía interés sexual en absoluto. Su esposa no pudo decirle al médico si lo que le había venido primero fue la depresión o la indiferencia a la relación sexual.

Todos estos hombres sufren de una condición perturbadora que se conoce con el nombre de impotencia. La impotencia sexual es la incapacidad del marido para lograr y mantener una erección suficiente del pene para el acto sexual. En términos físicos, el pene erecto contiene cuatro o cinco veces el volumen de sangre que tiene cuando está fláccido. Cuando el hombre experimenta la impotencia por cualquier razón, lo que sucede es que el mecanismo vascular reflejo no bombea suficiente sangre, ni la mantiene allí para hacer que el pene esté firme y se mantenga erecto. Algunas veces el hombre puede sentirse excitado y desea tener relaciones sexuales, pero su pene no logra ponerse erecto. Otro hombre que sufre de impotencia puede estar en el proceso del juego amoroso con su esposa cuando desaparece su erección y él reacciona con pánico.

Algunos de los hombres más desanimados que veo en mi consultorio son los que acuden allí por causa de su impotencia. Sin embargo, estos hombres pueden tener esperanza, pues la mayoría de los que dan pasos constructivos para enfrentarse al problema y resolverlo vuelven a lograr sus facultades sexuales. Incluso sus vidas conyugales pueden ser mejores después, pues la solución del problema de la impotencia requiere la cooperación amorosa de parte de la esposa, que puede fortalecer grandemente la comprensión mutua de la pareja y enriquecer su expresión de amor.

Aunque un porcentaje muy pequeño de hombres nunca han podido volver a experimentar la erección ni la eyaculación, la gran mayoría de los que buscan tratamiento para la impotencia se han desempeñado, por lo menos bastante bien hasta que se les desarrolla alguna dificultad. La impotencia aparece en todas las edades, en todas las razas, en todos los niveles sociales y en todos los grupos económicos. A riesgo de simplificar exageradamente, haré la observación de que la impotencia *usualmente* es causada por los pensamientos del hombre. Un hombre que tenga una positiva actitud mental hacia las relaciones sexuales rara vez sufre de esa condición, aunque *todo* hombre en un tiempo o en otro pierde la erección. La terapista Helen Kaplan afirma que aproximadamente la mitad de la población masculina ha experimentado ocasionalmente la pérdida de la erección, o ha pasado por momentos en que ni siquiera logró la erección para una relación sexual.

En muchos casos de impotencia, esta experiencia más bien común de la pérdida de la erección del pene establece un ciclo vicioso de fracaso, ansiedad, más fracaso, más ansiedad, hasta que la impotencia llega a ser una respuesta condicionada, en vez de ser una experiencia sexual agradable. La ansiedad se reduce a pánico a medida que continúa esta condición; y cuanto más agudo sea el temor y el dolor físico, tanto más trata el sufriente de escapar "cerrándose" a su esposa, virtualmente expulsando las relaciones sexuales de su vida.

En forma particular aprecio la oportunidad que tengo de ofrecer esta información sobre la impotencia tanto a los maridos como a las esposas que puedan estar confrontando este problema. Ahora por medio de las páginas de este libro intento hablar a los que están involucrados en dicho problema, en su propia vida matrimonial privada. Para otros que nunca han experimentado esta condición, sugiero que lean cuidadosamente esto y estén prevenidos. La sabia respuesta a una dificultad pasajera puede salvar lo que pudieran ser años de dolor, si se permite que la experiencia temporal llegue a ser una condición establecida. El asunto es que en la mayoría de los casos, esto no debe ocurrir. Una experiencia ocasional de impotencia puede que no tenga significación, a menos que el hombre o su esposa la consideren como un problema serio. Por supuesto, hay que hacer frente a la impotencia que cambia la vida sexual.

¿Por qué es esta condición tan extremadamente devastadora para el hombre? Porque disminuye la estima que él tiene de sí mismo en la parte donde él es más vulnerable. Históricamente, la capacidad sexual ha sido considerada como la señal del hombre real, la señal del verdadero hombre. La impotencia involucra el órgano de su cuerpo que más representa su condición de hombre, y amenaza su propio yo con la idea de que ya no puede satisfacer a la mujer que ama. Culturalmente, los hombres han sido descritos como los que *siempre* están listos para la relación sexual, como si continuamente estuvieran al borde de explotar de deseo sexual. El hombre común puede sentir que debe tratar de vivir según esta norma, sospechando que la intensidad de su ardor está un poco por debajo de ella. A esto hay que agregar la creciente presión que se ejerce sobre el marido para que cumpla en este día en que muchas mujeres están preocupadas por sus propias necesidades y en alta voz exigen que se les dé todo aquello que piensan que han perdido. Luego tenemos los pulidos manuales que tratan sobre modos nuevos y elaborados (y a veces incómodos) para acercarse a la sensación, y todos los artículos que sobre este tema se publican en las revistas. Todo esto virtualmente mete al mundo en el dormitorio del hombre para verificar su actuación. Al fin y al cabo, en el mejor de los casos, el hombre puede sentirse inadecuado, y cuando sucede lo peor (la impotencia), los resultados son a la vez frustrantes y humillantes.

El error más grande que un hombre puede cometer cuando aparece la perturbadora impotencia es "tratar de pensar en ella". Algunos hombres que sienten la libertad para hablar sobre sus temores con una esposa amorosa y comprensiva, vencerán la dificultad sin siquiera pensar en la necesidad de buscar la ayuda de un profesional.

Si la condición persiste, el hombre debe consultar con su médico y decirle específicamente cuál es el problema, pues el médico no lo podrá adivinar. Cuando el médico sabe cuál es el motivo por el cual el paciente está allí, realizará un examen físico más cuidadoso. Tal vez sea necesario un estudio urológico y endocrinológico completo.

En un cinco a diez por ciento de los casos de impotencia existen en realidad causas orgánicas; de modo que el médico querrá eliminarlas desde el comienzo. Por ejemplo, pudiera haber diabetes no diagnosticada, o una falta de equilibro hormonal.

A la diabetes hay que darle especial consideración cuando se trata de la impotencia. Masters y Johnson han descubierto que entre el cuarenta y el sesenta por ciento de los diabéticos son impotentes, sin tomar en cuenta la medicación ni la edad. El diabético impotente usualmente experimenta un ataque gradual de impotencia en un período de seis a doce meses. A causa de la destrucción selectiva de las fibras nerviosas, casi todos estos hombres pueden eyacular normalmente, aunque no experimentan en absoluto la erección. Esto significa que la cuidadosa comprensión y consideración de la esposa es esencial, ya que ésta es una de las pocas condiciones persistentes que siempre requerirán que tanto el marido como la esposa utilicen la excitación manual recíprocamente para la satisfacción sexual. (Nota: Alrededor de un treinta y cinco por ciento de las mujeres diabéticas tampoco pueden lograr el clímax sexual por ningún método. Esto significa que tales esposas diabéticas en particular tienen que aprender que pueden participar normal y activamente en la relación sexual, y disfrutar del calor y la satisfacción de complacer plenamente a sus maridos, pero la esposa simplemente no podrá llegar al clímax sexual.)

Hay unos pocos hombres impotentes de más de cincuenta años de edad a los cuales les harían provecho las inyecciones de testosterona (hormona masculina). Si hay tal beneficio, se verá después de tomar una dosis de prueba de cien miligramos de *Depo-Testosterona Cypionate* (nombre patentado) cada semana durante unas seis semanas. El hombre no debe inyectarse más de seiscientos miligramos de este medicamento en un año, pues una dosis más alta aumenta levemente el riesgo de que se le desarrolle cáncer en la próstata. Después de esta serie de inyecciones, la próstata debe ser cuidadosamente examinada mediante un regular palpamiento digital durante unos seis meses. Si la serie de inyecciones aplicada en seis semanas resulta provechosa, entonces pudiera ser útil una dosis más baja con intervalos de meses. Sin embargo, hay muchos médicos que piensan que la testosterona no es de mucho beneficio para tratar la impotencia, a no ser por la ventaja sicológica que se lográ mediante la aplicación de las inyecciones.

Las causas físicas de la impotencia pueden detectarse fácilmente, y por lo menos el 90 por ciento de los pacientes pueden sentirse confortados al saber que no hay deterioro físico, que el problema es primariamente sicológico. He aquí otros factores que el médico tendrá en consideración:

La fatiga. La simple fatiga es la causa más común de la baja en el impulso sexual del hombre normal. Los episodios en que no se logra la erección a causa de la fatiga pueden producir la condición de impotencia. Muchos hombres regresan del trabajo al hogar con tal fatiga emocional o física que simplemente no tienen suficiente energía disponible para una buena relación sexual, y el hecho de no obtener ni mantener la erección puede desatar la reacción de temor en cadena que conduce a una condición de impotencia. Una actitud relajada de espera hasta que uno haya descansado y la aceptación de que la energía ha disminuido cuando uno ha llegado a su edad media, impedirá gran parte de la dificultad. La esposa puede ayudar iniciando arreglos para retirarse temprano a dormir y no estimulando las actividades que pudieran impedir que su esposo descanse. La esposa también debe evitar el exigir una salida por la noche, en que la energía se usa en la frenética búsqueda de entretenimiento y relajación fuera del hogar. Las horas pudieran aprovecharse mucho mejor si el marido y la esposa se disfrutan mutuamente en el hogar.

La obesidad. La obesidad del marido, o de la esposa, o de ambos, también puede quitar mucha de la fortaleza para la relación sexual y mucho del deseo. Debe reconocerse la obesidad como uno de los inconvenientes más comunes para la excitación en la relación sexual. No sólo afecta la unión física y el contacto de las partes del cuerpo, sino que también puede interferir grandemente en el factor imaginación en el acto sexual, como también baja la propia imagen y confianza que de sí mismo tenga el individuo.

El alcohol. El consumo de alcohol provoca cierto deseo sexual, pero quita gran parte de la capacidad para ejecutar o disfrutar la unión sexual. Por el hecho de que el alcohol actúa como depresivo del sistema nervioso, puede inhibir el funcionamiento sexual de una persona en forma muy parecida a la manera como afecta su coordinación o su lenguaje. La persona que es alcohólica (que se define como una que ha perdido el dominio sobre su consumo de alcohol) casi nunca tiene una capacidad sexual normal. El noventa por ciento de los alcohólicos a quienes se les ha desarrollado la cirrosis del hígado son impotentes.

Las drogas. La impotencia en un hombre que anteriormente era sexualmente activo puede ser causada por haber tomado ciertos medicamentos. He aquí algunas de las drogas comunes de las cuales se ha descubierto que contribuyen a la impotencia o a reducir el impulso sexual en el hombre:

Anfetaminas
Atropina
Banthina
Barbitúricos
Cortisona
Estógeno
Guanethodina (Esimil)
Imipramina (Tofranil, Presamina, Janimina, Imavate, SK-Pramina)
Methildopa (Aldomet)

Inhibidores de Oxidasa Monoamina (Parnate, Marplan, Nardil)
Narcóticos
Progesterona
Propanthelina Bromida (Pro-Banthina)
Agentes Sicotrópicos, incluyendo los Tricíclicos
Reserpina
Sedantes de todas las clases
Tranquilizantes

Nótese que los narcóticos y estimulantes ilegales de la cultura de las drogas de hoy son lesivos. A uno le gustaría decirles a las jóvenes parejas que, mientras ellas buscan en las drogas emociones para un aspecto de la vida, pueden estarse privando de algunas de las emociones realmente grandes que tienen a su disposición en una positiva y creciente relación sexual dentro del matrimonio.

La depresión. Es importante que el médico determine si la depresión ha producido la impotencia, o si la condición de impotencia es la que ha causado la depresión. Una persona clínicamente deprimida tiene pocos deseos de comer, dormir, disfrutar de placeres, de la relación sexual y de la misma vida. La mayor parte de la energía de esta persona está dirigida a la supervivencia en vista de la continua desesperación, y es comprensible que no tenga apetito por aquellas cosas que normalmente se disfrutan. El consejo apropiado y la medicación indicada usualmente producen resultados positivos.

Algunas veces el hombre sufrirá depresión a causa de algo que ha sucedido en su vida. Pudiera ser la muerte de un amigo o la pérdida del trabajo, o cualquier otro acontecimiento perturbador. La depresión bien puede producir incapacidad sexual, pero ésta sólo debe ser una situación temporal. El deseo sexual algunas veces permanece ausente durante meses luego de enfermedades serias como un ataque al corazón o un infarto, a causa de la depresión que produce la enfermedad.

Otros sentimientos negativos. Cualesquiera sentimientos negativos como la ira o el celo, que interrumpen la concentración del hombre en la relación sexual y quitan la energía sexual, pueden producir impotencia. El hecho de poner en práctica los principios bíblicos evitará mucho de este problema. Si los conflictos que surgen en la relación matrimonial se manejan de una manera positiva cuando se presentan, aquella hostilidad que no se expresa no pasará a la relación sexual. Si la pareja se siente libre para la relación conyugal cuando se acuesta, ésa es una buena indicación de que se ha vencido la ira oculta.

El desánimo por el decrecimiento del vigor. El hombre que ha pasado de los cincuenta años tiene que aceptar cambios normales en sus capacidades sexuales. Si trata de mantenerse en una ejecución como la que cumplía cuando tenía veintiún años de edad, algunas veces fracasará y puede experimentar aguda ansiedad. Si se adapta con gracia a los pequeños cambios fisiológicos que se le producen, puede disfrutar de la relación sexual durante muchos años más. Debe recordar que lo que ha "perdido" en vigor juvenil lo ha ganado en capacidad para expresar su amor de una manera madura, más significativa y más inteligente.

Cualquier tensión desusual. Cualquier tensión que se presente en la vida de un hombre puede expresarse a través de la impotencia. Al fin y al cabo, la misma palabra *impotencia* sugiere debilidad, fragilidad, desamparo, incapacidad, falta de poder, fuerza y vigor y capacidad. Cuando estos sentimientos atacan a causa de la tensión, tal vez sea natural que hallen como blanco vulnerable la función sexual. Sería importante recordar que la persona no puede lograr la erección *a voluntad*. Un hombre tenso que trata de lograr la erección de su pene, no podrá obtenerla. El relajamiento y la concentración en sensaciones placenteras, sin ningún sentimiento de que se está forzando el cuerpo para ello, será el mejor modo y el único para poder lograr lo que se desea en esos momentos.

El hecho de considerar el acto sexual como un pecado. Algunas veces, durante la primera parte del crecimiento de un hombre, éste ha descubierto la errónea creencia de que la relación sexual es pecado, y posteriormente cuando está casado, esto puede conducirlo a un sentimiento de culpa no expresado, aun al temor de tocar a su esposa. Su reacción sexual se frustra, entonces, y su mente censora consciente se niega a permitir que ocurra la erección; en vez de ello, reprime el mecanismo que la produce. Cuando el hombre está dormido, por supuesto, tendrá emisiones seminales nocturnas, y algunas veces por la mañana, como les ocurre a la mayoría de los hombres de buena salud, experimentará erecciones. Su impotencia es sicogénica, pero puede solucionarse con la ayuda de un profesional y el correcto entendimiento de la Palabra de Dios.

Una inadecuada experiencia de aprendizaje. Algunas veces al comienzo del matrimonio, los hombres luchan torpemente para meter el pene en la vagina, y en este procedimiento pierden la erección y se les forma una sensibilidad que puede producir impotencia. El varón siente que es un tonto y sufre daño su estima propia. Y además, pierde su concentración en la sensación cuando tiene que detenerse a tratar de hallar el lugar preciso por el cual debe entrar el pene. Esta es la razón por la cual la esposa siempre debe ayudar a insertarse el pene, aun cuando no haya problema de impotencia. Ella es la que mejor sabe por dónde debe entrar.

El problema principal

Además de todos los otros factores que entran en la impotencia, está el problema principal: el esposo está intensamente preocupado por su incapacidad o capacidad para lograr la erección. Está presionado por el temor al fracaso. Sólo se concentra en sus reacciones corporales como un espectador de su propio acto sexual hasta que la timidez destruye todo el gozo, el abandono y la sensación de placer. Trata, sin éxito, de dar órdenes a sus reflejos sexuales, pero ellos sólo responden al deseo y a la excitación. Llega a ser como la persona que "no puede hacer nada bien". "Estoy torpe hoy", dice tal persona, y de ahí en adelante se fija en sus fracasos, y no en sus éxitos. De modo que el amante ansioso actúa torpemente y se concentra en su torpeza, hasta que ya no está consciente de ninguna otra cosa. La timidez siempre es contraproducente. Produce un estado insatisfactorio; el cual se hace más evidente que nunca en el proceso de realizar el acto sexual. Abre la puerta para el temor al fracaso, que es el verdadero villano que está detrás de las cortinas. Cualquier tipo de cura tiene que hacer frente a este temor.

¿Qué le ha ocurrido a la esposa durante del desarrollo de la impotencia de su marido? Ella ha podido estar en cualquiera de estos tres campos: (1) O se siente rechazada y culpable; (2) O se siente rechazada y reacciona con hostilidad; (3) O trata de comprender a su marido y desea ayudarlo de la manera más madura y amorosa que le sea posible, si alguien le dice cómo hacerlo.

No puedo destacar suficientemente el hecho de que la esposa muy bien puede ser la persona que tiene la llave para la curación de su marido. Jamás puede exagerarse la necesidad de la cooperación de una esposa amante para la restauración del vigor sexual de su marido. Cuando veo tal clase de esposa, que está dispuesta a trabajar con su esposo, leal y cuidadosa, más preocupada por él que por su propio yo, tengo gran confianza en que el marido será curado.

La esposa que está en la primera de las tres categorías citadas, que es la que tiene dificultad para aceptarse a sí misma, puede considerar la impotencia del marido como una actitud de rechazo personal hacia ella, cuando en realidad el problema es completamente diferente. Puede tomar eso como una prueba de su propia insuficiencia como mujer, cuando en realidad puede que no revele de ningún modo la falta de interés de parte de su marido. En efecto, los hombres son de lo más aptos para temer el fracaso en este sentido con la mujer que aman, mientras pudieran ser efectivos con una mujer hacia la cual son indiferentes. Alguien ha señalado que el *amor* y la *erección* no son palabras sinónimas. Su frustrado marido puede tener mucho deseo, pero carecer de la erección que debe acompañarlo. Así que a esa mujer le sugiero que decida pensar racionalmente con respecto a ella misma, a su marido y en relación con la situación. Cuando ella se niegue a rebajarse, y en vez de ello se coloca a disposición de su esposo, al cooperar los dos en busca de la cura, ella dará pasos significativos hacia la clase de madurez emocional que la hará más deseable que nunca antes.

He notado que algunas de las mujeres que se quejan mucho con respecto a que sus esposos no son capaces de satisfacerlas sexualmente, resultan ser las que menos cooperan cuando se trata de unir esfuerzos para resolver el problema. A la esposa hostil debo indicarle que sólo se está derrotando a sí misma, pues ella y el marido a quien está destruyendo, aún son una carne ante los ojos de Dios. Al ayudar a su esposo, se hará un servicio a sí misma, y tal vez hallará el amor que interiormente desea, en la medida en que aprenda a dar.

A aquella mujer que es madura, estable, sensible y que acepta las necesidades de su marido, le digo que puede obrar maravillas, ¡y en efecto las logrará! En el proceso para lograr esto, aun sin relaciones sexuales, puede haber también mucho placer mutuo.

Los dos comienzan admitiendo que tienen un problema, un problema como *pareja*, que puede resolverse. Cuando se mueven hacia la solución, hallarán que se están librando el uno al otro de la acumulación de sentimientos de insuficiencia. ¡Qué don es el de dar!

La solución involucra tres modos de acercamiento que en términos fáciles pudiéramos recordarlos: *hablarse, tocarse y acariciarse*.

El hecho de *hablarse* se refiere al restablecimiento de las líneas de comunicación, que habían sido derribadas por los períodos de indiferencia y frustración. La esposa debe ayudar a que su marido exprese los temores con palabras. Es así como se derriba la conspiración del silencio, y el hombre tiene que ser capaz de expresar sus sentimientos. En la medida en que cada uno esté dispuesto a aceptar los sentimientos del otro, crece un clima de comprensión y de tierna cercanía.

El hecho de *tocarse* se refiere a la comunicación física, que también pudo haber sido quebrantada cuando cada uno se movió hacia su propio lado en la cama después de períodos de frustración. El marido y la esposa tienen que comenzar de nuevo a disfrutar de la diversión y el placer del afecto, de mimarse y acariciarse y dormir juntos muy cerca el uno del otro.

El hecho de *acariciarse en forma de juego* sugiere la clase de relación sexual que pueden comenzar a desarrollar, aunque el esposo aún no pueda (o piense que no puede) lograr la erección. La pareja debe ponerse de acuerdo para pasar tiempo juntos complaciéndose mutuamente, sin exigir ninguna relación sexual. El marido debe utilizar las nuevas líneas de comunicación para decirle a su esposa exactamente qué es lo que a él le causa placer. El cuerpo de ella está disponible para él, y el de él para ella. Disfruten, pues, acariciándose mutuamente en juego de amor, sin esperar nada ulteriormente. La esposa no debe demandar nada de él en cuanto a excitación. Algunos terapistas sugieren que la pareja debe ponerse de acuerdo para prohibir la relación sexual y el orgasmo durante varios días. Simplemente deben relajarse los dos en una situación cálida e íntima, mientras él aprende a permitir que su cuerpo asuma las respuestas apropiadas.

En este ambiente despreocupado de excitación erótica, sin relación sexual, la erección del pene sufrirá altibajos. El marido descubrirá que tan pronto como logra la erección, en caso de perderla, vuelve a recuperarla. La observación de que la erección se adquiere y se pierde es parte importante del proceso de preparación tanto para el marido como para la mujer, pues así logran saber por experiencia que, con la colaboración amorosa, la erección siempre volverá.

Cuando el tiempo parezca adecuado, el esposo hallará deleite al satisfacer a su esposa mediante la excitación del clítoris. Cuando él sienta que está listo para la relación sexual, la esposa debe estar preparada para insertarse el pene. Aunque sólo esté parcialmente erecto, ella puede presionarlo para que entre en la vagina, y la subsiguiente excitación a menudo aumentará y mantendrá la erección.

Se ha descubierto que la posición del hombre arriba usualmente es la más satisfactoria y estimulante para los hombres que experimentan dificultad con la erección.

El proceso de realizar el acto sexual no debe ser nunca apresurado. Hay suficiente tiempo para volver a lograr la plenitud de los poderes sexuales, y el juego de amor debe realizarse de la manera más placentera, despreocupada y sensual. Debe asegurarse el ambiente privado. La esposa debe usar la bata más atrayente (o no usar ninguna), y el marido debe usar las palabras cautivadoras que una vez le dirigió a ella. Los apodos no pueden resultar muy estimulantes. (¿Ha oído usted alguna vez que un hombre le dice a su esposa, *mamá*? Muy a menudo, si la llama así, subconscientemente se la representará como una madre, con lo cual perderá el interés sexual.)

Una suave excitación y los encuentros eróticos han hecho cambiar la rutina. Recuerde usted que el éxito fomenta más éxito. El esposo debe recordar, sin embargo, que los temores al fracaso en la realización sexual pueden regresar en cualquier momento, tal vez cuando él se encuentre en una situación llena de tensión. El puede volver a hallar la cura en la misma forma como halló la primera: acudiendo a su esposa, manifestándole sus temores, hallando tranquilidad y placer en el cuerpo de ella, relajándose y negándose a hacerse demandas a sí mismo.

La esposa tiene que tener el cuidado de no hacer que él se sienta inferior, de no presionarlo, de no juzgar su realización sexual. Ella tiene que responder y ser seductiva, sin embargo, no debe hacerse demasiado fuerte en sus acciones. Los dos juntos pueden sacar el mejor provecho de sus relaciones sexuales. Tal vez hallen mucho más placer el uno en el otro que el que jamás tuvieron antes de desarrollarse la dificultad.

Los terapistas seculares informan que un promedio de cincuenta a setenta y cinco por ciento de los pacientes impotentes han logrado la cura. No tengo estadísticas exactas para citar, pero he observado que el promedio de curas es mucho más elevado cuando el marido es creyente y utiliza los recursos extraordinarios con que cuenta contra el principal villano: el *temor* al fracaso. Dios nos ha dado recursos mucho más grandes que el espíritu de temor, y el hecho de confiar en ese conocimiento le ofrece al esposo creyente una estabilidad y una tranquilidad que pueden ir lejos en la solución de casi cualquier problema de impotencia. La Biblia dice: "Porque no nos ha dado Dios espíritu de cobardía, sino de poder, de amor y de dominio propio" (2 Timoteo 1:7).

Toda situación de la vida en que veamos nuestra propia insuficiencia puede ser una oportunidad para ver el poder de Cristo actuando en nuestra vida. ¡Al contar con Dios, descubrimos que no hay necesidad demasiado pequeña ni demasiado grande para El! Nuestro Dios puede suplir todas nuestras necesidades.

9

La esposa "perfecta"

por Gaye de Wheat

Este capítulo no será una de aquellas conferencias serias sobre cómo llegar a ser la esposa *perfecta*. No quiero dar a entender que de algún modo he logrado esa condición, ni que sea posible llegar allí simplemente siguiendo diez pasos fáciles y haciendo un poco de esfuerzo.

En el título de este capítulo aparece la palabra "perfecta" entre comillas, lo cual debe indicar que usamos dicha palabra de una manera un poco diferente a las definiciones que se dan en algunos diccionarios:

"Sin mancha ni defecto" *(¿Quién, yo?)*
"Experta consumada" *(¡Difícilmente!)*
"Completamente efectiva" *(Tal vez ocasionalmente.)*
"Que tiene todas las cualidades necesarias. . ." *(Oh, no.)*

Pero, esta última definición da lugar a pensar: *Que tiene todas las cualidades necesarias. . .* para asegurar a tu marido que tú eres la perfecta esposa para él. ¡Ahí está! Precisamente de eso trata este capítulo.

Sabemos que no somos esposas perfectas. Y nuestros maridos también lo saben. Pero es posible mantenerlos tan felices que piensen que somos perfectas, por cuanto en todos los detalles que más les importan a ellos, ¡hemos aprendido a complacerlos! Ahora bien, no estoy hablando acerca de tratos engañosos ni de encantadoras manipulaciones diseñadas para aturdir a nuestros maridos para que nos adoren. A ellos no se los puede engañar fácilmente. Y, lo que es más importante, hay un mejor modo de complacerlos: un modo que Dios puede honrar por cuanto se arraiga en el principio de servicio del Nuevo Testamento: "Nosotros como vuestros siervos por amor de Jesús" (2 Corintios 4:5).

Por supuesto, esto no significa que tenemos que portarnos como personas serviles alrededor de nuestros maridos. Servir al marido por amor a Jesús es algo que no exige que seamos serviles y abyectas como esclavas babilónicas, ni como lavanderas del siglo XVIII. *Comienza con mi actitud de pensamiento con respecto a él, en vez de estar preocupada con respecto a mí misma.* Esto incluye la búsqueda de modos, todo el tiempo, para ayudarlo y complacerlo. En palabras de Proverbios 31, esta clase de esposa le hará a su marido "bien y no mal todos los días de su vida". La conducta que lo complace a él fluye de una actitud interna que yo he escogido para mí misma: la actitud de que mi marido es el rey de mi casa y el rey de mi vida matrimonial. Después del Señor, él es la persona a quien más quiero agradar. Después de Cristo, él ocupa el primer lugar en mi lista de prioridades. Así que es mi gozo y privilegio tratar a mi esposo como a mi "señor". Y en este caso tengo buena compañía, pues Pedro, en su primera epístola instruye a las esposas cristianas para que se adapten a sus maridos, la belleza de las cuales debe ser "un espíritu afable y apacible, que es de grande estima delante de Dios" (1 Pedro 3:4), y continúa señalando a Sara como un buen ejemplo: "Como Sara obedecía a Abraham, llamándole señor. . ." (1 Pedro 3:6).

Las recompensas de esta actitud ya se mencionaron, pero vale la pena repetirlas: Cuanto más complazcas a tu marido, tanto más ha de anhelar él complacerte a ti. Cuanto más intente él complacerte, tanto más vas a sentirte feliz en satisfacerlo, y tanto más vas a tratar de hacer las cosas que lo hacen feliz. Este es el glorioso ciclo de respuesta que podríamos llamar un círculo, pues un círculo nunca termina. Tan pronto como entremos en ese círculo de amor, no querremos salirnos, y aunque nuestros maridos aún pueden conocer demasiado bien nuestras limitaciones, sentirán que cualquier cosa que hagamos *está bien.* Hemos probado que somos precisamente las esposas que ellos necesitan.

Cuando se trata de la relación sexual, *tenemos que* complacernos para complacer a nuestros maridos. Los hombres que consideran su experiencia sexual como importante dicen que logran mucho de ella a causa del placer que reciben al ver a sus esposas excitadas y emocionadas. La mayoría de los esposos saben que en las relaciones sexuales dentro del matrimonio hay mucho más que la satisfacción de las necesidades biológicas por parte de una esposa pasiva, cansada, fatigada y sumisa. Ellos quieren que sus esposas entren en éxtasis mediante el juego amoroso; y sin embargo, según las estadísticas, menos del cuarenta por ciento de las parejas de casados disfrutan permanentemente la máxima satisfacción y liberación en la relación sexual.

Por el hecho de que doy charlas en seminarios acerca de la técnica sexual dentro del matrimonio, las mujeres a menudo me hablan acerca de sus desilusiones y anhelos en este aspecto. Saben que no tienen una buena relación sexual, pero sospechan que lo mismo les pasa a todas las demás. Y *no* se sienten felices.

Basados en nuestra experiencia como consejeros, como también en la evidencia de las Escrituras, mi esposo, el doctor Wheat, y yo creemos que una buena relación sexual es imprescindible en un buen matrimonio. Tal vez no sea lo más importante, pero si cualquiera de los cónyuges queda privado de la relación sexual, o no se siente satisfecho con ella, entonces se convierte en asunto primordial. Una relación sexual *satisfactoria* fortalece cualquier matrimonio. En efecto, la unicidad en este aspecto íntimo a menudo indica que todas las partes de la vida matrimonial están reforzadas.

Aunque la relación sexual es un tema tan público en estos días, todavía acuden a mí mujeres que han estado casadas durante treinta años, y que no saben si han logrado el clímax o no. Toda la discusión general sobre relaciones sexuales que aparece en las revistas no les ha ayudado. Necesitan entender las cuestiones específicas de la experiencia sexual: la excitación, la respuesta, el alivio. Esa es la razón por la cual hemos hecho tan específico este libro.

La información fisiológica objetiva que se halla en *El placer sexual ordenado por Dios* si se lleva a la práctica correctamente, resolverá menos de la mitad del problema de las mujeres insatisfechas con sus maridos. Lo que queda sin solución cae en las categorías de la actitud y la comunicación. Algunos consejeros han sugerido que hasta un ochenta por ciento de la dificultad está en estos aspectos.

La evaluación. Tengo esta sugerencia para las esposas que anhelan una vida sexual mejor, o para las que admiten (sin indicación de anhelo) que la relación con su marido no es tan excelente como pudiera ser. ¡Primero, haz un inventario de tus propias actitudes! Esto exige que pases algún tiempo a solas en que puedas evaluar honestamente tus actitudes hacia la relación sexual y hacia tu esposo como amante. Antes de terminar, descubrirás que estás echando también una larga mirada a tu estima propia, porque ella también ocupa un lugar en el cuadro total.

Comienza con tu actitud hacia la relación sexual en general. Cuando lees la palabra *sexo*, ¿qué piensas? ¿Qué imagen te viene a la mente? ¿Algo cálido, amoroso, tierno y complaciente? ¿O tal vez algo de poco gusto, o aun repugnante?

¿Qué actitud tenías al respecto antes de casarte? ¿Te dijo de antemano tu progenitora todo lo que debías saber al respecto? ¿Te dijo *algo*? Tal vez pensaste que tu marido lo sabría todo, y sin embargo, no era así. ¿Todavía tienes inhibiciones sexuales? ¿Soportas la relación sexual como una obligación, o la esperas con deleite? ¿Eres cálida y respondes al juego amoroso de tu marido, o te corres rápidamente hacia el otro lado de la cama, con la esperanza de que no te manifieste ningún interés?

¿Las experiencias de tu luna de miel te desilusionaron o te desalentaron, estableciendo un patrón de infelicidad que todavía no ha sido vencido? No puedo contar el número de mujeres que me han dicho que sus primeras experiencias en la vida matrimonial fueron muy desanimadoras: "¡La luna no brilló. . . las estrellas no cayeron . . . y no destelló en absoluto. . . ni un relámpago!" ¿Puedes aceptar esta desilusión, que tal vez aún programa tus reacciones, comprendiendo que las dificultades que tú y tu marido experimentaron se debieron probablemente a la falta de información y a las esperanzas demasiado elevadas que tenían para el momento que esperaban? Aunque la literatura romántica implica que tan pronto como los individuos llegan a ser marido y mujer, todas las respuestas se desatan automáticamente, eso no es cierto. El acto sexual no es instintivo. Se necesita tiempo para establecer una relación sexual verdadera y satisfactoria.

He aquí un modo de evaluar tu contribución a la relación física amorosa, sugerido por Shirley de Rice en su obra *Physical Unity in Marriage* (Unidad física en el matrimonio). Ella dice que las mujeres debemos tratar de medir nuestro amor *físico* hacia nuestros maridos según la norma que se halla en 1 Corintios 13, el gran capítulo del amor. Veamos cómo estás tú. Recuerda que ahora estamos hablando acerca del amor *físico*. ¿Es tu amor sufrido y benigno? ¿Nunca tiene envidia, ni es jactancioso? ¿No se envanece? ¿No hace nada indebido? ¿No busca lo suyo? ¿No se irrita? ¿No guarda rencor? ¿No se goza de la injusticia, mas se goza de la verdad? ¿Todo lo sufre, todo lo cree, todo lo espera, todo lo soporta? ¿Siempre cree lo mejor de él? ¿Deja de ser alguna vez ese amor?

¡Qué estricta vara de medir! Simplemente no somos capaces de practicar un amor de esa calidad sin la ayuda del poder de Dios. Pero la realidad es que, como mujeres renacidas en Cristo, podemos contar con el poder capacitador de Dios, para rehacer y transformar toda mala actitud que hayamos encontrado en nosotras durante esta evaluación.

Continuemos la evaluación considerando cómo nos miramos a *nosotras mismas*. ¿Te aceptas tú a ti misma tal como eres? ¿O sientes internamente que no eres atractiva? ¿Crees que pesas demasiado, o que tienes muy poco peso? ¿Piensas tal vez que tus caderas son demasiado grandes o tus piernas demasiado enjutas? ¿O que no tienes suficiente busto? (Y tú sabes cómo miran los hombres los bustos bien formados.)

Cuando tú y tu marido tienen relaciones sexuales, ¿te preocupas por mantenerse cubierta con una larga bata, o apagas las luces, para que él no te vea las deficiencias o imperfecciones? ¿Y esto no afecta tu conducta durante el proceso? No te sientes libre. ¡Nunca te olvidas por completo de ti misma y de tu apariencia!

La mayoría de nosotras sabemos que no tenemos cuerpos que puedan compararse con el de Raquel Welch o el de la legendaria Marilyn Monroe. Por tanto, nos es difícil aceptar el hecho de que nuestros maridos piensen que somos bellas o deseables. Creo que en la vida de la mayoría de las mujeres, éste es un problema mayor que cualquier otro. El problema se hace complejo si tu marido es de aquella clase que nunca te dice nada estimulante ni elogioso. La mujer que se siente bella va a ser bella para su marido cuando los dos están juntos a solas; y mucho más libre de inhibiciones para la relación amorosa. Tú y yo debemos recordar que nuestros maridos nos escogieron a nosotras, no a Raquel; y que si ellos logran la respuesta amorosa que quieren, jamás pensarán en nuestras imperfecciones.

Prosiguiendo con esta evaluación, ya es tiempo de que cada mujer se pregunta si ella acepta a su marido tal como él es. No sólo en cuanto a apariencia, sino también en cuanto a la clase de temperamento que tiene, sus fuerzas y debilidades, y aun con la habilidad que posee para ganarse la vida. Como tú ves, esto tiene un efecto definido sobre la manera como respondes a sus requerimientos amorosos, o sobre la manera como él se te acerca en este sentido. Si lo dejas afrentado con palabras o pensamientos, tu relación será perjudicada. Luego de aceptar a tu cónyuge tal como es, es tiempo de que te concentres en sus fuerzas y enfoques tus pensamientos en ellas. ¿Le dices a veces algunas palabras de elogio? Como mujeres, pudiéramos querer estar siempre en el lado que recibe. ¿Por qué no le dices que te sientes muy satisfecha por el hecho de que él sabe reparar tu automóvil o la lavadora de ropa, o que aprecias mucho la amabilidad que él manifiesta para con tus padres? ¿O cómo admiras el buen gusto que él tiene para escoger la ropa? ¿O le dices que es maravilloso tener un marido físicamente fuerte, o que es muy hábil para darte un consejo a tiempo? O puedes decirle cualquier cosa que se aplica a tu propio hombre. Es un asunto de apreciación honesta, que le manifiestas en vez de guardarla para ti. Los cónyuges que se aprecian mutuamente y lo *demuestran*, tienen toda clase de razones para esperar una maravillosa relación sexual. En su situación es más probable que sus dificultades sean de naturaleza física, asuntos relacionados con el ajuste que fácilmente pueden solucionarse aplicando la información apropiada.

La comunicación. Luego de evaluar las actitudes, es necesario considerar la comunicación. Es muy poco lo que se puede evaluar de una relación sexual sin comunicación. Durante el mismo proceso de la relación amorosa, la comunicación no tiene que ser verbal. Tal vez hayas aprendido a poner en práctica lo que te ha sugerido el terapista sexual: colocar amorosamente tu mano en la de tu marido e indicarle el lugar en que te gusta la estimulación sexual. Y en caso de que él actúe con demasiada rudeza o con demasiada suavidad, volverle a guiar la mano hacia ese sitio, colocando la mano en la de él. Hay maneras de decirle a él cuándo estás lista para el acto sexual, sin decir una palabra. Pero aún antes del acto sexual, tal vez te sea necesario comunicar a tu marido tus necesidades de una manera franca y clara. Es probable que él también tenga que comunicarte algo de lo que él necesita. Si tú quieres llegar al orgasmo y no lo estás logrando, pídele que te dé la excitación manual que te permitirá lograrlo. Es sorprendente el hecho de que las mujeres guardamos tanto silencio con respecto a algo tan importante como el acto sexual dentro del matrimonio. *Deseamos* en silencio, o *sufrimos* en silencio, o *esperamos* en silencio que esta vez él sea diferente, que esta vez se le ocurra hacer aquello que deseamos que haga. ¿Por qué, simplemente, no se lo decimos?

Ya que estamos hablando de la comunicación, permíteme prevenirte acerca de algo que es mejor no comunicar. Algunas esposas, por el deseo de complacer a sus maridos (o por otras razones), han fingido durante años que están disfrutando ampliamente del acto sexual, cuando en realidad ni siquiera logran el orgasmo). Ahora, con tantos artículos que se publican en las revistas con respecto al logro del orgasmo, comprenden que al fin y al cabo pudieran lograrlo, si de algún modo sus respectivos maridos supieran lo que tienen que hacer. Pero el pobre marido piensa que todo ha estado bien durante todos estos años. Algunas esposas por pura honestidad les dicen a sus maridos que han estado simulando la satisfacción sexual. El resultado de esta comunicación puede ser casi desastroso. Hemos conocido a esposos cuyos egos fueron anonadados al saber esto. Cuando supieron que sus respectivas esposas habían estado fingiendo todo el tiempo, se disgustaron tanto que ya no querían saber nada más de ellas. Cuando el marido comprende que la esposa ha practicado una mentira, bien puede preguntarse en qué otros aspectos de la relación ha sido también deshonesta. Personalmente creo que, en la mayoría de los casos, es mejor que el marido no sepa esto. Si tú has pintado un cuadro fingido en cuanto a ti misma, con

sabiduría y oración tendrás que escaparte de él. Es mejo
mucha gracia le hagas algunas sugerencias a tu marido rel
con las técnicas sobre las cuales has leído, sin darle a ent
él no te ha excitado ni te ha satisfecho durante todo es
Cuando pongas en práctica estas técnicas, podrás descub
presunción ya no es necesaria.

Las actitudes y la acción. Luego de terminar la evaluac
comenzar la acción. Tal vez sientas, como algunas muje
han expresado, que aunque sabes que tus actitudes no son
simplemente *no puedes* cambiarlas. La persona que dic
puede, *no puede.* Está destinada al fracaso.

Por otra parte, la mujer que tiene el poder capacitador
dentro de ella, *sí puede* cambiar. ¿Cómo ocurre esto? Entreg
actitud al Señor y luego comenzando a ser, decir y hace
sabes que es bueno. Comprende que al complacer a tu mar
vez estás obedeciendo y complaciendo al Señor. Que esto
ofrenda de amor para ambos. El Señor no te obligará a qu
nada. No te cambiará sin tu cooperación. Tú no eres un robo
títere sobre un resorte. Pero si sabes cuál es la actitud qu
tener, entonces tienes que decir: "Está bien, con la ayuda
que opera en mí, voy a ser diferente". Y luego, comienza a ,
en práctica. ¿Cómo deja una mujer de morderse las uñas?
hace diciendo: "No puedo". Simplemente, deja de mordérse
el mismo principio que hay que aplicar para cambiar tus act
hacia el amor, la relación sexual, el matrimonio y tu maric

Existen algunas cosas que pudieras considerar para hacer
relación sexual sea más deleitosa para los dos. Primero, perm
sugerirte la "herramienta" de la expectación, particularme
has tenido algunas actitudes defectuosas con respecto a la exp
cia sexual. Un período de expectación romántica del acto se
que se va estructurando durante todo el día y termina felizmer
la cama, puede intensificar mucho la relación amorosa. Tu m
tiene la oportunidad de despertar tu interés y de aumentar su
pia expectación. Por ejemplo, si él te da un beso muy signific
cuando sale para el trabajo, y luego te llama por teléfono algun
durante el día, simplemente porque está pensando en ti y porq
haces falta, te está preparando el escenario para que aceptes co
tisfacción sus requerimientos amorosos después que los niños e
acostados. Si tu esposo todavía no sabe que la respuesta positiv
tu parte es grandemente influida por el galanteo preliminar, tal
ésa sea una de las cosas que necesitas comunicarle. Junto con la
pectación mental, haz algunos planes definidos para atender la
mida, las responsabilidades y a los niños, de forma que pue

pasar el tiempo ininterrumpidamente con tu esposo al terminar el día.

La mejor manera de cambiar tu actitud hacia la relación sexual consiste en comenzar a pensar y a actuar positivamente, ya que los mejores sentimientos siempre vienen en pos de la correcta acción. Si tu problema consiste en que necesitas demasiado tiempo para llegar a estar excitada sexualmente, entonces comienza previendo esto desde tempranas horas del día. Comienza concentrándote en la idea de que el acto sexual con tu marido es agradable. Posteriormente cuando estén en el juego amoroso, sigue pensando: *Esto es agradable para mi cuerpo. Esto me agrada. Esto es lo que Dios hizo para mí. Quiero complacer a mi marido. Esta va a ser una experiencia feliz. Voy a sentir sensaciones agradables y maravillosas. . .* Esto te ayudará grandemente, a menos que tu marido en verdad no te ofrezca ningunas sensaciones maravillosas. En ese caso, ofrécele este libro para que lo lea, ¡para que aprenda a complacer a su esposa!

Si quieres poder disfrutar del acto sexual por lo que recibes de él como también por el provecho que de él obtiene tu marido, vas a tener que asumir la responsabilidad de tu propio placer sexual y no vacilar en comunicarle tus necesidades a tu marido. Vas a tener que ser muy franca con él, si esperas lograr esa condición de abandono que te dará el más agradable placer sexual. Pero ambos necesitan saber que el hecho de rechazar una forma particular de juego amoroso no significa que se rechaza a la *persona*, sólo se rechaza la *acción*. Cada uno de los dos tiene que estar dispuesto a dar y recibir sugerencias para aumentar la excitación. Las mujeres no vacilamos en comunicar la necesidad que tenemos de un nuevo vestido o de una nueva alfombra, pero cuando se trata de nuestras necesidades sexuales, parece que nos negamos a hablar. Jamás pienses que un problema es demasiado pequeño o insignificante para discutirlo.

Mientras se realiza el proceso de la relación sexual, la concentración es sumamente importante. Aunque hayas estado edificando con anticipación y practicando nuevas actitudes, descubrirás que fácilmente puedes distraerte, y luego tienes que comenzar completamente de nuevo a buscar la excitación. No puedes permitirte el estar allí acostada pensando en los problemas del día o en el hecho de que olvidaste sacar la carne del congelador. Concéntrate en aquello que despierta su excitación. Piensa en el gozo que estás experimentando al poseerse mutuamente tú y tu marido.

Sé activa, no pasiva, y disfrutarás más del acto sexual. Si eres activa es menos probable que tu atención se distraiga. No tengas temor de acariciar a tu marido mientras él te acaricia. Cuando te abandonas a ti misma en busca del orgasmo, llegarás a estar más consciente de tus sensaciones, y tu cuerpo automáticamente comenzará a moverse para ayudar a aumentar la excitación.

De paso, ¿has iniciado tú alguna vez el acto sexual? Casi a todo marido le parece eso un desarrollo excitante. El marido ocasional que se siente amenazado por esto a menudo es el que tiene temor por su propia insuficiencia sexual. Tim Timmons, en sus Seminarios matrimoniales dice: "Cautívalo . . . no lo dejes . . . *síguelo*". Sin decir ni una palabra, tú puedes hacer saber a tu marido que él es maravilloso y que lo hallas físicamente atractivo y deseable.

Tal vez ha habido cierta diferencia de opinión en cuanto a cuál es la frecuencia deseable de la relación sexual. Lo que ustedes dos prefieran ciertamente es "normal" para la vida matrimonial de los dos. Si piensas que tu esposo parece exigir más relaciones sexuales que tú, piensa en la siguiente ilustración. Si estuvieras en el desierto y tuvieras sed, pensarías en un vaso de agua, ¿no es verdad? Pero si estás de pie junto al refrigerador, y hay dentro de él una gran jarra llena de agua con hielo, y puedes abrir la puerta y sacarla en cualquier momento, la necesidad de tomar agua casi no es urgente. Tal vez la razón por la cual tu esposo parece que nunca piensa en otra cosa que no sea la relación sexual es que él está "en el desierto" y "tiene sed".

Algunas veces estarás muy cansada y te sentirás tan erótica como un calcetín viejo, pero tu marido se te acercará con deseo. Los terapistas seculares dicen que la esposa debe poder responder: "Lo siento, pero no me encuentro en condiciones para eso esta noche". Mi opinión personal como esposa cristiana es que podemos depender de nuestro Señor para que nos dé la capacidad de ser cálidas y responder al deseo de nuestros maridos, sin importar cuán cansadas nos encontremos. Cuando encomendamos esto al Señor en oración, y confiamos en que El nos dará la fortaleza para satisfacer las necesidades de nuestros maridos, a menudo descubrimos que no sólo lo podemos hacer, sino que también disfrutamos de la experiencia. El meollo de este asunto es la actitud. Por favor, no seas como la señora que me dijo sombríamente: "*Nunca* se lo he negado". Y sin embargo, era obvio que la negación estaba allí en su corazón y también en su voz.

Si sientes que la rebelión se levanta dentro de ti por causa del consejo que parece destacar la sumisión a tu marido y que, por tanto, va contra tu inclinación natural, recuerda que la sumisión a nuestro Dios y a nuestros maridos es una obra sobrenatural, resultado de la acción que elegimos *más* el poder de Dios. Leemos en Salmo 40:8: "El hacer tu voluntad, Dios mío, me ha agradado". Y a este punto tiene que llegar la esposa. La sumisión es siempre algo que *tú haces*, y no que *se te hace*.

La rutina puede llegar a ser un obstáculo para el disfrute sexual. Si tú y tu marido siempre han tenido la relación sexual a la misma hora y exactamente con la misma rutina, traten de buscar otra hora y una manera diferente. Como esposa que usualmente programa las actividades de la familia, tú puedes hacer los planes de tal modo que haya ratos en que tú y tu marido estén descansados y listos el uno para el otro. Tu esposo necesita energía para una buena relación sexual, y tú puedes protegerlo algunas veces del agotamiento que viene como consecuencia de las actividades sociales adicionales que se aumentan a su diaria carga de trabajo.

Tu apariencia. Los dos disfrutarán mejor de la relación sexual, si saben que su apariencia está en la mejor condición. Por supuesto, esto no es siempre posible, especialmente en aquellas oportunidades en que el acto sexual ocurre espontáneamente. Pero cuando estén acostados tu esposo disfrutará de verte bañada y en la más bella forma femenina. Y en concordancia con ello surgirá la confianza en ti de que eres deseable. Una tenue bata de dormir crea un aura de hermosura. Hay algunas batas de abuela que ni aun la abuelita se atrevería a usar, y la antigua camiseta de manga corta de tu esposo tampoco hace mucho a favor de su esposa. Sin embargo, si eso es lo que tu marido quiere que uses, sea como fuere, duerme con esa clase de vestimenta. Alguna esposa tal vez piense que a su esposo no le importa lo que usa para dormir, solamente que se lo quite en el momento oportuno. Sin embargo, un cuerpo limpio y perfumado, vestido con una bata femenina le dice a él que tú te preocupas lo suficiente con respecto al tiempo que vas a estar con él en la cama como para presentarte del modo más atractivo y deseable. Ahora bien, todos sabemos que el marido es grandemente estimulado al ver el cuerpo de su esposa, pero puede haber demasiado de cualquier cosa, aun de desnudez. A menudo la práctica de andar completamente desnuda en la casa, o sólo con escasas ropas, no es buena. Una esposa me dijo una vez: "Un poco de algo que se deje a la imaginación es especialmente seductor".

Por supuesto, la apariencia delante del marido en cualquier momento llega a ser un asunto importante. ¿Has notado en los dramas de televisión que cuando los libretistas quieren indicar que un matrimonio ha muerto, presentan a la esposa con un vestido horrible y el cabello enrollado en rizadores? Los otros indicios son que ella repulsa a su marido cuando éste intenta mostrarle afecto, y que ella generalmente tiene una mirada contraída y reprimida. También a menudo llora o se queja. Aquí tenemos algunos indicios de la esposa que quiere complacer a su marido: ¡tiene apariencia bella. . . se mantiene sonriente. . . no se queja. . . recibe a su marido con los brazos abiertos!

Hay otros modos de agradar, tan simples que tú los sabes. Pero todas necesitamos que nos los recuerden. Concede especial atención a la belleza y comodidad de tu dormitorio. Recoge todo lo que sea necesario recoger y acomodar en la casa en la última parte de la tarde, para que haya una apariencia de orden, aunque no hayas tenido tiempo de limpiar. Refréscate tú también antes que tu marido regrese a casa. Si a él le gustan las coles, sírveselas como verdura, y quita de la mesa las habichuelas que él detesta. Usa el vestido azul que a él le gusta más. Si él prefiere quedarse levantado hasta altas horas de la noche, trata de incluir en tu programa de la tarde una buena siesta y quédate hasta tarde con él. Si a él le gusta el béisbol, trata de que te guste a ti. Tú no haces estas cosas porque eres una persona que sufre sin protestar, sino porque *quieres* hacerlo. Lo más importante es que una esposa sabia jamás debe discutir. Ella mantendrá a su marido pacífico, satisfecho y feliz concediendo con gracia sus deseos o sometiéndose a sus opiniones. Cuando el asunto es importante, puede decidirse según sus mérindos en vez de convertirlo en otro motivo para el altercado. Un buen consejo para la esposa es oir más y hablar menos. Y todo esto cuadra con la admonición de la Palabra de Dios según la cual las esposas deben adaptarse a sus maridos.

Si queremos ser más bellas para nuestros maridos, tendremos el cuidado de no abandonarnos a medida que envejecemos y mutuamente nos sentimos satisfechos. Especialmente si nuestros esposos no quieren que engordemos, evitaremos el aumento de cinco kilogramos por año hasta quedar fuera de forma. Pero aún más importante, no descuides tu belleza interna. Alice Painter dice que cuando una mujer tiene dieciséis años de edad no puede menos que ser bella. ¡Pero si tiene sesenta años y no es bella, entonces sí es culpa de ella! La mujer que se siente infeliz en su fuero interno lo manifestará en las arrugas de su apariencia. Lo manifestará también en sus acciones: aquellos empujones de rechazo tan desagradables. Lo revelará también en su voz, que puede ser alta y estridente, o con gemidos y quejas, o adquirir un tono ridículo. La mujer que es amada y sabe que es amada, que ama al Señor y a su marido, será encantadora.

La seguridad del amor cristiano. Se me ha preguntado en qué forma ha cambiado mi matrimonio desde que mi esposo Ed y yo nos convertimos al Señor hace unos quince años. ¡No hay comparación! Antes, por supuesto, los dos éramos egoístas. No practicábamos la clase de relación sexual de que hablamos en este libro, porque no nos preocupábamos en esa forma de complacernos mutuamente, y no sabíamos qué significado tenía la relación sexual en la Palabra de Dios. Nos llevábamos bien los dos, pero no compartíamos mutuamente nuestros más profundos sentimientos.

Ahora que somos creyentes, sé que el amor que Ed me profesa es la misma clase de amor con que Cristo me ama. Estoy segura y asegurada en ese amor. Sé que siempre puedo hablarle a mi marido, y que puedo confiar en su sabiduría como director espiritual de nuestra familia. Como nos hemos acostumbrado a derramar juntos nuestros corazones en oración delante del Señor, ahora nos sentimos libres para comunicarnos cualquier cosa. No tenemos el temor de exponernos ni de exponer nuestras faltas, porque sabemos que nos aceptamos el uno al otro tal como somos, con todas las fragilidades, las faltas y las cosas buenas. ¡Qué maravilloso es saber que no me baso en mi manera de actuar! No importa cuán mala sea mi actuación, aun así voy a ser amada. Y eso tiene que hacer que yo actúe mejor.

¿Es esa una relación perfecta? ¡Claro que no! Todavía hay en mí actitudes que no son buenas. Es entonces cuando tengo que comenzar de nuevo, entregando todo en las manos del Señor, sabiendo que como creyente no tengo que actuar de ese modo. No tengo que permitir que mi vieja naturaleza me domine, ni tengo que decidir ser infantil o estar irritada con respecto a algo insignificante que mi yo siente como un desprecio. Realmente, cuando me detengo a pensar un momento, comprendo que mi esposo estaba ocupado y que no lo dijo o hizo intencionalmente. Como esposa creyente estoy en libertad de obedecer a Dios y complacer a mi marido. No tengo que comportarme de ningún otro modo.

Me gustaría pensar que los maridos están leyendo este capítulo y que comenzarán a manifestar a sus respectivas esposas cuánto las aprecian, no sólo en el dormitorio, sino en cualquier tiempo, con abrazos, suaves palmaditas y palabras bondadosas y elogiosas. *Muchos hombres no comprenden que la esposa que tienen es un reflejo de la propia conducta de ellos para con ella.*

Los hijos y las prioridades. Deben decirse dos cosas con respecto a los hijos en esta discusión sobre la relación sexual dentro del matrimonio. Primera, se les debe dar la prioridad que les corresponde. Primero es el marido, luego los hijos. Algunas mujeres colocan adelante a los hijos; luego, cuando los hijos crecen y se van, el marido y la esposa no tienen nada que comunicarse mutuamente. Segunda, nuestro hogar es el sitio en que nuestros hijos reciben las primeras actitudes con respecto al sexo. La mejor educación sexual que ellos pueden recibir es que sepan que la madre y el padre se aman mutuamente y vean que este amor se expresa en formas tiernas y consideradas.

He aquí un ejemplo para demostrar cómo son influidas las actitudes de un hijo. Supongamos que estás de pie en la cocina preparando la cena, y tu esposo se acerca y te da unas palmaditas suaves en la parte de atrás. Tú te das vuelta y con un tono de reproche le dices: "¡Deja eso!" Juancito y Susanita, que están jugando cerca, observan lo que ocurre. ¿Ves cuál es la lección que han aprendido? Pero ahora hagamos de nuevo la escena. Supongamos que tu marido se acerca y te da unas palmaditas suaves por la parte de atrás, y tú das la vuelta y le sonríes, tal vez te acercas a él y los dos se dan un abrazo y un beso. El va y se sienta a leer el periódico, y tú tarareas algún canto mientras revuelves lo que está en la olla. ¡Qué lección tan diferente acaban de aprender los niños!

Sí, tus hijos observarán tus acciones y absorberán tus actitudes. Si ven que entre ti y tu marido hay una relación cálida que se demuestra, es más probable que al crecer ellos sean afectuosos y tengan una actitud saludable con respecto al sexo. Tal vez más tarde tengas el privilegio de ayudarlos a prepararse para el matrimonio.

Consejo para las recién casadas. Algunas de ustedes tal vez tengan hijas adolescentes que muy pronto (antes que ustedes estén preparadas para ello) estarán pensando en casarse. Algunas recién casadas me han dicho que ojalá alguna persona les hubiera dado unas pocas sugerencias con respecto a la luna de miel. Por esa razón, quiero incluir las siguientes indicaciones: Haz todos los preparativos de la boda con mucha anticipación para que no haya detalles de último minuto de los cuales tú seas responsable. . . Debes estar descansada. Esto significa que no debes estar hablando con las amiguitas hasta las primeras horas de la mañana del día de la boda, ni debe haber fiesta de despedida de soltera esa última noche. . . Planifica un viaje *corto* para la primera noche. . . Asegúrate de meter en tu equipaje un tubo de gelatina vaginal. . . Ten a la mano una pequeña toalla para absorber las secreciones. . . Decidan de antemano lo que ambos esperan la noche de bodas. . . Establezcan si cada uno de ustedes quiere quitar toda la ropa del otro, o si quieres entrar en el dormitorio flotando en tu encantadora bata suelta de cama y hacerlo perder la cabeza. Es mejor romper la barrera de verse desnudos el uno al otro en algún momento de la primera noche. . . Tomen una ducha juntos por lo menos una vez en su viaje de luna de miel. . . Y claro. . . lleven una vela para formar una atmósfera de iluminación especial. Relájense, estén expectantes del momento en que se han de acariciar y poseerse el uno al otro.

Señoras, yo tengo una tarjeta preferida para el Día del Padre que envío a mi marido todos los años por el hecho de que el mensaje que contiene es perfecto. Dice:

A mi marido, que aún me da
   protección
     atención
       seguridad
         dinero para comprar víveres
           y . . .
         ¡PIEL DE GALLINA!

¡Y en realidad es así! Esposa quiero que tú descubras que los principios que ofrezco en este capítulo son efectivos cuando se llevan a la práctica, y que a medida que aprendes a complacer a tu marido, y a ser complacida por él, obtendrás todos los deleites que pudieras anhelar. Todo comienza contigo y con tu actitud.

10

Todo amor, todo gusto, todo deleite

Un viajero del espacio sideral, que pudiera leer la literatura corriente sobre las relaciones sexuales en el matrimonio, fácilmente pudiera obtener la impresión de que el amor matrimonial consiste en una sensación física que dura sólo unos pocos segundos y que todos están tratando de lograr. Y este mismo visitante de nuestro planeta pudiera muy bien preguntarse según su propia manera: "Si eso es todo lo que hay en el proceso de apareamiento de estas criaturas, ¿por qué tanta alharaca con respecto a ello?"

Por supuesto, hay más, mucho más: "Todo amor, todo gusto, todo deleite", dicho en palabras de Robert Herrick. Pero el mundo secular ha llegado a estar sumamente preocupado con la técnica del aspecto físico. Y gran parte del mundo cristiano está debatiendo las implicaciones del orden bíblico para estas relaciones que se halla en Efesios 5; y raras veces alguien se aventura a la zona que se encuentra entre estos dos puntos, donde se consideran las dinámicas de la unión sexual dentro del matrimonio: no las técnicas, ni los profundos principios que hay en esta relación, sino cómo se relacionan realmente en amor dos personas unidas por el lazo matrimonial, para acercarse a la experiencia denominada "una sola carne".

Después que la Biblia ha tratado el orden básico que les corresponde al marido y a su mujer (amor abnegado y sumisión), deja a nuestra propia comprensión mucho de lo concerniente a estas dinámicas de la relación sexual. El silencio de la Biblia no implica que ya se ha dicho la última palabra, sino que Dios, por el infinito buen sentido que tiene, permite que cada una de sus criaturas explore las posibilidades ilimitadas inherentes en la relación que El mismo creó. Estas posibilidades ilimitadas convergen de algún modo en una ofrenda que dos personas hacen de sí mismas, la una a la otra, ofrenda que refleja todo lo que son separadamente, y todo lo que llegarán a ser estando juntos.

Sin tratar de establecer asuntos específicos, que serán tan diferentes en cada matrimonio como los individuos que están involucrados en él, podemos hacer las siguientes observaciones con respecto a las dinámicas de la relación sexual entre el hombre y su esposa:

Primero, la relación sexual debe ser siempre llena de vida, rica en emoción y siempre cambiante dentro de la seguridad del compromiso matrimonial. Cuando las relaciones sexuales se embarcan en una fatigosa rutina, ambos cónyuges pueden tener un vago sentido de insatisfacción, con anhelos no bien determinados, aunque ellos no comprendan que algo precioso les está haciendo falta. ¡Lo que les está haciendo falta, por supuesto, es la libre y activa expresión de un amor lleno de vitalidad! En tales casos, el amor necesita ser renovado o liberado.

Algunas veces se desarrolla una torpe rutina por el hecho de que bien el marido o la esposa le tiene temor al cambio, y como una medida de seguridad, trata de mantener el acto de amor estático. Inconscientemente, tal individuo está prefiriendo la vacuidad en vez de la plenitud. Tal decisión llega a ser otra forma de enterrar los bienes de uno, por el hecho de que uno "tiene miedo". El Señor Jesús no se sintió satisfecho con ese modo de actuar; tampoco creemos que a El le agrada una relación sin vida, despojada de emoción.

Lo que hace que la relación se mantenga vital y que se mueva es un regocijado patrón de mutua respuesta, como la que se nos describe en la siempre cambiante relación entre Salomón y su esposa, que se nos ofrece en el libro El Cantar de los Cantares. Los dos amantes tuvieron períodos de placer casi indescriptibles intercalados con cambios de fortuna y diversidad de sentimientos. La relación de ellos no era perfecta, pues eran humanos. Cuando él la quería, en determinado momento, ella no deseaba ser perturbada. Luego, cuando él se apartaba de ella, su corazón se conmovía por él, y lo buscaba hasta que volvían a reunirse. Tal reunión llegaba a ser una gloriosa combinación de mutuo placer, ya que él expresaba abundantes palabras de intenso aprecio: "¡Qué hermosa eres, y cuán suave, oh amor deleitoso!" Y ella apasionadamente le aseguraba que los deleites de ella eran todos para él.

Aquellos momentos casi perfectos que algunas veces ocurren entre los amantes nos tientan a ser coleccionistas, a tratar de capturar y repetir nuestras experiencias favoritas. Es agradable recordarlas, pero el apegamiento al pasado a menudo hace que perdamos los nuevos deleites que están adelante. Aquel momento en que admitimos que nuestra relación amorosa es menos que perfecta da oportunidad para el movimiento del uno hacia el otro. Mientras estemos entregados el uno al otro, no tenemos que temer el cambio constante dentro del matrimonio, el flujo y reflujo de la relación de dos amantes, porque ése es un signo de vida.

C. S. Lewis captó de algún modo la esencia de ese continuo cambio en unas pocas frases vívidas que describen su propio matrimonio: "H. y yo festejábamos nuestro amor; lo poníamos en práctica en todas sus formas: solemne y alegre, romántico y realista, algunas veces tan dramático como una tormenta de truenos, otras veces en forma tan cómoda y sencilla como cuando uno se pone las pantuflas. Ningún repliegue del corazón o del cuerpo quedaba sin satisfacción" (de *A Grief Observed*, "Una aflicción observada").

Si la relación está cambiando constantemente, también están cambiando las necesidades de las dos personas que participan en ella. Por tanto, nuestra segunda observación es que no hay una parte determinada que cada cónyuge deba jugar dentro de la experiencia sexual. Por ejemplo, no puede haber un "jefe" en la mutualidad y la unión. Aunque el hombre debe ser tiernamente protector, no hay lugar en el amor para un rígido dominio por parte de él. Decir que la mujer debe ser sumisa en el patrón general del hogar no implica que en la relación sexual ella está limitada a esperar que él logre el placer. Ella tiene igual privilegio de iniciar el acto sexual y de ofrecer el propio estilo de su imaginación para el placer de la relación total.

En este aspecto particular del matrimonio, cada uno puede ser verdaderamente lo que es, sin restringirse a un papel que debe jugarse vez tras vez. El marido puede tener esencialmente una vigorosa personalidad, pero hay momentos en la intimidad de su amor cuando querrá depender de su esposa y expresará libremente esto. Ella tal vez algunas veces necesite saber que él tiene la fortaleza, y que debe estar libre para ser lo que necesita ser y buscar lo que ella necesita. Estando los dos juntos en esta forma, cada uno puede ofrecer el sustento emocional que el otro requiere. En esta condición queda descartada la relación sexual fantaseada, como algo pasado de moda que es mucho menos que la realidad.

Ciertamente, parte del deleite de la relación está en la oportunidad que hay en la intimidad del dormitorio para ser todo lo que usted sabe que puede ser, y que sin embargo, nunca puede demostrarlo al resto del mundo. "Gracias a Dios", dijo Robert Browning, "¡la más humilde de sus criaturas se jacta de tener un alma de dos caras; una para enfrentarse al mundo, y la otra para mostrárselo a una mujer cuando la ama!" Usted puede llegar a ser usted mismo en el sentido más absoluto de la expresión con su cónyuge.

Tal vez otros piensen que usted es rígido, frío, reservado. Pero en el dormitorio, ríe con su cónyuge, tiene libertad para ser apasionado o tierno, según el estado de ánimo que lo domine, protector o dependiente, galante or rendido. En la relación sexual debe haber lugar para que se expresen todas las partes de la personalidad en algún momento. Y todo el tiempo, la expresión de su propio ser satisface la necesidad de su cónyuge. Elizabeth Barrett de Browning escribió: "¿Cómo te amo? Te amo en conformidad con el nivel de la más tranquila necesidad del día, a la luz del sol y a la luz de la vela".

Nuestra tercera observación se relaciona con la importancia de un despreocupado acercamiento al acto sexual dentro del matrimonio. La relación sexual con su cónyuge es mucho más que una recreación, por supuesto, pero también es una recreación: es la mejor recreación, la más tranquilizante, la más renovadora que el hombre conoce. Y Dios también la planificó. No es raro que a menudo se la llame "juego de amor". Es una diversión, no una obligación; es suma excitación, no aburrimiento; es algo que se espera con ansia, no una horrible experiencia que hay que evitar si es posible. Debe ser y puede ser un rasgo sobresaliente de cualquier día ordinario, un momento en que dos personas se unen para refrescarse el uno al otro en el amor mutuo, para olvidarse de los cuidados y de los insultos de la vida, y para experimentar el relajamiento o abandono total y maravilloso que Dios diseñó como culminación de la relación sexual, cuando tanto el marido como la esposa llegan al orgasmo. ¡Qué irónico es que las parejas buscan toda clase de recreación en otras partes, sin haber descubierto nunca la *plenitud* de placer que tienen a su disposición en su propio dormitorio. ¡La pareja cristiana que ha experimentado esta plenitud dará las gracias a Dios, los dos conjuntamente, por lo que El les proveyó!

Cuarto, la relación sexual entre el marido y la esposa ofrece la única oportunidad de preocuparse por otro ser humano y ser responsable por él en el sentido más completo posible. El marido y la esposa deben amar, cada uno, el cuerpo del otro como si fuera su propia posesión. No como mecanismos que pueden ser usados para la satisfacción y descartados a voluntad, sino como tesoros de valor grande y duradero. Cuando comprendemos cuán infinitamente somos apreciados por nuestro cónyuge, se nos desarrolla la seguridad de nuestro propio valor. C. S. Lewis observó que aun su cuerpo "tenía una importancia muy diferente", ¡por cuanto era el cuerpo que amaba su esposa! Esta preocupación y esta responsabilidad se extenderán hacia los detalles de la vida hogareña: el pago del alquiler, el mantenimiento de la casa, la compra de víveres, la preparación de buenas comidas. En todo estará el uno respaldando al otro todo el tiempo. Pero eso comienza de la mejor manera con la sensible apreciación del otro cónyuge en la relación amorosa, y continúa nutriéndose allí mismo.

Inevitablemente llegamos al asunto de la misteriosa unicidad de la relación sexual. Eso de ser dos individuos separados y, sin embargo, fusionarse en uno por medio de un acto físico-espiritual es algo que se resiste a la explicación. Sin embargo, tenemos el privilegio de vivir esa realidad, de experimentar la consumación por medio de nuestro cónyuge en el acto de amor.

"La unión sexual humana. . . salta los muros de la separación y de la soledad, funde nuestras parcialidades y contrariedades en un todo, une los fragmentos de la vida en una nueva identidad unificadora", escribió George Cornell (en una serie de la agencia *Associated Press*, 1976). El hecho de que esta gran consumación ocurre en un momento cuando también experimentamos el más profundo éxtasis que conocen los seres humanos hace que eso sea un milagro de la provisión de Dios para nosotros.

Luego, esta experiencia es tan única y sorprendentemente personal, nuestra propia experiencia, que nadie puede competir ni entrar en ella. Ninguna otra persona puede decirnos precisamente cómo compartir esta vida con nuestro cónyuge. Estas dinámicas que estamos estudiando sirven para que cada uno explore, experimente y desarrolle hasta llegar a una armonía tan cercana a la perfección como sea posible. Entre estas dinámicas están incluidas la espontaneidad de la vida, la libertad de expresión, la expectación del placer, la sensibilidad en la solicitud y la entrega que conduce a la consumación. Pero ninguna otra persona puede decir precisamente cómo se manifiestan estas dinámicas. En la medida en que usted llega a conocerse a sí mismo y a su amante, comprenderá mejor cómo debe amar a esa persona en especial. Habrá "intimidad. . . atemperada por la gracia del toque. . . los cónyuges. . . creando juntos un patrón, y siendo invisiblemente nutridos por él", según palabras de Anne Morrow de Lindbergh (*Gift From the Sea*, "Don del océano"). La respuesta de amor, gusto y deleite de cada uno para con el otro será como un brillante hilo de gozo entretejido con los colores ordinarios de la vida diaria.

"La relación sexual sigue siendo indefinible, inexplicable, misteriosa", anotó Cornell, luego de escribir una serie de artículos periodísticos sobre este tema, "es como una pieza de la música de Mozart de la cual un oyente le pidió una vez su explicación. Mozart respondió: 'Si pudiera explicarla con palabras, no necesitaría música' ". Así los que han de entender la relación sexual dentro del matrimonio, tienen que experimentarla, y experimentarla de la manera como se creó: espontánea, libre, regocijada, renovadora, y más llena de significado de lo que las palabras jamás pudieran expresar.

11

La planificación de la paternidad y su logro

El salmista escribió:

"He aquí, herencia de Jehová son los hijos;
Cosa de estima el fruto del vientre.
Como saetas en mano del valiente,
Así son los hijos habidos en la juventud.
Bienaventurado el hombre que llenó su aljaba de ellos"
(Salmo 127:3-5).

Todo niño que nace debe considerarse como un real don de Dios. Tengo la convicción de que cuando los dos cónyuges están bien informados y son creyentes maduros, deben tener tantos hijos como crean que pueden preparar para una vida cristiana productiva.

El marido y la esposa pueden disfrutar de un gozo especial al tomar parte en la preparación total de sus hijos a fin de que tengan vidas que le rindan servicio individual a Dios. Cada hijo es lanzado hacia el propósito de Dios como una saeta en la mano del valiente.

Dios claramente pronuncia bendiciones sobre la paternidad, pero, como muchos lo habrán descubierto ya, la paternidad involucra dar, dar y luego volver a dar, sin pensar en recibir nada como recompensa. Las recompensas que Dios promete vienen espontáneamente y no como demanda. Esta clase de amor no egoísta y piadoso hacia los hijos de uno implica que los padres hagan planes para criarlos en conformidad con las instrucciones del Señor que se dan muy claramente en la Biblia. Los padres que son emocionalmente maduros en Jesucristo se sentirán libres para amar y dar todo a sus hijos, sin exigir nada como recompensa. Esas personas son las que pueden esperar todo el gozo y la satisfacción que Dios prometió.

Cuando hablo de dar, por supuesto, no me refiero a mimar al muchacho en el sentido material. El padre tiene que darse a *sí mismo*. Tiene que estar dispuesto a invertir toda la paciencia, el amor y el dominio de sí mismo que pueda imaginar y algo más. Sólo los que dan abiertamente están abiertos para recibir; para recibir la ingenua confianza del niño pequeño; o el respeto cálido de aprecio del joven adulto; o los tiernos momentos de los años de crecimiento que se hallan entre estos dos puntos.

La Biblia describe a la familia piadosa en el Salmo 128:1-4:

"Bienaventurado todo aquel que teme a Jehová,
Que anda en sus caminos.
Cuando comieres el trabajo de tus manos,
Bienaventurado serás, y te irá bien.
Tu mujer será como vid que lleve fruto a los lados de tu casa;
Tus hijos como plantas de olivo alrededor de tu mesa.
He aquí que así será bendecido el hombre
Que teme a Jehová".

Durante el período de compromiso matrimonial, la pareja debe discutir los puntos de vista que tengan sobre la crianza de una familia, y deben estar en armonía con respecto a los diversos asuntos que eso implica, antes del día de la boda. Sus ideas pueden cambiar más tarde, pero si los dos crecen juntos en su vida matrimonial, sus puntos de vista tomarán una forma similar según Dios los vaya guiando.

Se incluye este capítulo para dar información a las personas que están pensando en los muchos aspectos de la planificación familiar. En los Estados Unidos, por ejemplo, una de cada ocho parejas no tiene hijos a causa de un problema de esterilidad. Algunas parejas han estado tratando de lograr tener un hijo durante un período que va de uno a dieciocho años, sin éxito. Posteriormente en este mismo capítulo daremos algunos consejos prácticos relacionados con métodos que la pareja puede poner en práctica para aumentar las posibilidades de lograr un embarazo. Si no hay anormalidades físicas, algunos procedimientos sencillos pueden más que duplicar las posibilidades de un embarazo.

Puesto que siete de cada ocho parejas no tienen problemas de esterilidad, la gran mayoría de preguntas sobre planificación familiar que se le hacen a un médico se relacionan con métodos que controlarían el número de embarazos y el tiempo que debe transcurrir entre el nacimiento de un hijo y otro.

He aquí algunos factores que hay que considerar:
1. Una pareja de recién casados necesita algo de tiempo para el

ajuste mutuo. Es deseable que tengan tiempo para aprender a comunicarse y compartir, antes que caigan sobre ellos las responsabilidades de una familia.

2. El temor al embarazo puede inhibir el disfrute de la relación sexual.

3. La salud de la esposa es asunto importante. Una mujer puede dar a luz entre veinte y veinticinco hijos, y algunas han hecho eso y han quedado aun con salud. Pero esto no se recomendaría a la mayoría de las mujeres, ni la mayoría lo desearía.

4. Los padres tienen que hacer provisiones adecuadas para cada uno de sus hijos. Pero esto no significa que el embarazo debe posponerse por cuanto se desea un alto nivel de vida que es innecesario.

Si una pareja decide posponer el embarazo, ¿cómo saben cuál método les conviene a ellos? No hay ningún método anticonceptivo que sea perfecto para todas las parejas. El método que es satisfactorio para una puede no ser adecuado para otra. Las parejas también pueden desear cambiar el método, según cambien las circunstancias.

Obviamente, la primera consideración es la *seguridad.* Los mejores métodos para prevenir el embarazo tienen que ser tan inocuos como sea posible. Algunos métodos no son adecuados para mujeres que tienen una historia clínica en que prevalecieron determinadas condiciones, o para aquellas cuya salud es ahora menos que perfecta. A otras mujeres les puede parecer que algún método en particular les causa cierto grado de incomodidad física. En estos casos, el médico debe ser el que aconseje el método que a él le parezca más seguro para usted.

Por causa de los rápidos avances en la investigación médica y de los cambios en las regulaciones de los gobiernos, tal vez usted halle que algo de la información que aparece en este capítulo ya necesita ser actualizada, particularmente en lo referente a las estadísticas y a los efectos colaterales de que se tiene información. Antes de decidir tomar cualquier clase de medicación o de someterse a una intervención quirúrgica para el control de la natalidad, usted tiene que consultar a su propio médico personal y tomar en consideración su criterio y consejo.

La segunda consideración es la *efectividad,* que depende en gran parte del usuario. Las parejas que son cuidadosas en el uso de un método tendrán mayor seguridad de éxito que las que lo usan descuidada e irregularmente.

La tercera consideración es lo relacionado con *su propio gusto personal.* Cualquier método que a usted le parezca desagradable, incómodo o vergonzoso, por cualquier razón, no será bueno para usted.

No estoy respaldando ni recomendando ningún método particular, pero describiré desde el punto de vista médico cómo y por qué ciertas técnicas pueden controlar la concepción, y enumeraré algunas de sus ventajas y desventajas.

Tal vez usted quiera comparar la siguiente estadística con las que se anotan en el estudio de cada método: La probabilidad de embarazo como resultado de un acto sexual sin el empleo de ningún anticonceptivo será de un tres a un veinte por ciento. Este porcentaje depende del tiempo en que se realiza el acto sexual en relación con el ciclo menstrual.

Anticonceptivos orales: La píldora

El método del anticonceptivo oral exige que la mujer se tome una píldora o una tableta diariamente durante veintiún días. La mujer que está comenzando a emplear este método se toma la primera píldora cinco días después de haber comenzado su período menstrual. Luego toma una píldora todos los días hasta llegar a veintiuna. Siete días después de haberse tomado la última tableta, vuelve a comenzar a tomar la píldora durante veintiún días, y repite el ciclo. Esta rutina continúa mes tras mes mientras la mujer desee evitar el embarazo.

Las píldoras están compuestas básicamente de dos hormonas muy parecidas a las hormonas naturales (que se llaman estrógeno y progesterona). Estas hormonas normalmente son manufacturadas por los ovarios en el cuerpo de la mujer. Cuando la mujer toma estas sustancias, ellas envían una "señal" al cuerpo para que no produzca el óvulo. Puesto que mientras se estén tomando las píldoras no hay producción de óvulos, no estará presente en el cuerpo de la mujer ningún óvulo para unirse con el espermatozoide masculino que entra en la vagina durante la relación sexual.

La píldora opera primariamente imitando algunas de las respuestas normales del cuerpo que ocurren durante el embarazo. Cuando una mujer llega a estar embarazda, su cuerpo deja de producir óvulos hasta después que ha nacido la criatura. Cuando una mujer toma píldoras, en muchos sentidos ocurre lo mismo, aunque ella en realidad no está embarazada. Cuando deja de tomar píldoras, la ovulación vuelve a comenzar, en forma muy parecida a lo que ocurriría después del embarazo.

Es muy importante que usted sepa que mientras la mujer continúe tomando la píldora, es la píldora la que controla el tiempo de su ciclo menstrual, no lo controlan sus propias hormonas. Puesto que no todas las mujeres tienen la misma respuesta a una dosis específica de hormonas, puede haber ocasiones en que se presente cierta hemorragia o aparezcan ciertas manchas entre los períodos menstruales. También puede haber algún aumento o disminución en la cantidad o en la duración del derrame menstrual, o alguna mujer pudiera algunas veces pasar completamente sin que le venga el período menstrual. En caso de que usted sea una a quien ocasionalmente no se le presenta la menstruación mientras está tomando la píldora, siempre tiene que continuar tomando la misma dosis programada para estar segura de la protección contra el embarazo.

Como la píldora está controlando ahora el tiempo del flujo menstrual de la mujer, tal vez usted esté interesada en saber que una esposa puede, sin ningún peligro, retardar ocasionalmente el período menstrual simplemente tomando las píldoras por unos pocos días más. Luego deja de tomar píldoras durante siete días, después comienza completamente de nuevo el ciclo de la dosis durante veintiún días. Esta demora del período puede ser particularmente deseable si el marido tiene un trabajo que le permite estar en casa en tiempos irregulares pero previsibles. No hay peligro en ajustar ocasionalmente estos períodos de flujo.

Para regular el tiempo de comienzo de su período menstrual en esta forma, su médico tiene que confirmarle que usted está tomando la *píldora combinada*. Este tipo de anticonceptivo oral tiene tanto estrógeno como progesterona en cada tableta.

Ventajas de los anticonceptivos orales

1. Cuando se utilizan apropiadamente, éste es el método anticonceptivo más efectivo y reversible que se conoce.

2. No se necesitan preparativos especiales antes de la relación sexual. La mujer está protegida contra la posibilidad del embarazo en todo tiempo.

3. Puesto que las píldoras se toman diariamente, haya relación sexual o no, hay menos tentación de tener la relación alguna vez sin protección "sólo esta vez".

4. No es necesario insertar nada en la vagina, ni antes ni después de la relación sexual.

5. El médico no tiene que tomar medidas ni hacer adaptaciones en los órganos sexuales, como sucede con otros métodos tales como el diafragma.

6. Los anticonceptivos que se toman oralmente tienden a regular el ciclo menstrual de la mujer. A las mujeres de períodos irregulares puede parecerles que ésta es una clara ventaja.

7. Si mil mujeres tomaran anticonceptivos orales durante un año, de éstas, yo sólo esperaría que una tuviera un embarazo no planificado.

Desventajas de los anticonceptivos orales

1. Algunas mujeres, cuando comienzan a tomar estos anticonceptivos, experimentan uno o más síntomas de incomodidad similares a aquellos de los cuales se quejan en las primeras etapas del embarazo (Náuseas o mala barriga; manchas de sangre o derrames entre los períodos menstruales; aumento o pérdida del peso; leve agrandamiento o enternecimiento de los pechos). La mayoría de las mujeres no se quejan de estas cosas, y entre las que sí se quejan, esto sólo les dura unos pocos días y muy rara vez más de unos pocos meses.

2. Algunas mujeres se quejan de que tienen dificultad para recordar que tienen que tomarse la píldora todos los días y que algunas veces no pueden recordar si ya se la tomaron. Algunas veces ayuda en este sentido el hecho de tomarse la píldora junto con otra actividad de la rutina diaria, como por ejemplo, al lavarse los dientes antes de irse a dormir.

3. Los anticonceptivos orales no pueden obtenerse sin la receta médica.

4. Los médicos les aconsejan a algunas mujeres que no tomen estos anticonceptivos mientras están amamantando al niño, ya que el estrógeno que se agrega puede disminuir o detener la producción de leche materna.

5. Toda mujer que use la píldora debe someterse a un examen de los pechos y de la pelvis así como también a un examen de exudado cervical todos los años. Sin embargo, ésta es una buena práctica, siempre ya sea que utilice la píldora o no.

6. Puede haber serias reacciones adversas contra cualquiera de los anticonceptivos orales. Es importante que su médico le entregue a usted una lista detallada de posibles complicaciones cada vez que acude al examen regular de la pelvis cada año.

7. Si aparece alguna de las siguientes condiciones, la mujer que usa la píldora debe consultar con su médico: dolores de cabeza frecuentes o persistentes; decoloración de la piel; dolores inexplicables en el pecho; extraña inflamación de los tobillos; dificultad en la respiración; perturbación en la visión, por ejemplo, el hecho de "ver doble", o la repentina pérdida parcial o total de la visión; dolor raro, persistente o inexplicable en las piernas; protuberancias o crecimientos en los pechos; derrame vaginal frecuente o persistente.

Diafragma vaginal con espermicidas

Hace más de cincuenta años se desarrolló el diafragma vaginal como el primer dispositivo de anticoncepción médicamente aceptado. Si se usa con una crema o jalea anticonceptiva, resulta ser un método aún más efectivo. El diafragma es un fuerte casquete de goma de peso ligero, que tiene un tamaño como el de la tapa de un tarro de fruta, entre cinco y diez centímetros de diámetro. Su delgado borde consiste en un resorte metálico en forma de aro cubierto con goma, que es flexible, de tal modo que todo el diafragma puede comprimirse e introducirse fácilmente en la vagina. Cuando se coloca en la parte superior de la vagina, cubre la cerviz como una tapa en forma de cúpula. La profundidad de la vagina determina el tamaño exacto del diafragma que se debe usar. El médico tiene que medir la distancia entre la pared de atrás de la vagina y el hueso púbico, a fin de seleccionar el tamaño apropiado de diafragma. Esta medida la puede tomar el médico sin ninguna incomodidad para la paciente durante el examen pélvico rutinario.

Si el diafragma queda adecuadamente colocado, ni usted ni su marido estarán conscientes de que está allí. Me gustaría sugerir que cada esposa que usa un diafragma se prepare cualquier noche en que piense que hay la posibilidad de que ella o su marido deseen el acto sexual. Esto no sólo disminuye las distracciones en los momentos que preceden a la relación sexual, sino que a menudo excita el interés del marido en la relación sexual, al saber que su esposa no tiene inconveniente en prepararse para él. El diafragma puede insertarse hasta unas cuatro horas antes de la relación.

Al impedir que el esperma entre en el útero, el diafragma actúa como una barrera o deflector. Pero para que sea efectivo, el lado que queda pegado a la cerviz debe estar cubierto de gelatina o crema espermaticida que se fabrica para este propósito. Si se necesita lubricación especial para el acto sexual, debe escogerse una gelatina. Si no se necesita tal lubricación, entonces se puede usar una crema. *Tengo que advertir enfáticamente que el diafragma es casi inútil si no se emplea una preparación espermicida que mate al espermatozoide al contacto.* El diafragma tiene que dejarse en el lugar por lo menos seis horas después de cada relación sexual, a fin de dar tiempo para que el espermicida haga su obra.

Si usted no le halla defectos a su diafragma, puede utilizar el mismo durante muchos años. Tal vez quiera llevarlo al médico cuando acuda a su examen pélvico de rutina para que él determine si todavía puede seguir usando el mismo tamaño.

El diafragma no tiene efectos sobre la futura fertilidad y es un método bien establecido y probado que ofrece la seguridad de la barrera física, además del espermicida.

Ventajas del método del diafragma

1. El diafragma junto con la gelatina no necesitan insertarse pre-

cisamente antes de la relación sexual, sino que pueden colocarse allí hasta con cuatro horas de anticipación o más.

2. Cuando el diafragma está correctamente colocado, ni la esposa ni su marido deben estar conscientes de que está allí.

3. Si realmente ocurre la relación sexual, o si no, el diafragma puede dejarse con seguridad en el lugar durante 24 horas o más. Sin embargo, si la relación ocurre más de seis horas después de haber sido insertado el diafragma, debe añadirse una cantidad adicional de gelatina o crema anticonceptiva. Esta cantidad adicional debe ser insertada en la vagina con una aplicador que se usa para este propósito.

4. Si se cuida apropiadamente, el mismo diafragma se puede usar durante varios años.

5. El diafragma no interfiere de ningún modo con la sensación sexual.

6. Si la pareja desea tener relaciones durante el período menstrual de la mujer, ella puede insertarse el diafragma y tener el acto sexual sin que le llegue sangre a la vagina inferior. (No es necesario usar la crema contraceptiva si se usa el diafragma durante el período menstrual regular.)

Desventajas del método del diafragma

1. Las mujeres que eligen este método tienen que permitir que el médico les tome las medidas y les adapte el diafragma. Es esencial que el médico determine el tamaño apropiado de diafragma para cada mujer, si este método ha de ser efectivo y cómodo.

2. La mujer tiene que usar el diafragma cada vez que realiza el acto sexual. Las mujeres que pudieran no haber estado esperando un acto sexual en determinado momento, algunas veces se quejan de que este método obliga a una interrupción para poderse insertar el diafragma.

3. Obviamente, las mujeres que le tienen una fuerte aversión a insertarse el diafragma en la vagina, no se sentirán felices con este método.

4. Si mil mujeres utilizaran el método del diafragma durante un año, aproximadamente veintiséis de ellas resultarían con embarazos no planificados. En este número se incluye a las que por descuido no se insertaron el diafragma en cada oportunidad, a las que no usaron la necesaria crema anticonceptiva y a las que no agregaron una cantidad adicional de crema cuando tuvieron la relación sexual posteriormente.

El método del espermicida vaginal

Estos productos espermicida se usan por sí solos y son efectivos por cuanto matan el espermatozoide sin perjudicar los delicados tejidos vaginales. Se consiguen en tres formas: jalea espumosa, crema y gelatina sintética. Se pueden aplicar con un delgado aplicador plástico vaginal que automáticamente mide la dosis apropiada. Son tan efectivos que basta con una aplicación antes de cada acto sexual. Si la mujer desea ducharse la vagina, debe esperar por lo menos seis horas. Los espermicidas son significativamente más efectivos que el método del ritmo, el retiro o los métodos de ducha.

Los espermicidas vaginales se han usado desde hace más de cuarenta años. La acción anticonceptiva de estas preparaciones es doble. El ingrediente espermicida obra para matar el espermatozoide masculino. La espuma, crema o gelatina sirven como una "barrera" sobre la cerviz que ayuda a impedir que el espermatozoide emigre hacia el útero. Muchas mujeres han descubierto que este método es el más seguro, efectivo y confiable.

Ventajas del método del espermicida vaginal

1. Los espermicidas vaginales pueden comprarse sin receta médica.

2. No es necesario que el médico haga adaptaciones como en el caso del diafragma.

3. No hay nada que quitar después de la relación sexual.

4. Las mujeres que utilizan este método no necesitan preocuparse sino sólo cuando se presenta el momento de la relación sexual.

Desventajas del método del espermicida vaginal

1. Para que sean efectivos, los espermicidas vaginales tienen que aplicarse en la vagina precisamente antes del acto sexual.

2. Hay que lavar el aplicador con agua y jabón después de cada uso.

3. Ocasionalmente algún espermicida puede causar una irritación alérgica en la vagina.

4. Después de la relación sexual se produce un volumen mayor de descarga vaginal, por cuanto salen tanto el semen como el espermaticida. Esto les causa molestia a algunas mujeres.

5. Si mil mujeres usaran espermicida vaginal como método para evitar la concepción durante un año, aproximadamente setenta y seis de ellas saldrían con embarazos no planificados. En esto se in-

cluye a aquellas mujeres que no usaron precisamente el espermaticida antes de cada relación sexual.

El aparato intrauterino

El aparato intrauterino, que comúnmente se conoce también por sus siglas en inglés, IUD (*Intrauterine Device*), es una especie de lazada suave, flexible y plástica, o un disco de forma irregular. El aparato tiene que ser insertado por un médico. Este desenrolla el aparato y lo coloca dentro de un tubo sencillo que se parece al pitillo que se emplea para beber gaseosas. El pequeño tubo recto se inserta en el canal cervical y, por medio de una delgada varilla plástica, se empuja el aparato hacia la cavidad uterina, donde vuelve a tomar su forma enrollada. Esto se puede hacer con un mínimo de incomodidad.

Hay cierta incertidumbre en cuanto a cómo opera exactamente este aparato. Generalmente se reconoce que su efecto depende de la reacción contra el cuerpo externo que produce su presencia en el útero. Esto probablemente apresura el paso del óvulo a través de la trompa y del útero, disminuyendo la posibilidad de fertilización. La pregunta que más frecuentemente se me hace, a mí como médico cristiano, sobre el control de la natalidad, es ésta: "¿El aparato intrauterino produce un aborto de un embarazo de dos o tres días?" Mi respuesta tiene que ser: "No sé". Esta pregunta no ha sido contestada completamente, ni por la Biblia ni por la ciencia. Si usted tiene una opinión inflexible en cualquier sentido, lamento no poder ofrecerle información que le ayude.

Se estima que el diez por ciento de los aparatos intrauterinos son expulsados durante el primer año de estar insertados. La expulsión es más frecuente entre mujeres jóvenes, y es más probable que ocurra durante el período menstrual.

Hay una cuerda de nilón que está firmemente atada al aparato intrauterino y que sobresale de la cerviz hacia la vagina unos veinticinco milímetros. La mujer puede tocar esta cuerda para estar segura de que el aparato se halla en su lugar apropiado. Posteriormente se utiliza esta cuerda para remover el aparato de allí, cosa que es muy sencilla.

El tampón sanitario puede utilizarse en los períodos menstruales. Sin embargo, debe tenerse cierto cuidado cada vez que se quita para que la cuerda que está unida al aparato intrauterino no se enrede de tal forma que al sacar el tapón también se extraiga el artefacto intrauterino.

Si usted decide tener un hijo y, por tanto, quiere quitarse el aparato intrauterino, tal vez el médico le sugiera que agarra la cuerda firmemente y tire lentamente para sacarlo. Tal vez le salga una media cucharadita de sangre y quizás sienta un leve calambre. Si cuando usted tira, el aparato se resiste a salir, usted deberá pedirle al médico que se lo extraiga.

Si una mujer sale embarazada con el aparato intrauterino colocado, el embarazo puede proseguir normalmente. Para disminuir la posibilidad de infección, la mayor parte de los ginecólogos recomiendan ahora que, tan pronto como se sepa que hay embarazo, se extraiga el aparato. Si se deja allí durante el embarazo, usualmente sale por sí solo junto con la placenta. Pueden presentarse algunos casos en que el médico necesite aplicar instrumentos quirúrgicos para extraer el aparato intrauterino después del parto.

Ventajas del método que emplea el aparato intrauterino

1. Tan pronto como se ha insertado el aparato intrauterino es poco o nada lo que tienen que pensar los cónyuges en la anticoncepción.

2. El aparato intrauterino puede dejarse en su lugar durante años, sin aparente lesión.

3. Luego del costo inicial del aparato en sí, y de los honorarios que hay que pagar al médico, no hay gastos adicionales. (Es aconsejable que el médico lo revise por lo menos una vez al año, pero este debe ser un procedimiento normal para la mujer, si usa el aparato intrauterino o no.)

4. A la mayoría de las mujeres les parece el procedimiento de inserción relativamente indoloro.

5. Si mil mujeres usaran el aparato intrauterino durante un año, aproximadamente diecinueve de ellas tendrían embarazos no planificados. Este promedio de fallas puede reducirse aún más si la esposa se inserta un tampón unos pocos minutos después de la relación sexual. El tampón absorberá parte de las secreciones vaginales y del semen. Como el espermatozoide sólo puede vivir en un medio líquido, habrá una disminución en la duración de su vida.

Desventajas del método que emplea el aparato intrauterino

1. La mujer que usa este método debe examinarse a sí misma una vez por semana para asegurarse de que el aparato está allí. Esto lo hace metiéndose el índice o el dedo del medio profundamente en la vagina para tocar la corta cuerda de nilón que se prolonga desde la abertura de la cerviz.

2. Un diez por ciento de las mujeres son incapaces de retener el aparato, ya que es expulsado del útero. No sabemos por qué.

3. Es muy común que las mujeres que usan este método tengan abundantes flujos menstruales durante el primer período, y a veces también durante el segundo, después de la introducción del aparato. Usualmente el flujo se normaliza posteriormente.

4. Un pequeño número de mujeres pueden presentar manchas de sangre o derrame entre los períodos menstruales, particularmente durante los primeros meses. Muy a menudo, ésta es una reacción temporal que no tiene serios efectos posteriores.

5. Algunas mujeres, especialmente las que no han tenido hijos, pudieran quejarse de calambres y de dolores de la espalda durante los dos primeros días después de insertado el aparato. Usualmente estas incomodidades desaparecen en el término de una semana. Ocasionalmente, sin embargo, persisten suficiente tiempo como para que la mujer pida que se le extraiga el aparato.

6. La colocación del aparato intrauterino tiene que realizarla un médico.

7. La endometritis, infección que se produce dentro del útero, es más común cuando se usa el aparato intrauterino.

El método rítmico

Hay tres hechos biológicos comúnmente conocidos que ofrecen la base científica para el método rítmico.

1. Normalmente, la mujer sólo produce un óvulo durante cada período menstrual.

2. El óvulo tiene una vida activa que sólo dura unas veinticuatro horas, y sólo durante estas horas puede ser fertilizado por un espermatozoide.

3. El espermatozoide sólo puede vivir unas cuarenta y ocho horas después que es liberado dentro de la vagina. Sólo en el intervalo de estos dos días puede fertilizar al óvulo.

De estos tres hechos se llega a la conclusión de que sólo hay tres días de cada mes en que la relación sexual puede conducir al embarazo: los dos días antes de salir el óvulo y el día entero después de haber salido. Si la mujer puede evitar la relación sexual durante este tiempo, teóricamente no tendría peligro de quedar embarazada. Esa es la idea en que se basa el método rítmico. La mujer que usa este método tiene que abstenerse de relaciones sexuales en los días en que puede quedar embarazada. ¿Qué es lo que hace, sin embargo, que esta idea tan sencilla sea difícil de poner en práctica, y qué es lo que limita la efectividad de este método? El hecho de que hasta ahora no se ha hallado un modo cierto para determinar cuáles son los días seguros, y cuáles no lo son. En sentido general pudiera decirse que la mayoría de las mujeres estarían seguras una semana antes de que les venga el período, y durante unos cinco días después del período.

El éxito del método rítmico depende de la exactitud de la predicción del tiempo cuando a la mujer se le produce la ovulación (cuando sale el óvulo del ovario). Aún no se ha inventado ningún sistema *cierto* para predecir esto. La ovulación ocurre usualmente entre el día doce y el día dieciséis antes del comienzo del próximo flujo menstrual, pero el problema reside en saber ciertamente cuándo comenzará dicho flujo. El número de días entre un período y otro varía de ciclo en ciclo y también varía en las diferentes épocas de la vida de una mujer. La irregularidad en el ciclo menstrual es común entre las mujeres muy jóvenes y también en los años que preceden a la menopausia. La irregularidad menstrual también puede ocurrir en cualquier tiempo en que la mujer experimente tensión física o emocional.

Para usar el método rítmico (o método del calendario) con éxito, la mujer tiene que saber precisamente cuál es la variación que hay en la duración de sus propios ciclos menstruales. Esto requiere que ella lleve una anotación escrita de sus períodos menstruales durante unos ocho a doce meses antes de poder confiar en este sistema. Básicamente, este apunte detallado se mantiene en orden para predecir mejor la fecha de comienzo del siguiente período menstrual, que se llama el primer día del ciclo menstrual. Tan pronto como ella tenga tal registro, el médico puede decirle cómo calcular el número de días de cada mes durante los cuales debe evitar la relación sexual. Básicamente, ella debe restar catorce días de la fecha que se prevee para el comienzo de la menstruación, para hallar el día de la ovulación. Luego, durante los cuatro días que preceden a la ovulación y los tres que le siguen, debe evitar las relaciones sexuales.

Cuando se usa el método rítmico, el tiempo de la ovulación puede predecirse con mayor exactitud manteniendo un registro diario de la temperatura del cuerpo. Esto puede hacerse con un termómetro ordinario para medir la fiebre, pero es considerablemente más fácil usar el termómetro basal para medir la temperatura del cuerpo, que tiene una numeración especial que sirve para medir aun las variaciones más leves de temperatura entre 35,5 y 37,7 grados centígrados. La mujer que usa el termómetro basal se toma la temperatura en la boca tan pronto como despierta por la mañana, *antes de levantarse*. Es mejor tomarla aproximadamente a la misma hora cada mañana y mantener el termómetro en la boca durante unos cinco minutos marcados en el reloj. Generalmente una leve baja en la temperatura, por debajo del nivel que se ha mantenido constante durante una semana o diez días, es una indicación de que la ovulación ha comenzado.

Esta declinación de la temperatura usualmente es seguida por un aumento de 0,18 (18 centésimas) a 0,28 (28 centésimas) de grado durante un período de veinticuatro a setenta y dos horas. Después de dos días de elevada temperatura sobre el nivel basal se puede asumir que ha comenzado un período seguro. Este cuidadoso registro escrito de la temperatura del cuerpo sirve para confrontar la exactitud del registro del calendario. No debe usarse solo, sin embargo, porque la enfermedad o la actividad pueden causar fluctuaciones en la temperatura diaria del cuerpo que no tienen ninguna relación con la ovulación. Para que sea útil es esencial que las lecturas diarias de la temperatura se hagan en las mismas condiciones y en el mismo tiempo del día todos los días.

Un tercer método para determinar los días de fertilidad involucra la observación de la mucosidad cervical que en el tiempo de la ovulación aparece como una descarga vaginal lubricante. El primer síntoma es una sensación de humedad más profusa que en las secreciones vaginales normales. En algunas mujeres puede continuar hasta producir una sensación acuosa. Pero en muchas otras, cuando se aproxima la ovulación, la mucosidad que produce la cerviz puede volverse clara, casi transparente, y muy resbalosa, como la clara del huevo cruda.

En ese momento, la mujer puede realizar una prueba simple, que algunas veces se hace en los laboratorios de las clínicas de fertilidad. Puede tomar una o dos gotas de la mucosidad cervical y colocarla en el lado plano de la hoja de un cuchillo de mesa. Dejando el cuchillo apoyado en una superficie plana, ella debe colocar el lado plano de otro cuchillo de mesa sobre la gotita de mucosidad, y con cuidado levanta el cuchillo de encima directo hacia arriba, manteniéndolo nivelado. En el fenómeno de extensión que se conoce con el nombre de *spinnbarkeit*, la mucosidad, en el tiempo de la óptima fertilidad, se pega al cuchillo de arriba y se extiende hacia arriba como una hebra de hilo hasta lograr una longitud de diez a veinte centímetros. Uno puede practicar esto con una gota de clara de huevo cruda, pero hay que notar que ésta solo se extiende unos dos centímetros y medio.

El "método de la ovulación" para el control de la natalidad es en gran parte producto de la investigación clínica realizada por los doctores John Billings y Lyn de Billings, esposos australianos que trabajan en equipo. Ellos hacen hincapié en la cuidadosa enseñanza sobre cómo reconocer el "síntoma de la mucosidad", y sugieren que se lleve un detallado registro del ciclo, bien en un día en que no haya mucosidad, o en un día en que haya secreción mucosa, o en un día de derrame menstrual.

Debe tenerse el cuidado de no depender sólo de la prueba de la mucosidad cervical, ya que las infecciones vaginales, las relaciones sexuales o las duchas cambiarán drásticamente la consistencia de la mucosidad. Es importante considerar todos estos factores en conjunto, y no independientemente, para intentar establecer los tiempos de fertilidad: el día estimado en el calendario de la menstruación, la curva de la temperatura basal del cuerpo, y la consistencia y el alargamiento de la mucosidad cervical. Cuando estos factores se determinan cuidadosamente, y los tres indican que es el tiempo de la ovulación, entonces la pareja puede sentirse bastante segura para tener relación sexual, excepto los cuatro días que preceden al tiempo preciso de la ovulación y los tres días que vienen después de la ovulación.

Estos cálculos pueden parecer tediosos, agotadores de tiempo y complicados. Sin embargo, algunas parejas han descubierto nueva solidaridad al darse cuenta de los intrincamientos del ciclo reproductor de la vida, y al planificar y esperar las oportunidades para la relación sexual. Esta información puede llegar a ser extremadamente valiosa cuando la pareja se dispone definitivamente a asumir la paternidad y busca el tiempo de la máxima fertilidad.

El doctor Harold J. Kosaky, de la Escuela de Medicina de la Universidad de Harvard, ha anunciado el desarrollo de un invento para detectar el tiempo preciso de la ovulación. Es un viscosímetro en forma de tampón, que se sostiene con la mano, y que hace más exactamente las mediciones de la prueba denominada *spinnbarkeit*. Este aparato puede llegar a ser una efectiva ayuda para el control de la natalidad o para determinar el tiempo de la fertilidad. Se informa que una versión económica de este aparato, que se llama ovómetro, estará pronto a la venta.

Ventajas del método rítmico

1. No es necesaria una receta médica. Tampoco se requiere ninguna clase de adaptación. (Sin embargo, es necesario buscar la orientación del médico. Sin ella, las posibilidades de éxito con este método son muy escasas.)

2. Fuera del gasto para comprar un económico termómetro basal para medir la temperatura del cuerpo, no hay costo.

3. No es necesario tomar píldoras, ni insertarse nada en la vagina.

4. No hay posibilidad de efectos colaterales o de reacciones alérgicas causadas por el material anticonceptivo. (Se ha dicho que el único efecto colateral que hay con el método rítmico es el *embarazo.*)

Desventajas del método rítmico

1. El éxito de la predicción exacta en cuanto al período de ovulación es incierto en la mayoría de los casos.

2. El proceso para llevar el registro de la información en el sistema rítmico es complicado y requiere exactitud.

3. Este método restringe el número total de días en que una mujer puede tener relaciones sexuales sin peligro de embarazo.

4. Este método restringe la elección espontánea de los días determinados en que puede ocurrir el acto sexual.

5. No toda mujer puede usar este método. Aproximadamente un quince por ciento de las mujeres menstrúan con tanta irregularidad que no pueden usarlo en absoluto.

6. Este método no es recomendado para ninguna mujer durante los primeros meses después del parto. Usualmente se considera que no es seguro aplicarlo hasta después del tercer período menstrual que sigue a la terminación del embarazo.

7. Si mil mujeres estuvieran usando el método rítmico durante un año, aproximadamente ciento cuarenta de ellas pudieran esperar embarazos no planificados. Este número pudiera parecer alto a algunas parejas que han utilizado fiel y exitosamente el método rítmico. El porcentaje, sin embargo, tiene que establecerse sobre la misma base que se usa para calcular el fracaso proporcional con el uso de ios otros métodos. Esto significa que el número indicado de fracasos incluirá a muchas parejas que se dan cuenta de que no pudieron permanecer siempre sometidos a la restricción de la relación sexual por lo menos durante ocho o más días centrados en torno al día de la ovulación cada mes. Con el total cumplimiento, la falla se reduciría a menos de treinta en cada mil casos.

La ducha vaginal

La palabra *ducha* viene de un término francés que significa salir a chorros, derramar. Es un error que la mujer se duche después de la relación sexual con la esperanza de sacar de la vagina los espermatozoides que ya han sido depositados allí, aunque eso haya sucedido sólo unos pocos minutos antes. Los espermatozoides son depósitados en la eyaculación por medio de un rocío enérgico que va a parar en la abertura del útero o un poco dentro de él. El espermatozoide promedio viaja a una velocidad de veinticinco milímetros en ocho minutos. Por tanto, algunos espermatozoides probablemente ya habrán penetrado más allá del alcance del fluido de la ducha vaginal. Además, la presión del agua de la ducha, puede empujar algunas gotitas de semen hasta la cerviz sin lesionar a los espermatozoides.

No es necesario que ninguna mujer se duche vaginalmente en ningún tiempo. La vagina está bien provista de glándulas y de una superficie que produce sus propios fluidos que son suficientes para limpiarla en forma muy parecida a la manera en que las lágrimas están diseñadas para limpiar los ojos.

Casi todos los olores procedentes de la zona genital femenina provienen de fluidos que se han secado en la parte externa de la vagina. De modo que lo único que se necesita es un completo lavado externo con agua y jabón para quitar casi cualquier olor. Una limpieza adicional se puede hacer simplemente uniendo las manos y lanzando agua limpia varias veces hacia la abertura vaginal.

La mañana siguiente después del acto sexual, algunas mujeres descubren que sus propias secreciones vaginales mezcladas con el semen del marido les producen una sensación desagradable. Si esto es una molestia, tal vez quieran algunas veces utilizar la ducha vaginal para lavarse.

He aquí el procedimiento apropiado a seguir. Usted puede usar una de varias soluciones: dos cucharaditas de vinagre blanco mezcladas con dos litros de agua; dos cucharaditas de sal en dos litros de agua; simplemente agua corriente; o alguna preparación que se venda en el comercio, siguiendo las instrucciones que se den en la etiqueta.

Los dos principales tipos de equipo para la ducha vaginal son: la bolsa y la jeringa. La bolsa puede colgarse de un gancho fijo en la pared, a unos sesenta centímetros por encima del nivel de las caderas. Nunca cierre los labios de la vulva para que le penetre bajo presión el agua en la vagina. El agua pudiera entrar forzadamente a través de la abertura cervical y posiblemente pasar hasta las trompas de Falopio, y causar una reacción inflamatoria que pudiera convertirse en una infección pélvica.

El líquido de la ducha debe tener una temperatura agradable y debe permitirse que fluya suavemente hasta que la vagina se sienta levemente distendida. Luego hay que dejar que salga el fluido. Este procedimiento se repite hasta agotar los dos litros de solución.

Después de cada ducha vaginal, el equipo debe lavarse completamente con agua y jabón, y luego debe enjuagarse y secarse. No permita que toque la pared mientras cuelga para secarse. Algunas infecciones vaginales vienen de un parásito llamado cándida (monilia) que crece en las paredes húmedas de los baños. Ninguna otra persona debe usar su equipo, y, por supuesto, jamás debe utilizarse para enemas.

La decisión de darse una ducha vaginal es una preferencia personal suya. Al enumerar sus ventajas y desventajas, sólo nos referimos a ella *como una forma para el control de la natalidad.*

Ventaja de la ducha vaginal

No es costosa.

Desventajas de la ducha vaginal

1. La esposa tiene que levantarse inmediatamente después del acto sexual para darse la ducha vaginal.

2. La esposa pierde la ventaja de poder descansar y estar acostada después del acto sexual.

3. Algunos de los espermatozoides pueden haber entrado en el útero antes del lavado.

4. La presión de la ducha vaginal puede empujar algo de semen hasta la cerviz, sin hacerles nada a los espermatozoides.

5. Tiene una alta proporción de fallas, casi como si no se hubiera usado ningún preventivo.

La ligación de las trompas de Falopio

La ligación de las trompas de Falopio es una operación quirúrgica realizada por un médico para evitar que una mujer quede embarazada. Para esto se cortan y se atan cada una de las dos trompas que llevan los óvulos desde el ovario hasta el útero. Si el óvulo no puede llegar al útero, ni el espermatozoide puede llegar al óvulo, entonces no hay posibilidad de que la mujer llegue a estar embarazada.

La ligación de las trompas de Falopio puede realizarse en un hospital con el uso de anestesia. Hay tres maneras en que el médico puede realizar la ligación:

1. Puede hacer una incisión en la pared abdominal.

2. Puede hacer una incisión por la parte de atrás de la vagina.

3. Puede utilizar un instrumento especial llamado laparoscopio.

Muchas de las ligaciones se hacen ahora utilizando el primer método, por cuanto la operación se realiza en el término de veinticuatro horas después de un parto.

El útero se ensancha durante el embarazo; por tanto, las trompas se elevan mucho dentro del abdomen, con lo cual se hace más fácil llegar hasta ellas durante el primer día después del parto. Cuando se hace una ligación a una mujer poco después del parto, es relativamente fácil para ella, y raras veces prolonga su permanencia en el hospital más de uno o dos días. Si el nacimiento se produce por operación cesárea, la ligación de los oviductos sólo toma unos minutos más, pues se aprovecha el corte para la cesárea, y no se prolonga la permanencia en el hospital de ningún modo.

En el capítulo 4 de este libro que se titula "Comprensión de los hechos básicos" se da una descripción de las operaciones quirúrgicas que hay que realizar para la ligación de los oviductos.

La vasectomía, que es la esterilización quirúrgica que se realiza en el hombre, será discutida posteriormente en este capítulo. A causa de su simplicidad y bajo costo, las parejas que desean una forma permanente de control de la natalidad eligen usualmente la vasectomía. Sin embargo, las preferencias personales algunas veces favorecen la ligación de los oviductos, especialmente cuando esto se hace después de un parto. Es importante recordar que la ligación de las trompas tiene que ser considerada como una operación de esterilización permanente. La pareja debe pensar cuidadosamente antes de decidirse por este tipo de operación. Es una de las técnicas más confiables para el control de la natalidad para los cónyuges que no quieren tener más hijos.

Ventajas de la ligación de las trompas de Falopio

1. No hay que tomar píldoras, por tanto, no hay efectos colaterales causados por la medicación.

2. No hay necesidad de interrumpir el juego amoroso a fin de que la esposa se prepare para el uso de anticonceptivos.

3. De cada mil mujeres que se sometan a la ligación de los oviductos, podemos esperar que sólo unas dos de ellas lleguen a tener un embarazo no planificado.

Desventajas de la ligación de las trompas de Falopio

1. La ligación de las trompas se considera como una operación de cirugía mayor y conlleva algo de riesgo.

2. Siempre existe el riesgo inicial de que se presenten problemas de hemorragia, infección o dificultad de recuperación.

3. Usualmente se produce algo de incomodidad pélvica durante los primeros días, que generalmente se alivia con medicación para el dolor.

4. Sólo bajo las más raras circunstancias puede una mujer volver a lograr un embarazo, en caso de que más tarde quiera tener otro hijo.

5. El costo de esta operación usualmente oscila entre 500 y 1000 dólares, o su equivalente en otros países, a menos que se realice conjuntamente con un parto.

Interrupción del coito (Método del retiro)

Usualmente se acostumbre llamarlo con el término latino, *coitus interruptus,* y significa retirar el pene de la vagina precisamente antes de la eyaculación. Este método intenta evitar el embarazo depositando el semen fuera de los órganos genitales.

Hay diversos puntos de vista en lo que respecta a las enseñanzas religiosas en relación con la posposición o la prevención del embarazo. Tenemos que decir que la Biblia guarda casi absoluto silencio sobre este tema, y las referencias que se hagan a ella no pueden utilizarse para formar una opinión bien firme en cuanto a si está a favor o en contra del control de la natalidad.

La única referencia directa al control de la natalidad que se halla en la Biblia, está en Génesis, capítulo 38, que se refiere al *coitus interruptus,* o sea al método del retiro. En el citado capítulo, versículos 8 al 10, leemos: "Entonces Judá dijo a Onán: Llégate a la mujer de tu hermano, y despósate con ella, y levanta descendencia a tu hermano. Y sabiendo Onán que la descendencia no había de ser suya, sucedía que cuando se llegaba a la mujer de su hermano, vertía en tierra, por no dar descendencia a su hermano. Y desagradó en ojos de Jehová lo que hacía, y a él también le quitó la vida". Sabemos que la costumbre hebrea de ese tiempo dictaba que si Onán llegaba a ser padre de un hijo que le naciera de Tamar, que había sido esposa de su hermano muerto, tal hijo no sería legalmente de él, sino que sería considerado como hijo de su hermano. Aunque Onán cumplió con la orden de casarse con la esposa de su hermano, pervirtió el propósito del matrimonio, que era el de producir un hijo. Intencionalmente desobedeció la orden impartida por su padre, Judá y, por tanto, no cumplió la responsabilidad moral y espiritual para con su hermano que había muerto. Lo que desagradó el Señor no fue simplemente el acto físico, sino la desobediencia espiritual. Esta desobediencia requirió la más severa disciplina que Dios podía imponerle.

El requerimiento de que Onán se casara con la esposa de su hermano aparentemente se hizo por dos razones: Primera, para proveer descendencia para el hermano muerto y así preservar su nombre y su recuerdo, y proveer un heredero de su propiedad. La segunda razón era la de servir al interés de la esposa; de otro modo, hubiera estado desamparada. Se puede decir que los hermanos de un hombre que estaba pensando en casarse en ese tiempo, tenían que estar de lo más interesados en cuanto a quién iba a escoger por esposa, ¡puesto que ellos mismos podrían heredarla como esposa!

Ventajas del coitus interruptus

1. No necesita equipo ni preparación antes de la relación sexual.
2. Se puede realizar siempre sin causar gastos.

Desventajas del coitus interruptus

1. El fluido que sale del pene erecto antes de la eyaculación a menudo contiene células espermáticas. Estos espermatozoides pueden causar el embarazo, aunque la eyaculación se produzca fuera de la vagina.
2. A menudo es difícil controlar exactamente el tiempo de la eyaculación. La disciplina que se requiere para el retiro antes de la eyaculación puede quitarle algo de disfrute a la experiencia sexual.
3. El súbito retiro puede impedir que la esposa llegue al orgasmo en la relación sexual.
4. Si mil parejas usaran el método del *coitus interruptus* sólo habría una disminución del veinte por ciento en el número de embarazos. Esto significa que habría entre ciento sesenta y doscientos embarazos no planificados en el transcurso de un año.

El condón

El condón (que también se llama profiláctico, pro, funda o goma) se coloca sobre el pene erecto para que reciba el semen y evite así que cualquier espermatozoide entre a la vagina durante la eyaculación. En todo el mundo, el condón es aún la medida efectiva para el control de la natalidad que más ampliamente se usa. Se me ha preguntado por qué se oye tan poco acerca del condón como una forma de control de la natalidad. En una época, las leyes prohibían que se le hiciera propaganda al condón y se vendiera abiertamente. Todavía permanecen muchas de estas leyes, y esto es infortunado, porque el uso del condón también haría mucho para prevenir la difusión de las enfermedades venéreas y aun otras fastidiosas infecciones. El condón ha demostrado ser la manera más efectiva para prevenir la difusión de las enfermedades venéreas. Sin embargo, virtualmente se desanima su uso, mientras los gobiernos gastan centenares de miles de dólares, sin éxito, para combatir la epidemia creciente de las enfermedades venéreas.

El doctor Charles B. Arnold, de la Universidad de Nueva York, estableció bien el argumento en favor del condón, en la revista *Medical Aspects of Human Sexuality* (Aspectos médicos de la sexualidad humana), septiembre de 1975: "Los estudios comparativos sobre la efectividad de los anticonceptivos han indicado que el condón ofrece una protección que sólo es superada en cualidad medible por la píldora y por ciertos aparatos intrauterinos. Probablemente es tan efectivo como el diafragma. Así que, a pesar de su humilde apariencia, del hecho de que no procede de fuentes clínicas y de su reputación un tanto desagradable como método que la 'gente refinada' no usaría, es un importante método anticonceptivo. Es también el único que hace la función doble de servir como preventivo contra la gonorrea".

He aquí algunas instrucciones simples para el uso del condón con éxito:

1. El condón debe colocarse antes de la relación sexual. Debe evitarse el contacto del pene con la zona vaginal hasta que el condón esté colocado sobre el pene erecto, por cuanto el fluido inicial que brota del pene puede contener células espermáticas.

2. Deje un poco más de un centímetro de espacio en la punta del pene como depósito en que se ha de recoger el semen dentro del condón. De otro modo, el semen le dará tanta lubricación al cuerpo del pene que el condón puede salirse.

3. Continúe desenrollando el condón hasta la base del pene.

4. Muy pronto después de la eyaculación, mientras el pene está aún erecto, retírelo de la vagina cuidadosa y suavemente. Usted debe mantener el condón en su lugar en la base del pene. (Si se permite que primero se pierda la erección, el condón puede salirse.)

5. Si el condón se sale durante la relación sexual, agarre la parte abierta de él y sáquelo con cuidado de la vagina de tal modo que no derrame su contenido. La esposa debe darse una ducha vaginal inmediatamente y lavarse externamente con agua y jabón.

6. Debe usarse un condón nuevo cada vez que se realice el acto sexual.

Si la pareja desea reducir los gastos en la compra de condones, pueden hacerlo comprando un condón de goma látex de buen grado, que se pueda usar muchas veces. Para hacer esto, basta lavarlo completamente con agua y jabón, secarlo con una toalla, rociarlo con talco o con almidón de maíz e inspeccionarlo totalmente. Para inspeccionarlo se infla como si fuera un globo y se mantiene en alto frente a una luz. Si no se le ven defectos, simplemente se coloca sobre los dos primeros dedos de la mano, y con los dos dedos ampliamente separados, se puede enrollar el condón en la misma forma como estaba originalmente.

Hay condones de membrana animal que usualmente se hacen con intestino de oveja. Son un poco más costosos y sólo pueden utilizarse una vez. Algunos hombres, sin embargo, sienten que éste les ofrece un mayor grado de sensibilidad.

Ventajas del condón

1. Es fácil de usar.
2. No produce efectos colaterales.
3. Puede comprarse en cualquier farmacia sin receta médica.
4. Coloca la responsabilidad sobre el marido, lo cual consideran muchas esposas como una clara ventaja para ellas.
5. Hay prueba visible de su efectividad inmediatamente después del acto sexual.
6. Previene efectivamente la difusión de la mayor parte de las enfermedades que se transmiten a través de la relación sexual.

Desventajas del condón

1. Reduce la sensación del pene. Sin embargo, esto puede constituir una ventaja para algunos maridos que descubren que les ayuda a demorar la eyaculación.
2. El condón sólo puede colocarse después que el marido ha logrado la erección.
3. Interrumpe el juego sexual previo. Esta objeción puede fácilmente ser dominada por la amante esposa que le coloca el condón en el pene a su marido como una parte adicional erótica del juego amoroso.
4. La esposa puede experimentar alguna incomodidad, si no usa lubricación. Esto puede resolverse usando condones lubricados (herméticamente sellados), o usando una jalea anticonceptiva que a la vez cumple dos objetivos: lubricar y añadir seguridad. Nunca debe usarse vaselina ni crema, pues los productos a base de petroleo pueden echar a perder al goma del condón.
5. Puede haber un pequeño orificio en el condón que no se pueda detectar. Se ha estimado que aun un mínimo orificio produciría menos de un embarazo en doscientas mil oportunidades en que se usa este método.

El promedio de fallas con el uso del condón es de unos veintiséis embarazos por cada mil parejas que lo usan durante un año. Cuando se combina el uso del condón con el espermicida vaginal para la esposa, este promedio baja a menos de diez embarazos por mil.

La vasectomía

El método más simple, más efectivo y permanente como anticonceptivo es una operación de vasectomía en el marido. Esta impide que el espermatozoide salga del escroto, con lo cual se produce la esterilidad. Tal operación se realiza usualmente en el consultorio del médico y sólo requiere una pequeña inyección de anestesia local para adormecer una pequeña parte del área frontal y lateral del escroto. Si el hombre cumple un trabajo de escritorio, usualmente puede regresar al trabajo al día siguiente. Los hombres cuyo trabajo requiere esfuerzo físico tal vez necesiten unos dos o tres días fuera del trabajo. Para prepararse para esta operación el hombre debe afeitarse el pelo de la piel del escroto y bañarse muy bien antes de presentarse en el consultorio del médico. Esta preparación por adelantado ayuda a disminuir la posibilidad de infección.

Un pequeño canal llamado vaso deferente procede del testículo y sube hacia la vesícula seminal que está situada en la parte superior de atrás de la próstata. Este pequeño tubo que tiene el tamaño de la mina de un lápiz ordinario, puede tocarse al agarrar la piel floja del escroto en la zona que está situada entre el testículo y el cuerpo, y se puede hacer que gire un poco entre el pulgar y los dos dedos siguientes.

El médico comienza la operación agarrando este tubito que tiene forma de cuerda entre los dedos, y luego toma una lazada del tubo con un agudo instrumento de agarrar. Hace una pequeña incisión, de un poquito más de un centímetro de longitud, en la piel del escroto, y saca una lazada del tubo (vaso deferente). (Esta incisión en la piel es a veces tan pequeña que ni siquiera requiere puntos de sutura después de la operación.)

Luego se corta un trozo del tubo, que varía de un centímetro y medio a cinco centímetros de longitud. Un hombre mayor que esté absolutamente seguro de que no querrá futuras reparaciones del vaso deferente para poder producir de nuevo espermatozoides, puede pedirle al médico que le extraiga una porción más larga del vaso. La longitud de la porción de vaso que se extraiga determina, más que cualquier otro factor, la posibilidad de éxito de la operación, pues cuanto más largo sea el segmento que se extraiga, tanto menor será la posibilidad de que se desarrolle un nuevo canal. Aun la operación mejor realizada puede fracasar, cuando se desarrolla un nuevo canal a través del tejido cicatrizante que se forma entre las dos puntas que quedan cortadas. El promedio de fallas en todas las vasectomías es de dos por mil. Algunos maridos tal vez quieran que se examine una muestra de su semen una vez por año, o cada dos años, para estar seguros de la continua esterilidad.

Las parejas deben entender que corren el riesgo de que se produzca un embarazo durante un corto tiempo después de la vasectomía. La duración de este período peligroso hasta el tiempo en que no hay riesgo de embarazo varía. El tiempo no es realmente el factor principal, pero sí lo es el número de eyaculaciones. Usualmente, la esterilidad (el hecho de que no haya espermatozoides en el fluido eyaculado) ocurre después de diez o tal vez doce eyaculaciones. Por tanto, es posible estar estéril en una semana, pero también pueden ser necesarias hasta ocho semanas. La pareja no debe depender de la vasectomía como método anticonceptivo hasta que por lo menos se haya hallado una muestra de semen libre de espermatozoides. La muestra de semen se obtiene mediante masturbación. El semen se recibe en una botellita de vidrio, y se lleva al laboratorio del médico en el transcurso de dos horas, para que lo examine en el microscopio.

Probablemente la mayor incomprención con respecto a esta operación es el temor de que afectará inversamente el impulso sexual del hombre. La vasectomía no cambia el impulso sexual del hombre ni su capacidad para realizar el acto sexual. Los tubos que han sido cortados no tienen otra función que la de transportar las microscópicas células espermáticas de los testículos. El material fluido que es eyaculado procede de las vesículas seminales y de la próstata, de modo que la cantidad de fluido que se eyacula después de la vasectomía no mengua visiblemente. Las sensaciones físicas y el disfrute durante el orgasmo siguen siendo iguales.

Ocasionalmente aparecen artículos de prensa que le dicen al lector que la esterilización mediante vasectomía es una operación que puede revertirse. Yo le aconsejaría a cualquier marido que esté pensando en someterse a una vasectomía, que la considera como una operación irreversible, y que no se la practique hasta que él y su esposa hayan decidido con oración que nunca más querrán tener hijos.

Ventajas de la vasectomía

1. Es el medio más simple de lograr la permanente esterilización para la mayoría de las parejas que definitivamente no quieren más hijos.

2. La pareja ya no tiene que preocuparse más por usar otros métodos anticonceptivos.

3. La operación es relativamente indolora y en poco tiempo se puede realizar.

4. Cuesta aproximadamente entre 100 y 300 dólares, o su equivalente en otros países.

Desventaja de la vasectomía

Si un hombre que se ha sometido a la vasectomía cambia de parecer y quiere ser padre de otro hijo, son muy pocas las posibilidades de poder revertir esta cirugía. La operación que se requiere para tratar de lograr esta reversión es costosa, difícil y a menudo inútil.

La abstinencia

La abstinencia no se puede recomendar como buena práctica para evitar el embarazo. Este es el único método que la Biblia prohíbe. El pasaje se halla en 1 Corintios 7:3-5, donde leemos: "El marido cumpla con la mujer el deber conyugal, y asimismo la mujer con el marido. La mujer no tiene potestad sobre su propio cuerpo, sino el marido; ni tampoco tiene el marido potestad sobre su propio cuerpo, sino la mujer. No os neguéis el uno al otro, a no ser por algún tiempo de mutuo consentimiento, para ocuparos sosegadamente en la oración; y volved a juntaros en uno, para que no os tiente Satanás a causa de vuestra incontinencia".

Los cónyuges deben esforzarse por ser sensibles y considerados el uno al otro con respecto a sus necesidades y deseos sexuales, y satisfacerlos en forma regular y amorosa.

El logro de la paternidad

El acto sexual fue diseñado para el placer, y uno de los más dulces placeres se manifiesta cuando nacen los hijos. Las parejas jóvenes que anhelan tener familia y no logran un hijo deben averiguar la causa. Puede haber un problema de *infertilidad*. Por lo menos en la tercera parte de estos casos, el problema puede ser solucionado.

Los médicos definen la *infertilidad* como el fracaso en concebir luego de un año de relaciones sexuales regulares sin el uso de anticonceptivos. La *infertilidad* no debe confundirse con la esterilidad, que es la incapacidad absoluta para la reproducción. La *infertilidad* simplemente significa la falla en lograr un embarazo dentro de un período específico de tiempo.

Los estudios han demostrado que las dos terceras partes de los embarazos ocurren en el transcurso de tres meses luego de haber iniciado las relaciones sexuales sin protección de ninguna clase. En el transcurso de seis meses de continua exposición al embarzo, entre un setenta y cinco y un ochenta por ciento de las mujeres logran quedar embarazadas, y al término de un año, entre el ochenta y el noventa por ciento han concebido.

Los elementos esenciales de la fertilidad son: la ovulación normal, las trompas de Falopio no obstruidas y la penetración de semen normal. Los siguientes factores tienen que estar presentes para que ocurra el embarazo:

1. El marido tiene que estar en condiciones de producir un número normal de células espermáticas saludables y móviles.

2. Las células espermáticas deben poderse descargar a través de la uretra durante la eyaculación.

3. Estas células espermáticas tienen que ser depositadas en la vagina para que lleguen a la cerviz, penetren en la mucosa cervical y asciendan por el útero hacia las trompas de Falopio. Esto tiene que ocurrir en el tiempo apropiado del ciclo menstrual para que el óvulo sea fertilizado.

4. La esposa tiene que producir un óvulo normal, y fertilizable, que tiene que salir del ovario, entrar en la trompa de Falopio y ser fertilizado.

5. Tan pronto como ha ocurrido la concepción, el huevo fertilizado tiene que comenzar a dividirse. Después de cuatro días, este ínfimo racimo de células debe moverse a la deriva en la trompa de Falopio y moverse hacia el útero, donde llega a implantarse en un revestimiento apropiadamente desarrollado, y allí emprende su desarrollo normal.

Si una pareja no puede lograr el embarazo, eso se debe a que hay alguna falla en uno o más de estos factores esenciales. La infertilidad usualmente no es resultado de defectos en uno solo de los cónyuges, sino de varios factores, a menudo menores, en ambos. Al buscar ayuda, tanto el marido como la mujer deben comenzar por someterse a un completo examen físico. Deben hacer arreglos con el médico para que investigue cualquier condición que pudiera impedirles tener un hijo.

El examen físico de la esposa incluye el examen pélvico rutinario, con especial atención a los fibromas, ovarios policísticos (ovarios agrandados), e infecciones vaginales y cervicales. El himen puede aún estar intacto, lo cual indica que el semen no ha sido depositado nunca en la cerviz.

Es posible que los organismos infecciosos pueden producir sustancias que echen a perder los espermatozoides del marido tan pronto como el semen entra en la vagina. La cerviz del útero puede estar obstruida por una mucosidad espesa o abundante. El problema pudiera ser causado por tumores en el útero (fibromas) o por inflamación en la membrana que lo recubre. Una inclinación o posición impropia del útero puede constituirse en barrera para el paso de los espermatozoides. La trompa en que se encuentran el óvulo y el espermatozoide puede estar bloqueda por la mucosidad u obstruida por tejido cicatrizante que se formó luego de una infección anterior. El mismo óvulo puede que no madure apropiadamente a causa de una perturbación endocrinal.

Obviamente no es cosa sencilla señalar la causa de la infertilidad. En algunos casos, sin embargo, el consejo y el examen por parte del propio médico de uno constituyen lo único que se necesita para resolver el problema. Si el caso es más complejo, tal vez la pareja tenga que consultar con especialistas recomendados que estén específicamente interesados en la fertilidad: un urólogo para el marido, y un ginecólogo para la mujer. La pareja pudiera requerir repetidas pruebas, observaciones y tratamiento. Pudiera invertir mucha energía, dinero y tiempo, sin garantía de hallar una solución. En las mejores clínicas de fertilidad, cuando la concepción llega al treinta o al cuarenta por ciento, se considera buena.

Aunque tradicionalmente las mujeres han tenido que llevar la carga de la infertilidad, hoy se reconoce que los hombres son la causa en el treinta por ciento de los casos, y son factores contribuyentes en otro veinte por ciento. La Biblia reconoce la posibilidad de que un hombre sea esteril: "Bendito serás más que todos los pueblos; no habrá en ti varón ni hembra estéril, . . ." (Deuteronomio 7:14). Cuando este asunto llega a una clínica, primero se estudia al marido, puesto que la evaluación de él consume menos tiempo y es menos costosa.

Durante un examen físico de rutina practicado al marido, cualquiera de los siguientes problemas puede detectarse fácilmente: un testículo que no ha descendido al escroto, un testículo muy pequeño o atrófico, varicocela, o prostatitis.

El testículo no puede producir espermatozoides si no ha descendido al escroto en la edad de la pubertad. (Generalmente uno debiera tratar de corregir quirúrgicamente este testículo alrededor de la edad de cinco años.)

Se llama varicocela a cualquier dilatación no usual de las venas del escroto que está sobre el testículo. En el 99 por ciento del tiempo, la varicocela sólo aparece en el lado izquierdo, y a menudo sólo es detectado cuando el hombre está de pie. Algunas veces se lo describe con el término una "bolsa de gusanos", y se ve como una inflamación irregular azulada sobre el testículo en la parte superior del escroto. La condición es similar a la de las venas varicosas que se hallan en las piernas.

(Véase en este libro el capítulo 4 titulado "Comprensión de los hechos básicos", donde se expone una explicación sobre la prostatitis.)

Todo hombre que sospeche que está en condición de infertilidad debe mandarse a hacer un recuento espermático. El análisis del semen es el factor más valioso para evaluar la infertilidad masculina, y el obvio punto de partida. Puesto que el volumen del semen y el recuento de espermatozoides varían según la frecuencia de la eyaculación, deben ser evaluadas por lo menos tres muestras.

En el análisis del semen se cuenta el número de espermatozoides, su movilidad, configuración y forma, como también el volumen del fluido seminal. El conteo de los espermatozoides es altamente variable cuando se toman diversas muestras de un mismo hombre. El número normal de espermatozoides varía entre veinte y sesenta millones por centímetro cúbico (aproximadamente un cuarto de cucharadita). Sin embargo, hay hombres cuyo número de espermatozoides por centímetro cúbico es menor de cinco millones, y son padres. La movilidad de los espermatozoides se estima según la velocidad de movimiento hacia adelante. La configuración y la forma de los espermatozoides es altamente variable, y nunca se ve una muestra en que sea normal el ciento por ciento. Es interesante notar que la movilidad satisfactoria y la configuración normal del espermatozoide son más importantes que el número de ellos.

Las pruebas posteriores al coito son rutinarias en un estudio de infertilidad. La prueba se realiza en el tiempo de la ovulación e involucra el examen microscópico de la mucosidad cervical unas pocas horas después de la relación sexual. Esto permite una observación directa del movimiento de los espermatozoides para determinar cómo afecta su movilidad la mucosidad cervical.

Como la mayor parte de los espermatozoides están en las primeras tres o cuatro gotas de semen, la técnica del retiro en el coito puede ser efectiva cuando el número de espermatozoides es bajo en el hombre. Esto se efectúa mediante una profunda penetración del pene en el momento en que salen las primeras gotas de semen, y luego una inmediata retirada de la vagina, a fin de dejar sólo el semen más concentrado en la abertura de la cerviz.

Algunas veces se recomienda la inseminación artificial. El médico coloca una muestra recién obtenida del semen del marido en la abertura de la cerviz precisamente el día en que se espera la ovulación. En este caso también se usan las primeras tres o cuatro gotas de semen fresco concentrado. Este procedimiento debe repetirse dos o tres veces durante el período fértil de cada mes. El uso de la inseminación artificial por seis meses consecutivos dará como resultado la concepción aproximadamente en el cincuenta por ciento de las parejas normales (pero no fértiles).

La fertilidad es a menudo influida por la salud general de la persona. La dificultad puede surgir de infecciones crónicas, malnutrición, anemia, o de diversos problemas metabólicos. Las perturbaciones endocrinas, particularmente el hipotiroidismo y la deficiencia de las hormonas procedentes de la pituitaria, de la adrenalina, y de las hormonas provenientes de las glándulas reproductoras, pueden definidamente afectar la fertilidad. La pareja que busca un embarazo debe practicar las normas básicas de la buena salud: adecuado ejercicio y descanso, evitar excesivas tensiones emocionales, y practicar una dieta balanceada. Sabemos que la vitamina A es necesaria para el mantenimiento de la producción del esperma. Las vitaminas del complejo B son esenciales para la función de la pituitaria. La vitamina C (ácido ascórbico) pudiera estar involucrada en la prevención de la destrucción de los espermatozoides.

A continuación ofrezco algunos procedimientos simples que se deben seguir en la relación sexual, los cuales fueron desarrollados por el doctor William H. Master de la Fundación para la Investigación de la Biología Reproductiva. Estos procedimientos aumentarán las posibilidades de lograr un embarazo, si no existen anormalidades físicas.

1. La esposa debe acostarse de espalda, con las piernas levantadas en forma angular hacia su pecho, y las caderas sobre dos almohadas.

2. El marido debe hacer la más profunda penetración posible al comenzar la eyaculación. Luego debe detener toda clase de movimiento de empuje hasta que la eyaculación haya terminado, e inmediatamente retirar el pene. Por el hecho de que entre el sesenta y el setenta y cinco por ciento de los espermatozoides se hallan en las primeras tres o cuatro gotas de semen, es necesario mantener estas gotas libres de perturbación hasta donde sea posible. El ácido de las secreciones vaginales es desfavorable para la supervivencia de los espermatozoides, pero éstos pueden sobrevivir bien en la mucosidad cervical.

3. La esposa debe permanecer una hora en esta posición con sus caderas colocadas sobre las dos almohadas. Luego debe quitarse las almohadas y permanecer una hora más quieta, acostada de espalda.

4. La pareja debe tener relación sexual por períodos que oscilen entre treinta y treinta y seis horas, en forma consecutiva durante tres días de cada mes cuando ella esté fértil. (La relación sexual cada veinte horas es demasiado frecuente.) Hay evidencias que indican que el óvulo debe ser fertilizado en el

transcurso de veinticuatro horas a partir de la ovulación. (Véase "El método rítmico" en este mismo capítulo, donde se expone una explicación sobre el termómetro para medir la temperatura basal y sobre otros medios para determinar el tiempo de la ovulación.)

5. No debe haber relación sexual durante los tres o cuatro días que preceden al período calculado de fertilidad, a fin de permitir que el marido acumule el máximo número de espermatozoides.

6. El marido tiene el máximo número de espermatozoides saludables cuando eyacula regularmente por lo menos cada cuatro días. Una abstinencia de más de cuatro días disminuirá el número de espermatozoides.

Si el médico descubre que el útero de la esposa está ladeado (retrovertido), debe utilizarse para la relación sexual una posición completamente diferente. Ella debe colocarse sobre sus manos y rodillas, y luego apoyar el pecho sobre la cama. El esposo debe insertarle el pene desde atrás. El debe hacer la más profunda penetración que le sea posible en el momento de comenzar la eyaculación, luego, detener todo impulso de empuje hasta que termine la eyaculación, e inmediatamente retirar el pene. Aunque producirá cansancio mantener esta posición, la esposa debe permanecer en la misma posición de rodillas durante una hora después de la eyaculación del marido. (El hecho de que la esposa logre el orgasmo o no, no tiene influencia en la probabilidad de la concepción.)

El marido debe evitar darse largos baños con agua caliente, si desea que su esposa quede embarazada. El agua muy caliente disminuye la producción de espermatozoides en los testículos. En algunas tribus primitivas, los hombres se sientan en una corriente fría antes de realizar el acto sexual, como un rito de fertilidad. (¡Con esto no quiero decirles a ustedes que se sienten en una corriente de agua fría!) Cualquier ropa ajustada que haga subir la temperatura del escroto al mismo nivel de la temperatura del cuerpo del hombre durante un mes, usualmente disminuirá el número de espermatozoides lo suficinete como para causar infertilidad. De modo que el hombre tiene que usar ropas holgadas por lo menos durante las dos semanas precedentes al momento de volver a lograr el número normal de espermatozoides. Así que, si usted quiere mantener la máxima producción de espermatozoides, evite el uso de ropa demasiado estrecha.

La esposa debe evitar la práctica de ducharse vaginalmente, pues la solución que use puede tener un indeseable efecto espermicida.

La ducha vaginal antes del acto sexual con el objeto de practicarse la limpieza puede cambiar la acidez normal de la vagina de tal modo que se alteren la función y la movilidad normales del espermatozoide. No debe usar por ningún motivo ninguna crema, jalea o gelatina como lubricante, pues cualquier lubricante artificial interferirá en la movilidad de los espermatozoides.

Cualquier hombre que tenga un bajo número de espermatozoides y esté tomando medicación por largo tiempo, debe preguntar al médico si ese medicamento en particular pudiera estar causando problemas. Me refiero particularmente a ciertas drogas que contienen cortisona, otras que se usan contra el cáncer, compuestos antimaláricos, a las nitrofurantonas que se usan para el tratamiento de las infecciones urinarias, y a ciertas drogas que se usan para el tratamiento de la depresión.

Ahora hay ciertas drogas de "fertilidad" que se usan para estimular la ovulación. Recientes investigaciones nos han ofrecido una información que está cambiando nuestros programas de tratamiento, y se están investigando los efectos colaterales que se esperan. Ruego a usted, por favor, que consulte con su propio médico, lo relativo a los últimos hallazgos que pudieran aplicarse en su situación.

En este capítulo se han destacado algunas cosas prácticas que las parejas pueden llevar a cabo para estimular la fertilidad. Si la pareja continúa con el problema de la infertilidad, debe consultar con su propio médico para que la dirija a un especialista que tenga las amplias facilidades de laboratorio que se requieren, e interés particular en esta rama de la medicina que está avanzando tán rápidamente.

12

Técnicas para el acto sexual durante el embarazo

Cuando viene un niño en camino, surgen preguntas: ¿Qué pasa con respecto a los deseos sexuales de la esposa durante el embarazo? ¿No hay peligro en el acto sexual? ¿Qué clase de posición? ¿Cuándo y durante cuánto tiempo? He aquí algunas respuestas para las preguntas que más comúnmente se me hacen.

Es muy poco el cambio que hay en el deseo sexual de la esposa durante los primeros tres meses de embarazo. Sin embargo, puede haber cierta incomodidad durante la relación a causa de que el útero está creciendo rápidamente. Si éste es el caso, prueben la posición de la mujer arriba para su relación sexual. Usualmente ésta le permitirá a la esposa colocarse de tal forma que halle mayor comodidad y placer.

Desde el tercero hasta el sexto mes del embarazo, muchas mujeres funcionarán mejor sexualmente que en cualquier otro tiempo de sus vidas hasta ese momento. Para ese entonces, la mayoría de las mujeres han vencido la incomodidad que sentían en los primeros tiempos y se han ajustado bien emocionalmente al hecho del embarazo. Usualmente tienen un sentido de bienestar y pueden desear un aumento de la actividad sexual. Aunque cualquier excitación sexual trae un aumento del flujo sanguíneo a la pelvis, que es lo que crea gran parte del anhelo de plenitud sexual, la mujer embarazada ya tiene un gran aumento de provisión sanguínea en la pelvis y, por tanto, no requerirá mucha excitación para llegar al punto en que esté lista para la relación sexual.

El aumento del volumen del abdomen usualmente no interfiere en la relación sexual en ninguna forma hasta el quinto mes. La pareja puede entonces escoger posiciones diferentes que le ofrezcan más comodidad a la esposa. A continuación presento una lista de posiciones especiales, que son particularmente útiles durante el embarazo. Tal vez usted quiera probarlas. Recuerde que la relación sexual en estas posiciones usualmente tiene que estar acompañada por la excitación manual del clítoris de la esposa para que ella logre el orgasmo. No vacile en agregar variaciones para satisfacer sus propias necesidades especiales.

1. El marido y su esposa se acuestan los dos de lado y frente a frente. La relación comienza de frente. O el marido y la esposa se acuestan de lado con las rodillas dobladas, mirando los dos hacia la misma dirección. La relación comienza por la parte de atrás. Esta posición usualmente es muy cómoda para ambos, y permite la excitación manual del clítoris durante el acto sexual.

2. La esposa se acuesta de espalda con sus rodillas levemente dobladas, o levantadas lo suficiente para hacerlas descansar sobre los hombros de su marido. El permanece de rodillas en posición derecha con las rodillas bien separadas y las nalgas de ella entre las caderas de él. Entonces inserta suavemente el pene en la vagina. Esta posición permite la excitación manual del clítoris durante todo el acto sexual y no requiere ningún contacto con el abdomen. La esposa pudiera estar más cómoda con una almohada debajo de las nalgas.

3. El marido se sienta cómodamente en una silla que no tenga soporte para los brazos. Su esposa se sienta en su regazo de frente a él, con una pierna en cada lado del cuerpo de él. Esto deja las manos de él completamente libres para el estímulo manual. La cabeza del pene apenas puede ser colocada dentro de la abertura vaginal, de tal modo que la penetración es muy superficial. Pero habrá suficiente profundidad para el mutuo estímulo sexual, y se puede practicar aun durante las últimas semanas del embarazo, cuando la penetración más profunda sería prohibida.

4. Con una posición similar a la que toma la mujer en la mesa de partos, se acuesta ella de espalda y coloca las nalgas en el borde de una cama baja, con las piernas separadas y las rodillas dobladas sobre el respaldo de dos sillas rectas que se colocan contra la cama, usando cojines debajo de las rodillas. El esposo se arrodilla sobre varios cojines que están entre las sillas, con la pelvis en el nivel más conveniente para la cómoda inserción del pene. Obviamente, esta posición requiere anticipada preparación, pero puede ofrecer la máxima libertad y comodidad para ambos cónyuges en este tiempo especial del embarazo. Ofrece una excelente oportunidad para excitar manualmente a la esposa y un completo control para la profunda penetración del pene.

5. El marido se acuesta de lado en el centro de la cama. Luego la esposa se acuesta de espalda sobre él en forma cruzada, formando con él ángulos rectos. Dobla las rodillas sobre el cuerpo de él como si estuviera sentada en su regazo. De este modo, la abertura vaginal queda lo más cerca posible del pene. El le introduce el pene desde abajo. El marido tiene que utilizar la excitación manual del clítoris en esta posición, a fin de producirle a su esposa el alivio sexual.

En los últimos tres meses del embarazo, la incomodidad física puede reducir el deseo sexual, aunque en muchos casos no ocurre tal cosa. Como la cabeza del niño está bien abajo en la pelvis, puede que se sienta excesiva presión. Por esta razón algunas veces es mejor evitar durante el último mes la posición mujer arriba, que estimula la más profunda penetración del pene.

Aunque algunos médicos prohiben las relaciones sexuales en las últimas semanas del embarazo, muchos otros creen que la pareja puede disfrutar de ellas hasta que la esposa entre en el proceso del parto. Esto en caso de que no haya dolor, ni derrame, ni escape del fluido amniótico. Por supuesto, si por alguna razón el ginecólogo aconseja la abstención durante este tiempo, usted debe seguir precisamente las instrucciones que él le dé.

Se me ha hecho la pregunta: "En caso de que el médico me recomiende evitar las relaciones sexuales durante el embarazo, ¿está bien que yo logre el orgasmo por medio de la excitación manual?" La respuesta es que lo que causa el problema es el orgasmo, y no la relación sexual. Esto se debe a que, durante el orgasmo, el útero se contrae en forma regular y enérgica, en forma muy parecida a como lo hace en el parto. La mujer que habitualmente aborta (que pierde tres fetos consecutivamente durante los primeros tres meses del embarazo) debe evitar cualquier clase de orgasmo durante los primeros cinco meses del embarazo. Durante el segundo período de tres meses del embarazo, si la cerviz se dilata anormalmente, debe evitarse el orgasmo. Cerca del fin de un embarazo normal, no se sorprenda si el proceso del parto comienza unos pocos minutos después de experimentar el orgasmo. Si el bebé está retrasado, ¡el orgasmo pudiera ser una manera muy agradable de producir el parto!

Yo animo a todas las parejas cristianas que acuden a mí en busca de cuidado obstérico a que participen los dos en el nacimiento de su hijo. Que el marido acompañe a la esposa en la sala de espera donde ella pasa los dolores y en la misma sala de partos. En preparación para esto, en cada visita mensual que hacen a mi consultorio hago que el marido realmente examine a su esposa junto conmigo, y le comunico el resultado obtenido. Esto permite que tanto el marido como su mujer comprendan mejor los cambios físicos que ocurren durante el embarazo. En ese tiempo también les doy la oportunidad para que me digan si han surgido algunos problemas en relación con su ajuste sexual.

Unos dos meses antes del parto, los animo a que asistan a clases relacionadas con el parto, como las que enseña el método Lamaze de preparación para el parto natural. Tal vez la esposa desee tener el parto sin medicación de ninguna clase, o tal vez le ayudo a escoger un método que disminuya la incomodidad. Hay un número de opciones entre las cuales se incluyen cualquiera de los bloqueos neurológicos regionales, inhalación de anestésico, o bajas dosis de Demerol y tranquilizantes. Si la pareja no puede asistir a clases relacionadas con el parto, puede obtener algo de ayuda leyendo la obra *Six Practical Lessons for an Easier Childbirth* (Seis lecciones prácticas para un parto más fácil) por Elizabeth de Bing, o *Preparation for Childbirth* (Preparación para el parto) por Roger Ewy y Donna de Ewy.

El hecho de que el esposo preocupado y cuidadoso esté íntimamente involucrado en el total proceso del embarazo, dolores de parto y parto, es una indicación de mayor aprecio para su esposa y el nuevo papel que ella va a comenzar. Ella obtiene fortaleza y ánimo con la presencia de él, y su relación matrimonial toma nuevas dimensiones de madurez y amor no egoísta.

Desde los primeros días del embarazo, el marido debe tener en mente el siguiente hecho: Muchas esposas piensan que no son atractivas durante el embarazo. Su pérdida de estima propia puede llegar a ser un problema. Así que es importante que el marido sea aun más afectivo y elogioso que de ordinario. El hecho de tratarla con especial ternura y aprecio en este tiempo pagará grandes dividendos en placer sexual tanto para el marido como para la mujer y producirá beneficios duraderos a través de la vida matrimonial.

Las relaciones sexuales pueden reanudarse dos semanas después del parto, en el caso de que no haya sido necesario utilizar puntos de sutura. Si éstos se utilizaron para la reparación de una episiotomía o para alguna otra lesión pélvica, usted debe buscar el consejo de su médico en cuanto al tiempo en que debe comenzar la relación sexual. La mayor parte de las reparaciones sanan en el transcurso de un mes.

Cuando comienza de nuevo el acto sexual, sugiero que el marido sea tan cuidadoso, amante y bondadoso como lo fue durante la primera relación sexual de la luna de miel. Deben tener a la mano jalea vaginal. Si no hay dolor en el área cercana al clítoris, la excitación manual mutua para el orgasmo puede comenzar en cualquier momento después del parto.

Si la pareja desea evitar otro embarazo, aun si ella está amamantando al niño y no hay períodos menstruales, hay que aplicar medidas para el control de la natalidad por lo menos para el tiempo en que ella acuda al examen médico general a las seis semanas del parto.

Unas palabras de consejo a la esposa: Recuerde que su marido no está embarazado. Las necesidades sexuales de él continúan en el mismo nivel a través del embarazo, el parto y las semanas de abstención que siguen. Usted debe ofrecerle excitación manual por lo menos con tanta frecuencia como tenían las relaciones sexuales antes del embarazo. Usualmente es más estimulante si usted usa un poco de gelatina genital para acariciarle y oprimirle el pene hasta producirle el orgasmo. No le pregunte si él quiere que usted le haga eso. Simplemente inicie con amor esta excitación, y déle la oportunidad para que amorosamente la rechace, si prefiere. Manifieste preocupación por él; hágale saber que usted anhela ofrecerle placer, bien sienta cualquier deseo o necesidad sexual o no. Si luego usted siente el deseo de que su esposo la estimule hasta llegar también al clímax, comuníquele claramente su deseo.

Este período de preocupación, cercanía y consideración mutua puede llegar a ser uno de los más satisfactorios y significativos en su vida matrimonial. Muchos descubrirán que aun en estos meses especiales, las oportunidades que tienen los dos de estar íntimamente unidos están diseñadas para el placer.

13

La relación sexual después de los 60... 70... 80...

¡La relación sexual después de los sesenta años de edad es mejor que nunca! Esto no es propaganda para estimular a los que están en esta edad, sino una declaración de hechos. Muchos de mis pacientes me han dicho que esto es cierto en su experiencia propia. En mi consultorio, un buen número de parejas que tienen más de cuarenta años de casados me han informado que las relaciones amorosas son maravillosas y más placenteras para ambos que nunca antes.

Ahora bien, si esto sorprende al lector, tal vez haya caído en los mitos que rodeaban a los antiguos. El mito de la declinación y la pérdida de la sexualidad a la edad de sesenta y cinco años permanece aún, a pesar de toda la investigación y la información que indican lo contrario. Una caricatura que apareció en una publicación denominada *Punch* ilustra este falso concepto sobre la incapacidad sexual. Un viejo que está sentado en un parque mira a una encantadora jovencita que pasa cerca de él, mientras su anciana esposa comenta con otra "viejecita": *"Considerando la edad, hay que ver que Alberto tiene una maravillosa memoria. . ."*

Permítame asegurarle a usted, que se acerca a los sesenta o a los setenta años de edad, que no tiene que alimentarse de recuerdos, si usted y su cónyuge permanecen con una salud razonablemente buena y una amorosa comunicación mutua. Su actitud es el factor principal. Por ejemplo, hay dos maneras de mirar la vida y la inevitabilidad de la vejez. Algunos piensan que la vida es una serie de pérdidas a las cuales hay que irse adaptando. Si usted es de esos, ve por tanto, que la relación sexual después de los sesenta años de edad es una sucesión de frustraciones. Que a medida que la persona se hace más vieja se ve obligada a abandonar más territorio por cuanto el proceso de envejecimiento influye sobre los placeres de la relación sexual.

Sin embargo, otros reconocen que la vida es una serie de cambios, pero saben que estos cambios pueden traer ganancia o pérdida. Usted descubre que a medida que con gracia se adapta a las condiciones cambiantes, lo que abandona comparativamente es poco, mientras descubre tesoros inesperados a lo largo del camino. Estas personas de pensamiento positivo son las que pueden esperar disfrutar del sexo después de los sesenta, de los setenta y de los ochenta años de edad.

He aquí algunas sugerencias constructivas para que la pareja que ha pasado de los sesenta años de edad pueda asegurar la continuación o el mejoramiento de su placer sexual:

1. **¡Conoceréis la verdad, y la verdad os hará libres!** En este caso me refiero a las verdades con respecto a sus propios cuerpos y a los efectos del proceso natural de envejecimiento. Conocer es entender y vencer cualesquiera dificultades que surjan. He aquí algunos hechos que usted debe saber:

Primero, si usted ha experimentado un buen funcionamiento sexual a través de su vida matrimonial, debe entrar en los años de la madurez esperando que el placer continúe. Aunque algo de lo relacionado con el tiempo y con la frecuencia de la respuesta cambiará, el placer sexual está lejos de haberse acabado, y aun puede mejorar. Los hombres y las mujeres siempre poseen la facultad de introducir algo creador en su situación que haga que su relación sexual después de los sesenta años sea rica, libre y llena de sorpresas.

Los hombres deben entender que necesitarán más tiempo para lograr la erección. Sin embargo, esto puede ser una ventaja, pues así pueden mantener la fase de la excitación por un período más prolongado. Por el hecho de que la necesidad de eyacular es menos urgente, usted dispondrá de más tiempo para satisfacer plenamente a su esposa. Usted puede esperar que el período de eyaculación en sí sea más corto y que la fase de relajación al final termine más rápidamente. Será necesario que pase más tiempo (algunas veces un día o dos) después del clímax, para que pueda lograr una nueva erección. He aquí algo importante que hay que comprender: *Usted no necesita eyacular cada vez que tiene la relación sexual.* Nunca se esfuerce por lograr una eyaculación cuando usted no sienta la necesidad física de ella. El tratar de forzar la eyaculación pudiera disminuir sus facultades para lograr y mantener la erección. Eyacule sólo cuando lo sienta necesario. En otras oportunidades, disfrute de la relación sin eyacular.

Las esposas deben estar enteradas de que después de los cincuenta años de edad tienen menos lubricación, y que las secreciones se producen más lentamente. Esto puede remediarse fácilmente con la utilización de gelatina vaginal. Las paredes vaginales se vuelven más delgadas, menos elásticas, y se irritan más fácilmente con la relación sexual. Usted puede evitar este problema tomando estrógeno o usando una crema vaginal que contenga estrógeno el cual es absorbido a través de la pared vaginal.

Aunque tanto el hombre como la mujer experimentan un orgasmo más corto, que sólo dura unos cinco o seis segundos, en vez de diez o doce, aun así provee el mismo placer físico. Si la esposa experimenta dolor por las contracciones del útero durante el orgasmo, ésa es usualmente una señal de que los niveles del estrógeno están por debajo de lo normal. Esta condición se alivia tomando estrógeno por vía oral o en inyecciones regulares.

Los hombres deben saber que la declinación fisiológica gradual y muy lenta del impulso sexual con el correr de los años puede colocarse en su perspectiva propia, al comprender que llegamos a la cima de nuestro vigor sexual alrededor de los diecisiete o dieciocho años de edad, ¡y que es entonces cuando comienza la declinación! Lo importante es recordar que *el envejecimiento como tal no impide que usted logre y mantenga la erección.* Usted puede eyacular menos frecuentemente, menos enérgicamente y con menos volumen. Pero como la función sexual dura toda la vida, y usted tiene una compañera entusiasta, la gradual declinación fisiológica tendrá poca influencia, o ninguna, en su relación sexual.

Las esposas deben saber que las mujeres no declinan fisiológicamente en su impulso sexual. En muchos casos las mujeres continúan aumentando el deseo desde el tiempo de su juventud hasta la edad de setenta años y aun después. En este período de su vida, usted puede descubrir que cada vez es más activa en la relación sexual, particularmente por el hecho de no tener temor al embarazo. Su entusiasta participación proveerá el máximo placer tanto para su marido como para usted misma en los años que vienen después de cumplir los sesenta.

Ahora bien, sugiero que los dos revisen su actitud con respecto al envejecimiento una vez más. ¡Recuerden que el envejecimiento no es sinónimo de enfermedad! No indica el fin del deseo sexual ni del placer. La impotencia no es un desarrollo natural de la edad, sino casi siempre un resultado del estado mental en cualquier edad, que afecta al hombre que se preocupa con respecto a los cambios normales que ocurren en su cuerpo, y que se imagina que ya está "demasiado viejo". ¿Entonces, dirá usted, qué diremos de las parejas mayores cuya vida sexual está declinando? Puede haber varios factores involucrados. Primero, no todos los individuos tienen un fuerte impulso sexual, ni siquiera en los años de su juventud. Luego, algunos hombres se desaniman con el paso de los años a causa de que sus respectivas esposas los rechazan continuamente. Algunos, que le temen a la impotencia, protegen su propia imagen transfiriendo el impulso sexual a otros canales, tales como la búsqueda del poder económico. En algunos hombres se ha desarrollado un resentimiento hacia sus esposas que disminuye su impulso sexual. Muchas parejas han permitido que la rutina embote la excitación cuando los dos están juntos. Todos estos factores pueden ser responsables de la declinación del impulso sexual en la vida madura, pero en la mayoría de los casos, las causas son sicológicas y no físicas.

2. ¡Decidan disfrutarse el uno al otro! La comprensión de su propia fisiología debe ser seguida por la decisión que debe hacer junto con su cónyuge de disfrutar del tiempo que pasan juntos en juego amoroso, y no permitir que nada interfiera en este aspecto feliz de la vida. Sepan que el placer es posible para ustedes. Su amor puede ser renovado, si es necesario, aplicando los principios que se discuten en el capítulo 3 de este libro: "¿Y qué sucede si no estoy enamorado? ¿Cómo me puedo enamorar?" Otras técnicas sexuales más habilidosas, como las que se describen en otros capítulos de esta obra, pueden inspirar un interés renovado. Acercamientos nuevos y creadores a la relación amorosa pueden eliminar el aburrimiento y poner la chispa en su relación. El mejor "tratamiento" para un hombre cuyo deseo sexual se está apagando es una esposa receptiva y cálida que le ofrezca abundante y amorosa excitación sexual. (Como dijo un hombre, hay una gran diferencia entre ser tolerado y ser querido.) El entusiasmo por parte de cualquiera de los cónyuges puede hacer maravillas a favor del otro.

He aquí algunas maneras específicas para hallar más placer en la vida sexual: Esposa, anime a su marido haciéndole saber cuánto la complace él. Marido, hágale saber a su esposa cuán deseable es ella para usted. Después de los sesenta años de edad, los hombres pueden preocuparse acerca de su vigor, y las mujeres pueden tener el temor de ser rechazadas a causa de la pérdida de la apariencia juvenil. El aprecio mutuo y amoroso vigorizará su relación y el concepto total que cada uno tenga de sí mismo.

Esté usted consciente de lo que un escritor llamó el "transfondo musical" de la experiencia amorosa. Me refiero al juego amoroso por medio de palabras, que puede aumentar ricamente el placer de ambos, ya que los dos olvidan la timidez y libremente se entregan el uno al otro tanto en palabras como en contacto corporal.

Al tocarse mutuamente, sean sensibles a zonas del cuerpo que tal vez no sean físicamente estimulantes, pero que pueden tener un efecto poderoso y positivo sobre el cónyuge. Comuníquense estas cosas el uno al otro. Estén dispuestos a "aventurarse" a explorar nuevas formas de complacerse mutuamente.

Descubran el principio de la *reciprocidad* y permítanle obrar en ustedes una creciente excitación sexual. Los investigadores han descubierto que cuando dos personas están libres de temores y de conflictos internos, pueden aprender a emocionarse el uno por la respuesta del otro y a responder al placer del otro con un ímpetu de deleite, olvido de sí mismo y abandono. Por otra parte, el desaire, la sumisión pasiva o la timidez pueden acumular rápidamente efectos negativos. Así que, póngase de acuerdo con su cónyuge para rechazar estas influencias. La vida en esta tierra es tan corta que no hay tiempo para gastar en respuestas negativas que obstaculizan el placer que Dios diseñó. Usted debe estar en guardia contra tales respuestas, y vencerlas con la comunicación amorosa y con la mutua comprensión. Recuerde que la comunicación significa que nunca debe hacer que su cónyuge adivine cómo se siente usted o qué es lo que está pensando. Siempre tenga como objetivo la espontaneidad y un tranquilo acercamiento a la relación sexual . . . ¡porque proporciona deleite!

3. Insista en tener un ambiente privado. A medida que las parejas avanzan hacia la vejez, algunas veces encuentran difícil mantener su ambiente privado para poder disfrutar de la relación sexual en cómoda reclusión. Este problema se hace complejo a causa de los insensibles e ignorantes que no comprenden que las personas de mayor edad también tienen vidas sexuales. Un ambiente privado para usted y su cónyuge es inapreciable y no debe descartarse sino en caso de suma necesidad. Todas las personas, pero las personas mayores más que otras, necesitan el calor y el toque de otra persona, el solaz y la reafirmación de la caricia física. Si ustedes van a vivir en un asilo para ancianos, hagan planes para que puedan disfrutar de un ambiente donde vivan los dos juntos y en privado y donde puedan expresarse su amor.

Aunque a las personas que tienen activos intereses sexuales no debe restringírseles la vida normal, hay veces cuando los problemas de salud violan esta norma, y hay que manejarlos de un modo sensible a fin de que la relación física pueda reanudarse tan pronto como sea posible. La discusión que sigue ofrece algunas sugerencias para la pareja después que ocurre un ataque al corazón, o un ataque apoplético, o cualquiera otra limitación física. También hay importantes hechos que considerar cuando la esposa está pasando por la menopausia o cuando se ha sometido a una histerectomía.

Después de un ataque al corazón o de un ataque apoplético

Esta, por supuesto, es la edad cuando es más posible que ocurran tales problemas físicos. Después de un ataque al corazón o de un ataque apoplético, que son enfermedades serias, se necesitan adaptaciones, pero si el paciente ha tenido buenas relaciones sexuales antes de la enfermedad, la mayoría de los médicos opinan que el regreso a su vida sexual acostumbrada le ayudará para su total recuperación. A menudo la frustración que viene relacionada con la abstinencia sexual necesita más fuerza de la que necesitaría el mismo acto sexual. El aumento del pulso, de la presión sanguínea y de la respiración refleja la excitación emocional de la relación sexual; pero la excitación emocional que se produce por la preocupación o la discusión puede tener el mismo efecto, sin los beneficios de la unión física entre el marido y la mujer que se aman mutuamente.

Una observación del promedio de latidos del corazón en pacientes cardíacos durante la actividad sexual indicó que el mayor promedio de respuesta fue de ciento veinte latidos por minuto y que sólo se mantuvo de diez a quince segundos en la mayoría de los sujetos. (Véase el artículo *Postcoronary Sexual Activity*, "Actividad sexual poscoronaria", por John Naughton, Doctor en medicina, en la obra *Medical Aspects of Human Sexuality, 750 Questions Answered by 500 Authorities,* "Aspectos médicos de la sexualidad humana, 750 preguntas contestadas por 500 autoridades", página 124.) La actividad sexual resultó ser menos exigente que conducir un vehículo en medio del tránsito o disgustarse. La energía que se requiere para la actividad sexual se ha comparado con la que se necesita para subir un tramo de escaleras o para andar rápidamente dos cuadras en la ciudad. Significativas cantidades de energía corporal se requieren para la digestión luego de cualquier comida o bebida. Por tanto, yo recomiendo vigorosamente que el paciente del corazón evite tener relaciones sexuales por lo menos durante las dos horas que siguen a una comida completa. Es interesante notar también que los investigadores señalan que el acto sexual que se realiza ilícitamente llega a ser una función mucho más exigente, por cuanto combina la presión del temor y la culpa con la actividad sexual.

Para la amante pareja de casados que normalmente llega al acto sexual sin presiones, la excitación manual para el alivio sexual usualmente se les puede permitir después de seis semanas, y la relación sexual puede reanudarse entre la octava semana y la decimocuarta, cuando la persona se ha recuperado del ataque al corazón sin evidentes complicaciones. Deben disfrutarla de una manera pausada con hincapié en el placer del amor, y acariciándose mutuamente. Aunque deben tenerse en cuenta las preferencias personales, hay una leve ventaja en el uso de la posición de la mujer arriba, si el paciente del corazón ha sido el hombre. En esta posición, la esposa puede ser más protectora y al mismo tiempo más agresiva en la relación sexual durante la recuperación de su marido.

No se imponen restricciones específicas a la actividad sexual en pacientes que tengan marcapasos en forma permanente. Sólo se les limita la actividad física durante las dos primeras semanas. (Véase el artículo *Sex After Pacemaker Implantation*, "La relación sexual después de la implantación del marcapasos", por Jorge C. Ríos, Doctor en medicina, en la obra ya citada *Medical Aspects of Human Sexuality, "Los aspectos médicos de la sexualidad humana"*, página 126.) Después de ese tiempo, el médico personal tiene que hacer la decisión del caso en particular.

Los médicos siempre debemos tratar franca y sabiamente la cuestión sexual después de una seria enfermedad, en vez de obligar al paciente a preguntar, o simplemente aconsejar: "Es mejor que tenga cuidado con la relación sexual". La función sexual nunca mejora mediante una afanosa observación que el paciente se haga a sí mismo, ni tampoco mejora de ese modo la condición médica del paciente.

Los efectos posteriores de un ataque apoplético a menudo reducen la confianza del paciente y el sentido de estima que él tenga de sí mismo. Siente un tremendo impulso de permanecer sexualmente deseable para su cónyuge. Casi cualesquiera dificultades físicas se pueden vencer poniendo en práctica maneras amorosas, constructivas y de sentido común, si los dos colaboran armoniosamente con el consejo del médico. Las almohadas, una manija en la cabecera de la cama, el pie de la cama un poco más elevado, las posiciones variadas y los orgasmos por medio de la excitación manual, son sólo algunas de las maneras como pueden solucionarse los problemas. Una buena relación sexual puede ser de inestimable valor como prevención contra la depresión que le viene al paciente luego de un ataque apoplético.

Manera de vencer las limitaciones físicas

Los ataques apopléticos y al corazón son sólo dos de las muchas condiciones físicas que pueden imponer limitaciones para impedir aquello que juzgaríamos como una relación sexual normal. Hay lesiones, deformidades y las consecuentes operaciones a las cuales hay que hacer frente. Una de las más comunes desfiguraciones, pero que no es una operación que incapacita, es la mastectomía (eliminación de un seno). ¡Ninguna pareja debiera permitir que esta operación disminuya su vida sexual de ningún modo! Es particularmente importante que el marido le demuestre a su esposa cuánto la ama y cuán agradecido está de que ella esté con vida y con buena salud. En cada situación, los dos cónyuges que se aman tienen oportunidades para desarrollar maneras creadoras a fin de ofrecerse mutuamente plena satisfacción, en medio de aquello que pudiera parecer la condición más adversa. El hecho de aprender juntos estas técnicas puede llegar a ser un poderoso factor que fortalezca su total relación matrimonial, a medida que el marido y la esposa crecen en mutua compasión y comprensión. La meta debe ser que los dos vivan juntos en una cercanía maravillosa. Mientras marchen hacia esa meta, las posibilidades de recuperación se aumentan grandemente. En cada caso, la cualidad de las vidas que están involucradas mejora incuestionablemente.

Ocasionalmente, luego de una repentina y dramática enfermedad viene un período de total ausencia del deseo sexual. Esto puede ser frustratorio tanto para el marido como para la esposa. En este punto se requiere el aliento de parte del médico. Hay que animar al paciente haciéndole ver que casi siempre esta condición es temporal y que desaparece apenas mejore la salud. Es importante que la pareja continúe la excitación sexual durante el período que sigue a una enfermedad, pues la pérdida del funcionamiento sexual en la persona anciana a menudo se produce después de largos períodos de abstinencia.

A muchos hombres del grupo que se encuentra entre los cincuenta y los setenta años de edad se les desarrolla un agrandamiento de la próstata (hipertrofia prostática benigna). Cuando este agrandamiento produce el bloqueo en el flujo de la orina, se hace necesaria una operación para eliminar la próstata. Después de esta operación el fluido seminal usualmente es eyaculado en la vejiga, en vez de ser expelido a través del pene. La capacidad para lograr y mantener la erección, comúnmente no es afectada por esta operación de la próstata. El hombre experimentará el mismo impulso sexual y el mismo placer durante el orgasmo que experimentaba antes de la operación, pero debe comprender que el pene no ha de proyectar ningún fluido en el orgasmo. Las relaciones sexuales normales pueden reanudarse dos meses después de esta operación.

Después de la menopausia

La relación sexual después de la menopausia puede ser igual para la esposa, o aun mejor. Algunas mujeres han tenido la idea de que perderán el interés y el placer en el sexo al pasar por la menopausia, pero esto simplemente no es cierto. Los cambios en el tiempo de la respuesta sexual no significan que hay menos disfrute del acto sexual. Muchas mujeres sienten una mayor libertad por el hecho de que tienen menos responsabilidades familiares y más oportunidad para desarrollar sus propias identidades fuera de la maternidad.

La mujer que está experimentada en el amor, que se siente cómoda consigo misma y bien ajustada a su marido, puede aceptar los cambios físicos cuando vienen y continuar disfrutando de una vida sexual recompensadora.

Una minoría de mujeres pudiera sentir que su identidad femenina está amenazada por la pérdida del proceso menstrual, y algunas veces harían esfuerzos frenéticos para volver a lograr la belleza o la atracción sexual. El esposo sabio y amante reforzará la estima que la esposa tenga de sí misma, manifestándole aprecio tanto en palabra como en acción. "Las cosas pequeñas significan mucho", dice una canción, y particularmente en este período crítico de la vida de una mujer. El marido también puede estimularla para que encauce sus energías por otro sendero, tal vez hacia alguna educación posterior o hacia algún ministerio cristiano. En efecto, cada vez más parejas retiradas están entrando en proyectos misioneros, tanto en el país como en el extranjero, para aliviar a los sobrecargados misioneros que están en el campo de labor.

Algunas mujeres manifiestan definidas señales de deficiencia de estrógeno: experimentan calores súbitos, nerviosidad, vértigos, insomnio, irritabilidad, repentinos cambios en la manera de ser, depresión y disminución del deseo sexual. Cuando están presentes varios de estos síntomas, la mayoría de los médicos piensan ahora que debe reponérseles el estrógeno que les hace falta, bien mediante tabletas y por inyecciones. En algunas pacientes, el estrógeno que es tomado por vía oral aparentemente no es bien absorbido. En ese caso es necesario inyectarlo. Usualmente se prescribe estrógeno de acción prolongada a intervalos mensuales. La mayoría de los síntomas de la menopausia pueden ser aliviados inmediatamente con una dosis regulada de estrógeno por vía oral y en inyecciones. Cualquier mujer que sufra de estos síntomas debe buscar el consejo del médico para ver si es posible intentar una terapia para reponer el estrógeno. Si el estrógeno solo no aumenta la respuesta sexual de la mujer, tal vez necesite una baja dosis de hormonas masculinas (testosterona), que debe inyectársele junto con el estrógeno. Recientes investigaciones han demostrado que hay un leve aumento de riesgo de contraer cáncer del útero entre las mujeres que toman estrógeno. Por tanto, son necesarios los regulares exámenes anuales. Cualquier derrame vaginal después que hayan cesado los períodos menstruales debe ser una señal para acudir al médico.

Después de la histerectomía

La histerectomía (remoción quirúrgica del útero) no debe constituirse en obstáculo para la vida sexual de una pareja. Sin embargo, surgen dificultades por falta de comprensión. He aquí algunos de los conceptos equivocados que son comunes: (1) Que la mujer invariablemente aumentará de peso y perderá su figura; (2) que el envejecimiento será más rápido; (3) que el deseo y la respuesta sexuales disminuirán; (4) que de inmediato ella experimentará todos los síntomas comunes posteriores a la menopausia. Algunas veces el marido saca la idea de que su esposa ya no está interesada en la relación sexual, o, desconcertamente, la trata como si fuera un plato de loza fina que hay que mantener en el anaquel. He descubierto que es necesario hablar con anticipación con el marido y con su mujer, tratar con ellos cualquier aprensión que tengan con respecto a dicha operación y al período que sigue. Debe asegurarles a los dos que el único cambio puede resultar para mejoramiento, puesto que la mayoría de las mujeres que se someten a esta operación han pasado por incomodidades que con ella les son aliviadas.

Preparación para los años dorados

Aconsejo a las jóvenes parejas que leen este capítulo que se preparen tanto sexual como económicamente para los últimos años. La "jubilación" no significa el retiro de los placeres de la relación sexual, si ustedes mantienen una activa vida sexual ahora y continúan manteniéndola. Usted debe estar haciendo inversiones emocionales en la relación con su cónyuge ahora mismo: manteniendo abiertas las líneas de comunicación, viviendo en una atmósfera de comprensión y mutuo apoyo, practicando el amor mutuo en todo lo que hacen y dicen. Cualquier negación a permitir que los resentimientos o sentimientos heridos se metan en su relación ahora es una inversión para el placer futuro y una maravillosa cercanía que continuará a través de la vida de los dos. Mientras ustedes esperan los últimos años, tengan la expectación de amarse cada día más. Esta ha sido la experiencia de muchas parejas ancianas que han vencido las ansiedades y las inhibiciones, que han puesto en práctica la nueva información y han aprendido a complacerse mutuamente. Cuando se les pregunta, dicen que su relación se fortalece mediante un maduro aprecio mutuo y un amor de mayor profundidad que el que conocieron cuando eran jóvenes.

La máxima que mejor se aplica a la relación sexual después de los sesenta años es simplemente ésta: *Lo que no se usa, se pierde.* La pareja que se mantiene activa sexualmente puede continuar disfrutando de la relación sexual después de los 60 ... de los 70 ... de los 80 años de edad.

14

Respuestas a sus preguntas

Explíqueme, por favor, por qué Dios hizo los hechos y las técnicas sexuales en forma tan escondida que tenemos que recibir instrucciones con respecto a ellos.

Me pidieron esta explicación cuando hablé a pastores y consejeros matrimoniales en el Congreso Continental Sobre Familia que se realizó en San Luis en 1975. Mi reacción inmediata fue que ésta era la explicación más importante que cualquier cristiano pudiera pedir sobre este tema. Mi respuesta, tanto para ellos como ahora, es que Dios nunca ha escondido nada bueno de sus hijos. Si la pareja estudia cuidadosamente cada parte de la Biblia que se relaciona con la relación sexual dentro del matrimonio, y comenta entre sí con una comunicación franca, amorosa y verbal estas cosas, en cierto tiempo, el marido y su esposa hallarán las respuestas por sí solos. No necesitarán que nadie les diga nada sobre las técnicas sexuales. La Biblia es abierta y franca con respecto a la relación sexual dentro del matrimonio, y ningún marido ni esposa que estén libres de inhibiciones y que se comuniquen ampliamente entre sí, tienen que permitir que se les desarrollen problemas sexuales. Sin embargo, las personas a través de los años han oscurecido los hechos y principios que Dios estableció tan claramente en la Biblia y, como resultado, muchas parejas necesitan ayuda para corregir técnicas defectuosas y actitudes negativas que pudieron haberse establecido desde hace largo tiempo en su vida matrimonial. Los recién casados pueden sacar provecho al aprender los hechos y las técnicas que ofrecen medios efectivos para desarrollar la satisfacción emocional y física en el comienzo de su vida matrimonial, de tal modo que los problemas se solucionen antes que se conviertan en tropezaderos.

¿Por qué Dios hizo a los hombres y las mujeres tan diferentes en cuanto a la duración del tiempo que necesitan para la excitación sexual?

Si los hombres y las mujeres quedaran satisfechos con un corto período de excitación sexual, el acto sexual llegaría a ser una experiencia breve y mecánica. Si los dos necesitaran un largo tiempo para llegar a estar excitados, la experiencia podría llegar a ser aburrida y monótona. Algunos ni siquiera se preocuparían por ella. Como los hombres y las mujeres son diferentes, al marido se le da la oportunidad de aprender el dominio de sí mismo y se lo anima a que investigue y que emplee las técnicas imaginativas que complacen a la mujer. El tiene la oportunidad de desarrollar la paciencia y la ternura en la comunicación física, mientras ella aprende a mantenerlo sexualmente excitado e intrigado. Las diferencias que existen entre los hombres y las mujeres ofrecen una base para la interacción creadora e interesante y enriquecen la relación sexual dentro del matrimonio.

¿Cómo me deshago de mis inhibiciones con mi marido?

Usted no debe sentir ninguna vergüenza en aparecer desnuda delante de su marido, ni en estar desnuda en la cama con él. Debe sentirse totalmente libre para hacer lo que les agrada a los dos en la intimidad de su dormitorio. Millares de maridos y esposas se han beneficiado escuchando juntos mis cintas magnetofónicas que llevan por título *Sex Technique and Sex Problems in Marriage* (La técnica sexual y los problemas sexuales en el matrimonio). El hecho de oir a un médico hablar sobre las intimidades del matrimonio los anima a los dos para discutir asuntos sexuales francamente entre sí. Haga que su marido le lea en alta voz la parte de este libro que trata el tema de sus inhibiciones particulares, y ore juntamente con él con respecto a estos asuntos. La libertad para que usted comunique sus inhibiciones a su marido de una manera franca es un paso positivo hacia la posibilidad de que usted quede en libertad de todas sus inhibiciones. Tal vez usted y su marido deben leer juntos el séptimo capítulo de El Cantar de los Cantares de Salomón en una traducción moderna, para que comprendan más plenamente la libertad que debe expresarse en el amor de los casados.

¿Qué consejo puede ofrecer usted a una pareja en que los dos trabajan y se dan cuenta de que cualquier tiempo que tengan a solas está obstaculizado por el agotamiento físico?

Esta pareja debe tener mucho cuidado en hacer arreglos especiales para acostarse a temprana hora, y tal vez necesite anticiparse a la situación y apartar regularmente algunas noches (en la primera parte de la noche) para estar los dos en el hogar a solas. Sugiero que aparten un fin de semana para unas breves y económicas vacaciones sólo para los dos. La pareja puede hacer reservaciones en un motel de un pueblo cercano para tener un tranquilo descanso y disfrutarse el uno al otro. Si es posible, es mejor escoger un motel en que se lleven las comidas al dormitorio. Hay que pagar un poco más por este servicio, y agrega cierto sentido especial de lujo, pero a la vez les permite más tiempo para estar en privado, que de todos modos es el propósito real del viaje.

¿Qué piensa usted acerca del consejo sexual que estimula la excitación de uno mismo mientras la pareja está en el acto sexual? ¿Es tal autosatisfacción antitética al plan de Dios para las parejas que es el de que se complazcan mutuamente?

Pienso que la autoexcitación de una mujer en la cual esté involucrado el marido puede jugar un papel muy importante en ayudar a la mujer que ha tenido dificultad para llegar al orgasmo. Por medio de este tipo de excitación, ella puede aprender a responder, experimentar el orgasmo y establecer correctos modelos de respuesta. Sin embargo, tan pronto como ella pueda permanentemente llegar al clímax, la pareja debe reanudar la relación sexual regular. De otro modo, pueden caer en un patrón de excitación solamente manual de tal modo que ella tenga el inconveniente de aprender a disfrutar del orgasmo durante la relación sexual. El plan de Dios es que cada uno de los cónyuges logre plena satisfacción sexual en las relaciones. El placer sexual del hombre aumenta grandemente cuando sabe que puede satisfacer plenamente a su esposa llevándola hasta el orgasmo. De modo que la esposa que *temporalmente* se estimula a sí misma como parte de las relaciones sexuales (sólo con el propósito de aprender a lograr el orgasmo) no está complaciéndose tanto a sí misma, sino aprendiendo a dar una respuesta que también complacerá grandemente a su marido. Los investigadores han descubierto que alrededor de una tercera parte de las mujeres casi siempre requieren la excitación manual del clítoris por parte de sus maridos a fin de llegar al clímax, pero esto se hace usualmente en asociación con las relaciones sexuales.

¿Qué puede hacer la gente con las secreciones que salen después de las relaciones sexuales?

Mantenga una pequeña toalla de mano en la mesa de noche. La mujer que no se siente bien por el hecho de que descubre que el flujo del semen se mezcla con las propias secreciones de ella, puede aun usar un tapón por unas pocas horas después del acto sexual.

¿Cuál es la frecuencia normal del acto sexual?

"Normal" es cualquier arreglo que sea mutuamente satisfactorio para los cónyuges. Si a los dos les agrada tener relaciones sexuales todas las noches, y ninguno se siente obligado por el otro, eso es normal. Se les preguntó a cinco mil parejas cuán a menudo tenían sus relaciones sexuales durante la semana. El promedio fue de dos o tres veces por semana. Usted podrá elevar su deseo sexual al nivel del de su cónyuge, si así lo desea, si entrega este asunto en las manos de Dios por medio de la oración y rinde sus actitudes a El. El secreto es una participación entusiasta en el proceso de dar y recibir placer.

¿Hay alguna diferencia entre un orgasmo de la vagina y uno del clítoris?

Sólo hay una clase de orgasmo, bien sea producido por el pene en la vagina o mediante el estímulo manual del clítoris. La sensación física es esencialmente la misma. Sin embargo, se logra más satisfacción emocional mediante la cercanía y la intimidad de la experiencia del orgasmo durante las relaciones sexuales. Gran parte del placer procede de sentir el disfrute por parte del cónyuge, como también de experimentar el mismo orgasmo.

¿Puede una mujer tener más de un orgasmo durante el acto sexual?

El cuerpo de la mujer está diseñado para experimentar múltiples orgasmos. Si están presentes todos los factores de amor y consideración, y si ocurre la apropiada excitación, ella puede experimentar todos los orgasmos que quiera. Los inconvenientes para poder lograr múltiples orgasmos serían las inhibiciones y la falta de excitación. La mujer que experimenta múltiples orgasmos casi siempre desea que su marido continúe el contacto sexual y la excitación a través de todo el tiempo en que ella está experimentando el orgasmo. Para lograr la máxima respuesta, ella puede pedirle ocasionalmente a su marido una breve pausa en la excitación. La esposa es la que debe sugerir el tiempo y la intensidad del estímulo.

¿Cuánto tiempo tiene que esperar el hombre después de las relaciones sexuales para tener otro orgasmo?

Usualmente tiene que esperar de varios minutos a varias horas para poder producir otra eyaculación. El período que necesite para su recuperación no tiene ninguna relación con la llamada masculinidad. Habrá mejor gozo si el esposo espera veinticuatro horas después del orgasmo para que el cuerpo pueda reponer la provisión de fluido seminal. A menudo el hombre que tiene más de cincuenta o sesenta años de edad no podrá tener otro orgasmo sino después de unas veinticuatro horas.

¿Discute usted con las parejas la excitación bucal? ¿Hay alguna objección, bíblica o de otra clase, a que las parejas cristianas se demuestran el amor mutuo en esta forma?

Muchas veces se me ha informado que las parejas, en el comienzo de su vida matrimonial, no han podido lograr la suficiente excitación para la esposa durante el acto sexual. Muy a menudo esto se debe a que el marido no ha podido controlar suficientemente el tiempo de su eyaculación. Como solución, ellos acuden a la excitación bucal-genital para que a ella se le produzca el orgasmo, y en un sentido, esto llega a ser un atajo, que impide el desarrollo de la disciplina y el control inteligente que se requieren para aprender a ofrecer el máximo placer físico el uno al otro a través de las relaciones sexuales regulares. Es difícil que esta pareja imagine que ellos mismos se están extraviando por un atajo, ya que los dos pueden estar alcanzando permanentemente el orgasmo, aunque sin experimentar la unidad que Dios diseñó para sus cuerpos humanos a través del acto sexual básico. No creo que Dios hubiera diseñado tantos detalles intrincados de la anatomía sexual para estimular a los maridos y a las esposas a aprender juntos las habilidades para llevarse mutuamente a la satisfacción, si no hubiera tenido el propósito de que éstos fueran utilizados la mayor parte del tiempo. Además la excitación bucal-genital definitivamente limita la comunicación verbal que el marido y la esposa pueden tener durante el acto sexual.

Cuando una pareja decide que la esterilización es la mejor respuesta para su problema relacionado con el control de la natalidad, ¿cuál debe ser esterilizado, el marido o su mujer?

La vasectomía que se le realiza al marido es mucho más simple, más segura, menos dolorosa y menos costosa.

¿Es verdad que en estos días hay más hombres que mujeres que se someten a la esterilización?

Las estadísticas ofrecidas por la Asociación para la Esterilización Voluntaria, Inc. indican que en 1975 fueron esterilizados seiscientos treinta y nueve mil hombres y seiscientas sesenta y cuatro mil mujeres. En otras palabras, más de la mitad del total fueron mujeres las que se sometieron a una intervención quirúrgica como medio para lograr el control de la natalidad. Sólo podemos pensar que las mujeres están más agudamente motivadas a evitar la concepción que sus respectivos maridos.

¿Cuáles son los anticonceptivos más populares?

El primero es la píldora (los anticonceptivos que se toman por vía oral). Luego sigue la esterilización del marido o de su esposa, según los datos del Centro Nacional de Estadística de la Salud.

¿A qué edad puede la mujer dejar de tomar anticonceptivos sin el peligro de quedar embarazada?

La menopausia usualmente ocurre a los cuarenta y nueve años de edad, pero puede ocurrir durante el amplio período que va desde los cuarenta a los cincuenta y cinco. Se estima que los embarazos entre los cuarenta y cinco y los cuarenta y nueve años ocurren en promedio de uno a tres por mil. Después de los cincuenta años de edad, los embarazos son en realidad raros, y sólo tienen una incidencia de uno en cada veinticinco mil. Por tanto, se puede dejar de usar anticonceptivos a los cincuenta años de edad. Cuando la mujer tiene cuarenta y ocho años de edad o más, y ya tiene seis meses de no menstruar, se considera seguro para que abandone las medidas anticonceptivas.

Si decido tener un hijo después de haber tomado píldoras para controlar la natalidad durante cierto período, ¿afectarán las píldoras al bebé?

No, la medicación no afectará al bebé, si el embarazo se produce después de haber discontinuado el consumo de las píldoras.

¿Tiene la píldora algún efecto en la menopausia?

El uso de la píldora no demorará la menopausia, pero puede disimular su comienzo. Si la edad de la mujer indica que está próxima a la menopausia, una manera específica para hacer el diagnóstico consiste en no tomar la píldora durante seis semanas y extraer sangre para medir el plasma FSH y LH. Cualquier médico puede determinar estos niveles de gonadotropina enviando la muestra del suero a un laboratorio. Un nivel elevado de FSH indica que la paciente está en la menopausia. Si al dejar de consumir la píldora se les desarrollan síntomas de menopausia, especialmente calores súbitos ésta es una evidencia adicional de que está en la menopausia. Si estos hallazgos son positivos, el médico puede recomendar que ella deje de tomar la píldora.

¿Puede una mujer cambiar la dosis de píldoras para el control de la natalidad a medida que aumenta su edad?

Puesto que las mujeres que pasan de los cuarenta años manifiestan un creciente riesgo de complicaciones, a menudo conviene disminuir este riesgo tomando píldoras que contengan menos estrógeno, llamadas "minipíldoras" o "píldoras sólo de progesterona". Con este tipo de píldora hay mayor incidencia de derrames vaginales irregulares y de manchas de sangre. Esto pudiera hacer surgir una falsa alarma de cáncer, pero las manchas de sangre usualmente son causadas por las píldoras. Sin embargo, en caso de que haya manchas y hemorragia irregular, la mujer debe someterse a un examen pélvico por lo menos cada seis meses.

¿Cómo afecta el tamaño de los pechos de la mujer sus deseos y capacidades sexuales?

Los pechos continúan siendo el símbolo más exaltado de la femineidad, y el hecho de que el hombre mire directamente los pechos de su esposa le causa un estímulo mayor para el deseo sexual que el hecho de mirarle cualquiera otra parte del cuerpo. En nuestra cultura dominada por el busto femenino voluminoso, las mujeres le conceden mucha importancia a esta parte del cuerpo, e intentan esconderla o desplegarla en concordancia con sus actitudes, deseos, metas, modestia y discreción. La investigación estadística indica que sólo alrededor del cincuenta por ciento de las esposas logran excitación sexual al acariciarles los pechos. Hay un área que rodea los pezones, que produce excitación sexual cuando es leve y suavemente tocada con las manos o con los labios. En unas pocas mujeres, esta acción pudiera incluso producirles intensa excitación, pero a otras mujeres no les gusta de ningún modo. ¡Al marido le corresponde investigar si a su esposa le gusta que él juegue con los pechos de ella! ¡Pregúntele!

¿Hay alguna desventaja relacionada con tener pechos grandes?

Puede surgir una serie de síntomas médicos que están directamente relacionados con los pechos grandes: fatiga, dolor de espalda, mala postura, entumecimiento generalizado de los brazos y especialmente de las palmas de las manos y mastitis crónica dolorosa que puede producir dolor y ablandamiento del pecho. La mujer que tiene pechos muy grandes tiene que hacer un esfuerzo deliberado y consciente de pararse con su espalda derecha, pues de lo contrario se le desarrollará posteriormente una típica forma jorobada en la parte alta de la espalda.

¿Qué piensa usted con respecto a amamantar a los hijos?

Dios tuvo como plan primario que los pechos fueran usados para que el hijo fuera alimentado de una manera perfecta y libre de inconvenientes. También sabemos que los contornos, la consistencia y el tamaño de sus pechos se protegen mejor cuando usted alimenta a su hijo. El hecho de amamantar el hijo también apresura el retorno del útero a su tamaño original, usualmente en el término de un mes.

¿Puede una mujer quedar embarazada mientras dura el tiempo en que amamanta al hijo?

¡Sí! Aunque el hecho de estar amamantando puede demorar la menstruación, algunas veces no impide la ovulación (la salida del óvulo del ovario). Por tanto, la concepción puede ocurrir algunas veces antes del primer flujo menstrual que viene después del parto. Se sabe de mujeres que han quedado embarazadas tan pronto como han pasado seis semanas después del parto.

¿Es importante el examen que una misma se haga de sus senos? ¿Con cuánta frecuencia debe hacerse?

El examen de los senos con el propósito de detectar el cáncer, bien sea hecho por la misma mujer o por el médico, el cual lo hace en combinación con una mamografía, ha aumentado las posibilidades de detectar el cáncer a tiempo y ha salvado cerca de la tercera parte de las mujeres en las cuales se halló cáncer. El autoexamen debe ser realizado en un tiempo fijo de cada mes, preferiblemente poco después de la menstruación. Las mujeres que tengan una historia en que figure el cáncer del pecho en algunas de sus familiares y las que nunca amamantaron a un hijo son las que tienen el más alto peligro de contraer cáncer y, por tanto, deben realizarse el examen con gran cuidado. El procedimiento para el examen de los pechos hecho por la misma esposa (véanse las páginas 200, 201) fue desarrollado por la Sociedad Americana del Cáncer, Inc., y se usa aquí con permiso.

¿Qué es lo que causa el cambio de disposición de ánimo precisamente antes del comienzo del período menstrual?

Los vaivenes emocionales que ocurren durante el ciclo menstrual, particularmente los cuatro a cinco días antes de la menstruación, son causados por los cambios en los niveles de estrógeno y progesterona. Probablemente por lo menos la mitad de todas las mujeres que están en el período menstrual regular sufren de dolores de cabeza, dolores de espalda, calambres, tensión, irritabilidad o depresión. Sin embargo, sólo un diez por ciento de todas las mujeres sufren dificultades hasta el punto en que sus actividades diarias tienen que ser interrumpidas a causa de los cambios que preceden a la menstruación. Algunos médicos han hallado un modo simple de explicar cualquier efecto que las hormonas tengan sobre la mujer en este tiempo. Ellos ponen en ecuación el *estrógeno* (E) con la *energía* y la *progesterona* (P) con la *paz*. En otras palabras, las mujeres son más sociables y activas en la primera parte de su ciclo menstrual cuando los niveles de estrógeno son superiores. Gradualmente se hacen más pasivas y algunas veces se sienten deprimidas en la se-

Cómo examinarse los senos

Este simple procedimiento de tres pasos pudiera salvar su vida al hallar el cáncer del seno cuando es curable.

Bajo la ducha del baño: **1**

Examine sus senos durante el baño o la ducha; las manos se deslizan más fácilmente sobre la piel mojada. Con los dedos extendidos, mueva la mano suavemente sobre todas las partes de cada seno. Use la mano derecha para examinar el seno izquierdo, y la mano izquierda para examinar el seno derecho. Busque cualquier protuberancia, nudo o engrosamiento.

Ante el espejo: **2**

Con los brazos en los lados, inspeccione sus senos. Luego, levante los brazos por encima de la cabeza. Busque cualesquiera cambios en los contornos de cada seno, alguna inflamación, alguna hundidura en la piel, o algún cambio en el pezón.

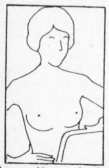

Luego, coloque las palmas de las manos sobre las caderas y presione firmemente hacia abajo para que se flexionen los músculos del seno. Los dos senos no estarán exactamente iguales; pocas mujeres los tienen así.

La inspección regular le indicará lo que es normal para usted; y eso le dará confianza en el examen que usted misma se hace.

Acostada: **3**

Para examinarse el seno derecho, coloque una almohada o una toalla doblada bajo su hombro derecho. Coloque la mano derecha debajo de la cabeza, con lo cual el tejido del seno se distribuye más regularmente sobre el seno. Con los dedos extendidos de la mano izquierda presione suavemente con movimientos circulares alrededor de la cara imaginaria de un reloj. Comience en la parte más alta sel seno derecho, teniendo en cuenta que allí es donde el reloj marca las 12, y luego siga hacia la una y así sucesivamente alrededor del círculo hasta llegar a las 12. Un borde de tejido firme en la curva inferior de cada seno es normal. Luego, mueva la mano unos dos centímetros y medio hacia el pezón, y continúe examinando en círculo cada parte de su seno, incluyendo también el pezón. Para esto se requiere que por lo menos dé tres vueltas más. Ahora repita lentamente el procedimiento en el seno izquierdo, colocándose una almohada debajo del hombro izquierdo y la mano izquierda debajo de la cabeza. Note cómo siente usted la estructura de su seno.

Finalmente, apriete el pezón de cada seno suavemente entre el pulgar y el índice. Cualquier secreción, clara o sanguinolenta, debe ser motivo para que usted le informe inmediatamente a su médico.

PORQUE DEBE EXAMINARSE LOS SENOS MENSUALMENTE

La mayoría de los cánceres del seno son descubiertos primero por las mismas mujeres. Puesto que estos cánceres, cuando se hallan a tiempo y se tratan prontamente tienen excelentes posibilidades de ser curados, el hecho de que usted aprenda a examinarse adecuadamente los senos puede ayudar a salvarle la vida. Use el simple procedimiento de tres pasos que se indica aquí para examinarse los senos personalmente.

EN CUANTO AL MEJOR TIEMPO
PARA EXAMINARSE LOS SENOS

Siga el mismo porcedimiento una vez cada mes, una semana después de su período menstrual, cuando usualmente los senos no están tiernos ni abultados. Si usted se ha sometido a una histerectomía, consulte con su médico o con la clínica para que le informen en cuanto al tiempo apropiado para este examen mensual. El hecho de que usted misma se haga este examen mensualmente le dará paz mental, y la consulta con el médico una vez al año le reafirmará que no tiene nada malo.

QUE DEBE HACER SI HALLA
UNA PROTUBERANCIA O UN ENDURECIMIENTO

Si durante el examen que usted misma se hace descubre una protuberancia, un endurecimiento o una secreción, es importante que consulte con su médico lo antes posible. No tenga temor. La mayoría de protuberancias o cambios de los senos no son cáncer, pero sólo el médico puede hacerle el diagnóstico.

gunda mitad del ciclo cuando hay un aumento de la progesterona. La progesterona a menudo calma la nerviosidad irritable que experimentan las mujeres antes de su período, cuando sus niveles de estrógeno son elevados.

¿Qué tratamiento se da usualmente para los problemas que preceden a la menstruación?

Usualmente se prescribe un suave tranquilizante; si la retención de la orina presenta dificultades se prescribe un diurético; si hay dolor se prescribe un analgésico. Si estas simples cosas no resultan efectivas, pueden evaluarse los agentes hormonales. Pudiera hallarse que está presente un desequilibrio, por no haber suficiente progesterona para balancear al estrógeno en las últimas dos semanas que preceden al período. Algunas veces puede evitarse esto prescribiendo tabletas de progesterona diariamente durante unos diez días antes de cada período.

¿Se corre algún riesgo con tomar progesterona?

Sí, hay un aumento muy leve en la probabilidad de que se produzcan coágulos sanguíneos, algo de aumento en la retención del fluido, y la cantidad y la duración del flujo menstrual podrían ser alteradas.

¿Qué lugar ocupan los cuadros y las películas eróticos en el aumento del deseo sexual?

Muchas parejas no entienden en qué consisten estas películas. Ellas muestran a dos personas desnudas realizando muchos actos diferentes de excitación sexual en formas y posiciones extremadamente variadas. Probablemente esto sería ofensivo para la mayor parte de las parejas cristianas que buscan soluciones para su propia relación de amor. Algunos siquiatras que tratan con problemas sexuales han dicho que hallaron que estas películas eran útiles para abrir la comunicación con los pacientes y excitar la comunicación entre maridos y esposas que no habían podido hablar entre sí acerca de asuntos sexuales. Estas películas pueden disminuir las barreras de comunicación sexual. Pero cuando consideramos las relaciones sexuales tal como se presentan hoy por medio de dichas películas, es probable que produzcan más problemas que soluciones.

¿Por qué siempre tengo secreciones vaginales?

Los tres tipos más comunes de infección vaginal que pueden causar descargas crónicas o recurrentes son: vaginitis de tricomonas, vaginitis de cándidas y vaginitis bacterial. La descarga vaginal que viene como resultado de cualquiera de estas tres infecciones puede producir una relación sexual dolorosa, irritación local, inflamación o picazón. Cuando no se le aplica tratamiento, la infección vaginal puede continuar varios meses o varios años.

¿Interfieren estas infecciones en el actc sexual?

La candidiasis (moniliasis), que es una infección vaginal fungosa, es uno de los pocos problemas vaginales que puede requerir que la paciente evite tanto la relación sexual como cualquiera otra excitación sexual por unos pocos días al comienzo del tratamiento. La candidiasis frecuentemente causa intensa picazón, la vulva se pone roja y se inflama; a menudo hay también una descarga espesa y blanca como el requesón, y la extrema irritación de los tejidos hace que sea aconsejable un breve período de abstinencia. Esta descarga usualmente puede arreglarse insertando una crema antifungosa o una tableta en la parte superior interna de la vagina diariamente durante dos semanas. Para aliviar el dolor en caso de que sea severo, puede aplicarse una bolsa con hielo en la zona afectada durante veinte minutos cada vez y varias veces al día. Cuando la candidiasis continúa en el embarazo, la medicación antifungosa tal vez sea necesaria a través de todo su desarrollo. Este mismo hongo cándida puede causar afta en la boca de los infantes.

¿Cómo se contrae la candidiasis?

Esta infección fungosa se ve comúnmente en las mujeres que usan una ducha innecesaria y desodorantes vaginales, o en algunas que tienen diabetes en las cuales está pasando a la orina azúcar en cantidades superiores a las normales. Es más probable que la candidiasis aparezca luego de un tratamiento con antibióticos, o cuando hay en el sistema niveles elevados de estrógeno: durante el embarazo, en los días que preceden a los flujos menstruales o cuando se están tomando anticonceptivos por vía oral. La ropa interior de nilón, las medias-pantalón y las fajas-pantalón retienen la humedad y el calor que ofrecen una perfecta condición para la reproducción de los hongos. El hecho de que la mujer se siente en traje de baño mojado alrededor de una piscina tiene el mismo efecto. La ropa interior de algodón es más ventilada, y es preferible usar faldas que pantalones cuando está padeciendo de esta infección.

¿Es contagiosa la candidiasis? ¿Se la puedo contagiar a mi marido?

Sí, se la puede contagiar. Se verá como una erupción en el pene o en la ingle, como una zona enrojecida que pica con pequeños círculos a manera de barros más allá de la parte enrojecida. El hongo cándida medra en lugares húmedos y oscuros; por tanto, usualmente se limita a la zona genital. El tratamiento para el hombre requiere que se bañe dos veces diariamente para eliminar el sudor, y que se seque completamente la piel de la zona afectada. Luego debe aplicarse la crema que le prescriba el médico. Debe usar ropa interior de algodón y pantalones holgados durante el período de tratamiento. Si esta infección fungosa dura más de dos semanas luego de comenzado el tratamiento, debe hacerse una cuidadosa revisión para ver si hay diabetes. La cantidad excesiva de azúcar que se queda en el tejido de la piel hace que medre el hongo cándida, con lo cual se hace mucho más difícil erradicar la infección.

¿Cuál de las infecciones vaginales es más probable que se vuelva crónica?

La vaginitis de tricomonas es la que más probablemente puede volverse crónica. Entre los síntomas de esta infección se incluyen descargas vaginales verdosas o amarillentas con un olor repulsivo, picazón y enrojecimiento, y algo de dolor durante la relación sexual. Por el hecho de que estos síntomas son comparativamente benignos, la infección puede estar presente durante varios meses antes que se solicite el tratamiento médico. La infección de tricomonas se transmite de una persona a otra por medio de los asientos de los retretes, las bañeras, las toallas o por cualquier otro medio físico. Esto significa que hay que tratar a los dos cónyuges, porque los tricomonas pueden refugiarse bajo el prepucio del hombre o en su uretra y tal vez no le causen ninguna molestia. El pudiera inmediatamente volver a infectar a la esposa, aunque a ella se le haya hecho un tratamiento con éxito. Por tanto, durante el período de tratamiento deben usarse condones para la relación sexual.

¿Qué es lo que causa la vaginitis de tricomonas?

El culpable es un pequeñísimo parásito que sólo puede verse por medio del microscopio. Los tricomonas pueden identificarse en una gota de secreción vaginal. En el presente, el tratamiento consiste en dar al marido y a la esposa tabletas de metronidazole (*Flagyl*) tres veces al día durante diez días. Si la esposa sufre de repetidas infecciones de tricomonas, tal vez deba discontinuar temporalmente el uso de tampones vaginales durante los períodos menstruales. Los tricomonas crecen mejor en un ambiente más alcalino, y este ambiente se les provee cuando los tampones vaginales retienen la sangre (que es alcalina) en la vagina. Esta es la razón por la cual cualquier tratamiento que se prescriba tiene que continuar, particularmente durante el período menstrual.

¿Son los antibióticos la solución para estas infecciones vaginales?

Realmente, el uso de antibióticos, en vez de curar las infecciones vaginales, produce muchas más, por cuanto los antibióticos matan las bacterias que normalmente están presentes en la vagina y que combaten la candidiasis o la tricomoniasis. Sin embargo, algunas vaginitis bacteriales no específicas pueden ser tratadas efectivamente aplicando localmente cremas vaginales especiales que contengan sulfato. Ocasionalmente la esposa puede necesitar tomar antibióticos por vía oral para erradicar completamente la infección vaginal bacterial.

¿Por qué tantísimos matrimonios de adolescentes no salen bien?

En primer lugar, porque los adolescentes en la mayoría de los casos no se pueden separar de los padres para llegar a ser independientes. En segundo lugar, porque los adolescentes tienen sistemas cambiantes de valores, y, por tanto, todavía no saben qué es lo que quieren de su cónyuge. Posteriormente surgen algunas cualidades que no eran aparentes cuando la joven pareja se casó. Esto se debe a que el carácter se desarrolla como una respuesta a la responsabilidad o a la adversidad. No hay manera de predecir con seguridad cómo ha de responder el adolescente a las dificultades y demandas de la vida matrimonial en lo futuro.

¿Cuánto debe decirle la madre a su hija antes del matrimonio, utilizando la madre su propio matrimonio como ejemplo?

Mucho de esto depende de la armonía que haya entre la madre y la hija en todos los aspectos de su relación. La madre debe usar su buen criterio para saber cuán detallada es la información que su hija realmente necesita. Tan pronto como se ha programado la fecha del matrimonio, no debe retenerle ninguna buena información. La madre debe preocuparse de que su hija tenga acceso a buenos libros de consulta relacionados con la vida sexual. Se espera que los padres hayan demostrado en su vida matrimonial durante todo el tiempo, un bello ejemplo de ternura, cariño y amor mutuo. Si, por otra parte, ha habido casos de problemas sexuales o indiscreciones en el propio matrimonio de la madre, sería mejor que no se lo dijera a la hija, ya que eso podría dañar la imagen que ella tiene de su padre o de su madre. Las decisiones más importantes que puedan hacer nuestros hijos se presentan en los años que siguen después de la adolescencia. Una excelente relación entre los padres y la hija es más importante en este tiempo que en cualquier otro.

¿Puede la diabetes causar impotencia sexual?

Sí. En los Estados Unidos de Norteamérica, por ejemplo, hay tres millones de hombres diabéticos, y alrededor de la mitad de ellos tienen algún grado de impotencia causado por dicha enfermedad. La diabetes sólo disminuye la capacidad para lograr y mantener la erección del pene. No reduce el deseo sexual, y sólo en un dos o tres por ciento de los diabéticos hay una reducción en la capacidad para eyacular.

¿Hay alguna esperanza de satisfacción sexual con un marido que es diabético y tiene problemas de impotencia?

Si el marido diabético ha tenido problemas de impotencia, ya se le han desarrollado temores en cuanto a la capacidad para realizar el acto sexual. Muchos hombres diabéticos pueden continuar la relación sexual normal, si siguen los procedimientos que se describen en el capítulo 8 de este libro para vencer la impotencia. Como el problema físico que a menudo se presente como resultado de la condición del diabético es la incapacidad para la erección, una esposa amante, interesada y comprensiva puede usar sus manos, preferiblemente con un lubricante, para producirle manualmente el orgasmo. El debe usar también la excitación manual para excitarla a ella sexualmente y producirle el orgasmo. La satisfacción sexual ciertamente es posible cuando el marido y la esposa se preocupan el uno por el otro, cuando cada uno quiere complacer a su cónyuge, aunque no puedan hacerlo en la relación sexual.

Parece que mucha gente piensa que las personas mayores que todavía están interesadas en la relación sexual son anormales. ¿Qué piensa usted?

Pienso que tal actitud es a la vez errónea y necia. Es normal que haya un continuo interés en las relaciones sexuales a través de toda la vida de un adulto. Las personas deben deshacerse de sus mitos con respecto a los ancianos y dejarlos a ellos por su cuenta. Generalmente ellos son personas que tienen una necesidad extraordinaria de amor y afecto. Algún día los jóvenes aprenderán que ellos no son los únicos que tienen el derecho de amar y casarse. Los investigadores han demostrado que el interés y la capacidad normales para las relaciones sexuales continúan hasta después de los ochenta años de edad.

¿Tiene usted algunas sugerencias para el pastor que desea dar instrucción útil a las parejas que acuden a él en busca de consejo prematrimonial?

Hay una gran necesidad de más consejo prematrimonial cristiano que presente a la vez la información física necesaria y los principios bíblicos sobre el matrimonio. Muchos pastores ahora están prestando los cassettes de la serie *Sex Technique and Sex Problems in Marriage* (La técnica sexual y los problemas sexuales en el matrimonio) a cada pareja que acude a ellos en busca de consejo antes del matrimonio. Usualmente los pastores animan a la pareja a esperar hasta unas dos semanas antes de la boda para que escuchen entonces el contenido de dichas cintas magnetofónicas. Luego les dicen que lleven tales cassettes en su luna de miel para que los vuelvan a oir cuando cada uno esté más enterado de la instrucción profesional que necesitan para sus necesidades más específicas. El que quiera más información sobre estos cassettes, escriba a Scriptural Counsel, Inc., 130 Spring Street, Springdale, Arkansas 72764.

15

Su vida matrimonial:
Un pequeño reino privado

Gaye y yo hemos escrito este libro, *El placer sexual, ordenado por Dios,* para ayudar a señalar el camino hacia la satisfacción sexual que toda pareja de casados puede experimentar. Los principios bíblicos . . . las dinámicas y las técnicas de la relación sexual . . . los enfoques para resolver problemas: todo esto contribuye para el resultado total. La suma de ellos, entonces, debe ser la *satisfacción.*

Pero hay una clave que todavía falta. Aun si usted se apropia todo el resto del material de este libro, necesitará este completo cuadro del plan de Dios para usted y su cónyuge. Hablamos ahora de su vida matrimonial considerada de una manera especial. Junto con nosotros, considérela usted como un pequeño reino privado, un reino en que usted y su cónyuge moran con el Rey, Jesucristo, ¡quien no es otro que el Rey de reyes y el Señor de señores!

¿Qué queremos dar a entender con la expresión "un pequeño reino *privado*"? Lo que es privado es "quitado de la vista del público, recluido, no para el uso común". Desde el principio el matrimonio fue diseñado para que fuera eso: un mundo especial de efectos personales, separado de la premura y del ruido de la vida que nos circunda, donde podemos hallar siempre renovación y frescura el uno en el amor del otro. *"No . . . solo . . . se unirá a su mujer. . . serán una sola carne. . ."* ¿Describen estas palabras su vida matrimonial ahora mismo? Dios diseñó el matrimonio para proveer aquello que ustedes como esposo y esposa necesitan para hacer frente a los furiosos ataques de la vida. Pero el diseño del Creador requiere que ustedes mantengan cuidadosamente los principios de intimidad y unidad en los aspectos físicos, emocionales y espirituales de su matrimonio.

El reino privado de vuestro matrimonio no debe darse por garantizado tan pronto como se establece. Vendrán ataques contra su unidad, así que deben estar preparados. Esperen la *invasión* abierta procedente de las presiones del mundo externo: las presiones económicas, por ejemplo. Ustedes pueden pensar en otras; fácilmente se ven. Y sin embargo, algunas veces tienen el éxito de derrumbar los muros de nuestro pequeño reino privado, por el hecho de que no les presentamos un frente sólido.

La manera de atacar tal vez no sea la invasión, sino la *intrusión*. Si dejamos el portón abierto, entrarán los intrusos a nuestro especial mundo privado al cual no pertenece nadie más sino nosotros y nuestro Rey. Algunas veces estos intrusos son miembros de la familia, otras veces amigos o vecinos bien intencionados o con no muy buenas intenciones. Ellos irrumpen, nos estimulan a hablar, aconsejan, critican, y dividen. Nos hacen que nos consideremos separadamente de nuestro cónyuge, y así nuestro reino queda asolado. Hemos perdido nuestro sentido de unidad y todas las bendiciones que van con ella.

El más mortífero y sutil de todos los ataques contra la vida matrimonial viene en forma de *infiltración*. Tenemos que aprender a distinguir y desenmascarar a los más perversos enemigos de nuestro reino: la obstinación, el orgullo, la autoconmiseración, el resentimiento, la ira, la amargura, los celos. Cuando menos lo esperamos, estos enemigos saltan hacia adentro, y traen desolación dondequiera que les permitamos operar sin freno.

Si resistimos con éxito todos estos ataques, y el pequeño reino privado de nuestra vida matrimonial florece protegido por los muros que Dios erigió, ¿qué será lo que caracterizará a ese reino? ¿Qué clase de matrimonio tendremos?

En primer lugar, habrá *seguridad*. Cada uno tendrá una maravillosa seguridad en el amor del otro. Esta seguridad comienza con la comunicación, y la relación sexual es una comunicación tierna, aunque vibrante. El compartir, el comprender, el tocarse, el complacerse, el satisfacer al otro en la seguridad de un compromiso de amor: ¡eso es seguridad! Nuestros corazones con toda seguridad confían el uno en el otro.

Entender y ser entendido,
Saber, realmente saber lo que
El otro está pensando,
Decir lo que uno quiere y
Estar seguro de que es aceptado como algo de valor
O escudriñado completamente sin reproche,
Ser uno, realmente *uno*,
Y saber que es amado.
Esto es casi el cielo.

Gloria Okes Perdins

Nuestra relación física amorosa llega a ser el huerto amurallado, el patio interno del reino, y es un lugar sagrado. Confiamos que para este momento, si no antes, ya usted tenga la perspectiva bíblica de lo sagrado del sexo dentro del matrimonio tan firmemente implanta en su comprensión que usted y su cónyuge pueden crecer en gozo y en placer de año en año, tal como fue la intención de Dios.

Recuerden, por favor, que es sumamente importante hacer del acto del amor una parte central de su vida. En otras palabras, aparte tiempo cada uno para el otro. Planifiquen la primera parte de sus noches de tal modo que algunas noches puedan estar a solas los dos para disfrutarse el uno al otro, sin preocupación ni interrupción. Planifiquen un viaje ocasional, un fin de semana para los dos solos.

En segundo lugar, habrá *estabilidad*. Apreciaremos una bendita estabilidad en el orden de nuestro hogar, si está fundando según las bases establecidas por Dios. Cada uno conoceremos nuestras posiciones, nuestras responsabilidades, nuestros derechos. No seremos entorpecidos ni conmovidos por las relaciones fluctuantes que resulten del continuo cambio de papeles. Cuando disfrutemos de la estabilidad que trae el orden, hallaremos una libertad para el crecimiento como nunca la conocimos en una situación fluida.

Esta estabilidad que viene cuando el matrimonio, el hogar y la familia están operando en conformidad con el orden de Dios, puede llegar a ser una poderosa medida de seguridad, que mantiene nuestro reino en paz. Esto significa que su matrimonio no será un patriarcado en que el marido rige como dictador. Ni un matriarcado en que la esposa es el poder aterrador que está detrás del trono. No será una anarquía donde nadie ha contestado la pregunta: "¿Quién es el que dirige?" (Cuando no hay normas, usualmente los hijos terminan tomando el control de todo, y éste es el gobierno más destructivo de todos.) En vez de eso, su matrimonio será una teocracia, en la cual Dios gobierna: donde el marido es la cabeza de la casa por cuanto es el responsable de cumplir la voluntad de Dios; donde la esposa opera amparada por el amor, la sabiduría y la protección del marido; donde los hijos obedecen a sus padres. "Pero quiero que sepáis que Cristo es la cabeza de todo varón, y el varón es la cabeza de la mujer, y Dios la cabeza de Cristo" (1 Corintios 11:3).

En tercer lugar, habrá *serenidad*. Un pequeño reino privado que opera según las verdades de la Palabra de Dios, ciertamente tendrá serenidad como el mismo aire de la tierra. La serenidad fluye de la armonía de credos, de una unicidad de objetivos, de una mutua participación en todo lo que es sumamente importante para el marido y para su esposa. Puesto que Dios no es nunca autor de confusión, la serenidad existirá dondequiera que Dios domine.

Hace siglos, el poeta Omar Khayyam escribió:

¡Oh, amor! Si pudieras tú conmigo contra el destino
    conspirar,
Para este triste esquema de cosas tratar,
¿No lo haríamos trizas y luego
Lo remodelaríamos más cercano al deseo del corazón?

Hemos aconsejado a muchas parejas cuyos corazones dijeron lo mismo. Deseaban comenzar completamente de nuevo el uno con el otro, desbaratar en un instante sus errores pasados y sus maneras equivocadas de hacer las cosas para poder rehacer su matrimonio de una manera más cercana al deseo del corazón.

Es posible que usted haga eso. Puede cambiar el mundo, el mundo de su matrimonio, si ahora no está en conformidad con el diseño de Dios para ese reino privado. Dios siempre tuvo el propósito de que fuera una relación íntima, preciosa y de total entrega.

Los recursos para este cambio vienen del poder de Dios que está a disposición de usted por medio del Señor Jesucristo. El puede capacitarlo a usted para amar y dar, para perdonar y pedir perdón, para que se olvide de sí mismo en su cuidado a favor del ser amado, y a su vez, para recibir con gozo todas esas cosas de su cónyuge. Dios puede hacer posible cuando surja un conflicto que usted vea que el problema real es *usted mismo*. Al actuar basado en sus responsabilidades, en vez de aferrarse a sus derechos, el conflicto se resolverá por sí solo, y el resultado será una mejor fusión de los dos cónyuges en uno. El Señor puede hacer que cada uno de ustedes sea sensible en todo momento a las necesidades del otro, a que cada uno esté siempre "en el equipo del otro", siempre contemplando aquello que es admirable en el otro, y no concentrándose nunca en sus faltas ni en sus fracasos. Dios hará que su vida matrimonial sea siempre más íntima, más armoniosa y más llena de deleites.

Este es verdaderamente un mundo que está más cerca del deseo del corazón, ¿verdad? Pero es necesario que haya un Rey para su propio reino privado, un Rey que pueda capacitarlos para hacer de esto una realidad.

Ese Rey es el Señor Jesucristo, quien en un momento preciso de la historia murió en la cruz y llevó sobre sí los pecados de todo el mundo. Por medio de ese acto portentoso, El abrió el camino para que todos nuestros pecados sean perdonados, pues la pena de muerte que pesaba sobre nosotros ya ha sido paga. En Jesús, nuestro pasado no sólo es perdonado, sino también olvidados nuestros pecados, como si hubieran sido colocados en lo más profundo del océano, y no hubiera más memoria de ellos. Después de pasar tres días en la tumba, para demostrar a todos los pueblos de todos los tiempos que El es Dios, Jesús se levantó otra vez de entre los muertos con todo poder, autoridad y recursos para darle vida a todo aquel que cree en El. Está escrito: "Mas a todos los que le recibieron, a los que creen en su nombre, les dio potestad de ser hechos hijos de Dios" (Juan 1:12).

Si usted no le ha pedido a Jesús que sea su Salvador, ahora mismo puede hacerlo. Se puede hacer esto en una forma tan sencilla como lo hizo el hombre que fue sanado de ceguera en Juan 9:35-38: "Jesús. . . le dijo: ¿Crees tú en el Hijo de Dios? Respondió él y dijo: ¿Quién es, Señor, para que crea en él? Le dijo Jesús: Pues le has visto, y el que habla contigo, él es. Y él le dijo: Creo, Señor; y le adoró".

A continuación ofrezco una oración que usted puede hacer para expresar su fe en Jesucristo como su Salvador:

> Querido Padre celestial, comprendo que soy pecador y que no puedo hacer nada para salvarme. Ahora mismo creo que Jesús murió en la cruz, que derramó su sangre como pago completo por mis pecados pasados, presentes y futuros, y al levantarse de entre los muertos, demostró que era Dios.
>
> Con todo mi corazón, expreso mi fe en El, poniendo toda mi confianza en Jesucristo como mi Salvador personal, mi única esperanza de salvación y de vida eterna.
>
> Ahora mismo recibo a Cristo en mi vida, y te doy las gracias por salvarme, Señor tal como lo prometiste. Te pido que me des una fe creciente y sabiduría al estudiar su Palabra.
>
> Esto te lo pido en el nombre de Cristo. Amén.

Si usted en este momento acaba de recibir a Cristo como su Salvador personal, a Gaye y a mí nos gustaría que nos lo informara. Le pedimos a Dios que cada lector y su cónyuge sean guiados por Dios a una unicidad que haga que su amor matrimonial revele al mundo la imagen de la unión entre Cristo y la Iglesia.

> *Por esto dejará el hombre a su padre y a su madre, y se unirá a su mujer, y los dos serán una sola carne. Grande es este misterio; mas yo digo esto respecto de Cristo y de la iglesia. Por lo demás, cada uno de vosotros ame también a su mujer como a sí mismo; y la mujer respete a su marido.*
>
> *Efesios 5:31-33.*

Indice de temas